독해
PART 7

JPT Pattern Study

국방일보 **윤준호**

㈜시사일본어사
www.japansisa.com

머리말

PART 7 공란 메우기는 총 30문제가 출제됩니다. 그 중에서 문형을 묻는 문제가 가장 많이 출제되며, 문형은 전 PART를 가리지 않고 고루 출제되는 중요한 부분이기 때문에, 반드시 숙지해야 함에도 불구하고「문형이 너무 안 외워져요, 외워도 금방 잊어버려요」라는 말을 수많은 학생들에게 들어 왔습니다. 어떻게 하면 쉽게 외우게 할 수 있을까 고민하던 차에, 단어를 외울 때 그 단어의 동의어와 반의어를 함께 외우면 쉽게 익힐 수 있다는 점에 착안하여,「같은 접속 형태를 가지는 문형끼리 모아서 외우면 상당한 효과가 있을 것이다」라는 결론에 도달하게 되었습니다. 저의 예상은 적중했습니다. 문형에 자신감을 가지게 된 학생들은, 적극적인 마음가짐으로 JPT를 공부하고 있었습니다. 한 고비를 넘겼다는 안도감과 성취감이 그 원인이 아닐까 생각합니다.

이 책의 첫 번째 KEY에서는 최근 6년간 정답 및 오답으로 출제되었던 모든 문형(180개 정도)을 접속 형태별로 분류해 놓았습니다. 이 밖에도 각각의 KEY마다 반드시 알아야 할 내용들만 정리해 놓음으로써, 단기간에 최대의 효과를 볼 수 있게 하였습니다. 시간적인 여유가 없는 수험자라면, 출제빈도가 높은 KEY를 우선적으로 공부하시기 바랍니다. 이 책은 최소 3회 이상의 정독을 원칙으로 합니다. 책을 한 번만 보고 덮어버린다면 절대로 좋은 결과를 얻을 수 없다는 점을 명심하십시오!

2005년 말에 Pattern Study Part 1·2가 출간된 이래 1년 남짓의 세월이 흐른 지금에 서야 전 시리즈가 완결되었습니다. 원고가 생각대로 써지지 않아서 한숨만 푹푹 내쉬었던 일, 책이름 공모전, Pattern 시리즈로 학습하고 있는 사람을 보고 느꼈던 왠지 모를 뿌듯함 등 여러 장면이 머릿속을 스쳐 지나갑니다. Pattern 시리즈는 제게 부족함을 통감하게 하는 한편, 버전 업을 가능하게 해 주었습니다. 이 경험은 양질의 수험서로 이어질 것이라 믿습니다.

마지막으로 Pattern 시리즈가 존재할 수 있게 해 주신 여태엽 본부장님을 비롯, 일본어 편집부 분들과, 조언을 아끼지 않았던 애독자 김건우 씨를 비롯한 카페 회원 여러분들에게 진심으로 감사 말씀을 드립니다. 그리고 저에게 항상 기쁨과 행복을 안겨 주었던 예비 신부 최명희 씨에게 제가 쏟은 땀과 노력과 열정을 모두 바칩니다.

JPT길라잡이 국방일보 윤 준 호

차 례
Contents

PART 7 공란 메우기

KEY 1 문형을 묻는 문제는 매달 6~7문제가
출제된다. 8
基礎からこつこつ 1 12
基礎からこつこつ 2 16
基礎からこつこつ 3 20
基礎からこつこつ 4(1) 26
基礎からこつこつ 4(2) 28
基礎からこつこつ 5 34
基礎からこつこつ 6 40
基礎からこつこつ 7 46
연습문제 1 48

KEY 2 명사를 묻는 문제는 매달 5문제가
출제된다. 58
基礎からこつこつ 8(1) 70
基礎からこつこつ 8(2) 72
연습문제 2 74

KEY 3 동사를 묻는 문제는 매달 3~5문제가
출제된다. 78
基礎からこつこつ 9 86
연습문제 3 88

KEY 4 부사를 묻는 문제는 매달 2~3문제가
출제된다. 93
基礎からこつこつ 10 100
연습문제 4 102

KEY 5 조사를 묻는 문제는 매달 2~3문제가
출제된다. 105
基礎からこつこつ 11 114
연습문제 5 116

KEY 6 관용표현을 묻는 문제는 매달
1~2문제가 출제된다. 119
基礎からこつこつ 12(1) 132
基礎からこつこつ 12(2) 134
연습문제 6 136

PART 7 공란 메우기

KEY 7 イ형용사를 묻는 문제는 매달
1~2문제가 출제된다.   139
基礎からこつこつ 13   144
연습문제 7   146

KEY 8 ナ형용사를 묻는 문제는 1년에
5문제가 출제된다.   148
基礎からこつこつ 14   152
연습문제 8   154

KEY 9 접속사를 묻는 문제는 매달
1문제가 출제된다.   156
基礎からこつこつ 15   160
연습문제 9   162

KEY10 의성어·의태어를 묻는 문제는
매달 1문제가 출제된다.   164
基礎からこつこつ 16   170
연습문제 10   172

KEY11 경어표현을 묻는 문제는 매달
1문제가 출제된다.   174

KEY12 가타카나를 묻는 문제는 1년에
3문제가 출제된다.   177
基礎からこつこつ 17   180
연습문제 11   182

KEY13 사역·수동·사역수동형을 묻는
문제는 1년에 3문제가 출제된다.   186

KEY14 수수표현을 묻는 문제는 1년에
3문제가 출제된다.   188
基礎からこつこつ 18   190
연습문제 12   192

KEY15 매달 2~3문제가 출제되는
기타 표현들   195
基礎からこつこつ 19   200
연습문제 13   202

실전모의고사 1회   204
실전모의고사 2회   210

연습문제 정답 및 해설   216
실전모의고사 정답 및 해설   294

PART 7 공란 메우기

같은 접속 형태를 가지는 문형끼리 모아서 외우세요!!

길라잡이

1 4개의 보기 중, 빈칸에 들어갈 수 있는 1개의 보기를 찾는 파트이다. 총 30문제가 출제되며, 권장 소요시간은 5분(문제 당 10초 * 30)이다.

2 문장 전체를 해석하지 않고, 빈칸 앞뒤만 보고도 풀 수 있는 문제들이 제법 있다. イ형용시 및 ナ형용사의 활용형, 호응관계, 관용표현, 문형을 묻는 문제들이 이에 해당되므로, 문형은 무슨 일이 있더라도 마스터해야 하며, 틈나는 대로 관용표현을 숙지하도록 하자.

3 질문을 두 번 읽었는데도 답을 찾지 못했다면, 자신의 실력을 인정하고 바로 다음 문제로 넘어가야 한다. 맞추겠다고 욕심을 부리면, 나머지 문제에 할애되는 시간이 줄어들어 맞출 수 있는 문제도 맞출 수 없게 된다.

4 PART 7의 마지막 페이지에 등장하는 165~170번의 6문제를 얼마만큼 맞추느냐에 따라 고득점이 갈린다. 이 부분은 매 시험, 문형 1~2문제, 관용표현 1문제, 명사 1문제, 동사 1문제가 출제되고, 나머지 1~2문제에 イ형용사, ナ형용사, 부사, 의성어·의태어가 번갈아 출제된다. 종합적인 어휘력을 테스트하는 부분이므로, 매일 30분씩 일자신문을 읽음으로써 어휘력 향상에 심혈을 기울이도록 하자.

1 문형을 묻는 문제는 매달 6~7문제가 출제된다.

문형 문제는 ① 4개의 문형을 주고 문맥에 적절한 문형을 찾는 문제 ② 문형의 접속형태를 묻는 문제 ③ 문형의 일부분을 찾는 문제가 출제된다. 따라서「문형의 형태를 정확히 숙지해야 하며, 의미는 물론이고 접속 형태까지도 파악」하고 있어야 한다.

문형은 숙지해 놓기만 하면 쉽게 득점으로 연결되는 부분이므로 PART 7을 공략하기 위해서는 이 부분부터 확실히 해두도록 하자. 시험에서 출제빈도가 높은 표현을 접속 형태에 따라서 분류해 놓았으니 문형을 익히는데 큰 도움이 될 것이다.

▶ 2개 이상의 접속 형태를 가지는 문형의 경우 출제빈도가 높은 쪽을 채택하였음.
▶ 2개 이상의 의미를 가지는 문형의 경우, 출제빈도가 높은 표현은 모두 채택하였음.
▶ 접속 형태에 따라서 의미가 달라지는 문형은 모두 채택하였음.

「동사ます형」에 접속하는 문형 ★★★★

~得る ~할 수 있다
車を運転すれば、被害者にも加害者にもなり得る。
➡ 차를 운전하면, 피해자도 가해자도 될 수 있다.
患者が治療を拒否する場合もあり得る。
➡ 환자가 치료를 거부하는 경우도 있을 수 있다.

~得ない ~할 수 없다
学生が先生に対して悪口を言うのは、昔にはありえないことだった。
➡ 학생이 선생님에 대해서 욕을 하는 것은, 옛날에는 있을 수 없는 일이었다.

~かけ 도중까지 ~한, ~하다 만/**~かける** 도중까지 ~하다, ~하다 말다
まだ読みかけの本だから、貸すことはできない。
➡ 아직 읽다 만 책이니까, 빌려줄 수는 없다.

~方 ~방식, 방법
この機械の使い方を教えてくださいませんか。
➡ 이 기계의 사용법을 가르쳐 주시지 않겠습니까?

PatternStudy 7

* **～がたい** ～하기 어렵다(불가능함)

  このたびのテロ事件は、許しがたい暴挙であり、強い憤りを感じます。

  ➡ 이번의 테러 사건은 용서하기 어려운 난폭한 행동이고, 심한 분노를 느낍니다.

* **～がちだ** ～하기 쉽다, 자주 ～하다

  彼女は最近バイトが忙しいのか、宿題を忘れがちだ。

  ➡ 그녀는 최근 아르바이트가 바쁜 것 때문인지, 숙제를 자주 잊는다.

* **～かねる** ～하기 어렵다

  残念ながら、その提案には応じかねます。

  ➡ 유감스럽지만, 그 제안에는 응하기 어렵습니다.

* **～かねない** ～일지도 모른다

  そんなに無理していると、病気になりかねない。

  ➡ 그렇게 무리하고 있으면, 병에 걸릴지도 모른다.

* **～きり** 다른 일을 하지 않고 줄곧 그것만을 함

  熱を出した子供をつききりで看病した。

  ➡ 열이 난 아이를 줄곧 붙어서 간병했다.

* **～きる** ①완전히 ～하다 ②다 ～하다

  ①走りすぎたら、疲れきってしまった。

  ➡ 너무 달렸더니, 완전히 피곤해져 버렸다

  ②うちの子は小さな体で10キロのコースを走りきった。

  ➡ 우리 아이는 작은 몸으로 10Km의 코스를 다 달렸다.

* **～次第** ～하는 대로, ～하자마자

  駅に着き次第、連絡します。

  ➡ 역에 도착하는 대로, 연락하겠습니다.

* **～すぎる** 너무 ～하다

  お酒を飲みすぎて、立つことさえできない。

  ➡ 술을 너무 마셔서, 일어서는 것조차 할 수 없다.

1 문형을 묻는 문제는 매달 6~7문제가 출제된다.

*～たい ~하고 싶다(1, 2인칭의 희망을 나타냄)

今日は何となく焼き肉が食べたい。
➡ 오늘은 왠지 불고기가 먹고 싶다.

*～たがる ~하고 싶어하다(3인칭의 희망을 나타냄)

うちの子は中学校に行きたがっています。
➡ 우리 아이는 중학교에 가고 싶어 합니다.

*～出す ~하기 시작하다

彼は本を読んでいて、突然笑い出した。
➡ 그는 책을 읽고 있다가, 갑자기 웃기 시작했다.

*～たつもりで ~한 셈치고

旅行したつもりで、お金は貯金することにした。
➡ 여행한 셈 치고, 돈은 저금하기로 했다.

*～つつある ~하고 있는 중이다

今年は国内投資および消費が回復しつつある。
➡ 올해는 국내투자 및 소비가 회복되고 있는 중이다.

*～続ける 계속 ~하다

子どもが悲鳴のような声で泣き続けている。
➡ 아이가 비명을 지르는 듯한 목소리로 계속 울고 있다.

*～っぽい ①그 색을 띠고 있다 ②금방~하다, 자주~하다 ③~같다, ~인 느낌이 들다

①あの白っぽいスカートをはいている人が田中さんです。
➡ 저 하얀 치마를 입고 있는 사람이 다나카 씨입니다.
②前田は飽きっぽくて何をやってもすぐやめてしまう。
➡ 마에다는 금방 싫증을 내서 무슨 일을 해도 바로 그만둬 버린다.
③そんなことで怒るなんて子供っぽいね。
➡ 그런 일로 화를 내다니 아이같군.

PatternStudy 7

＊〜ながら　①〜하면서(동시 동작)　②〜이지만(역접)

①私はいつもテレビを見ながらご飯を食べます。
➡ 저는 항상 텔레비전을 보면서 밥을 먹습니다.

②吸ってはいけないと思いながら、いつのまにかタバコをくわえている。
➡ 피워서는 안 된다고 생각하지만, 어느샌가 담배를 물고 있다.

＊〜に　〜하러

昨夜は友達といっしょに映画を見に行きました。
➡ 어젯밤은 친구와 함께 영화를 보러 갔습니다.

＊〜にくい　〜하기 힘들다(가능함).

あなたの字は小さくて読みにくいです。
➡ 당신의 글씨는 작아서 읽기 힘듭니다.

＊〜ぬく　끝까지 〜하다

険しい山道だったが、最後までがんばりぬいて頂上にたどり着いた。
➡ 험한 산길이었지만, 마지막까지 노력해서 정상에 당도했다.

＊〜始める　〜하기 시작하다

もう８時だから、そろそろ食べ始めましょう。
➡ 벌써 8시이니까, 슬슬 먹기 시작합시다.

＊〜はてる　완전히 〜하다

苦しい生活が一年も続き、身も心も疲れはてた。
➡ 가난한 생활이 일년이나 계속 되어서, 몸도 마음도 완전히 지쳤다.

＊〜やすい　〜하기 쉽다

冬は風邪を引きやすいです。
➡ 겨울에는 감기에 걸리기 쉽습니다.

＊〜ようがない　〜할 방도가 없다

日本語が分からないから、この雑誌は読みたくても読みようがない。
➡ 일본어를 모르니까, 이 잡지는 읽고 싶어도 읽을 방도가 없다.

基礎からこつこつ 1

PatternStudy 7

문제1 4개의 문형 중「동사 ます형」에 접속하지 않는 것을 골라보세요.

1. ⓐ ～得る　　　ⓑ ～がたい　　　ⓒ ～方　　　　ⓓ ～後で
2. ⓐ ～がちだ　　ⓑ ～ところで　　ⓒ ～かねない　ⓓ ～かねる
3. ⓐ ～きる　　　ⓑ ～次第　　　　ⓒ ～まま　　　ⓓ ～すぎる
4. ⓐ ～たい　　　ⓑ ～たがる　　　ⓒ ～かたわら　ⓓ ～つつある
5. ⓐ ～ことができる　ⓑ ～つづける　ⓒ ～ながら　ⓓ ～にくい
6. ⓐ ～ぬく　　　ⓑ ～はてる　　　ⓒ ～ようがない　ⓓ ～やまない

문제2 밑줄 그어진 문형의 의미를 생각하면서, 문장을 해석해 보세요.

1. 先生でさえ間違いをすることは<u>ありえる</u>。
2. 十分睡眠をとらないと、注意が散漫になり<u>がちだ</u>。
3. このまま無理をして運転したら事故を起こし<u>かねない</u>。
4. 毎日、数え<u>きれない</u>ほどの人が死亡します。
5. そんな曖昧な質問には、とうてい答え<u>ようがない</u>。

문제3 올바른 것을 골라보세요.

1. そんなとんでもないことはどこにも(ⓐありえません/ ⓑありえます)。
2. 机の上に飲み(ⓐかけ/ ⓑ途中/ ⓒ出し)のジュースとコップが置いてありました。
3. 美味しいラーメンの(ⓐ作る/ ⓑ作った/ ⓒ作り/ ⓓ作ろう)方をご説明します。
4. 品物の性格上、返品、交換には応じ(ⓐかねます/ ⓑかねません)ので、ご了承ください。
5. 父は亡くなる前に、北朝鮮に(ⓐ行きたかった / ⓑ行きたがっていた)。
6. このパンは柔らかくなくて食べ(ⓐやすい / ⓑにくい / ⓒ次第)です。
7. 厳しい時代を(ⓐ生き / ⓑ行って)ぬいてきた私は、どんなことがあってもくじけない。
8. 秋から冬にかけて曇り(ⓐがち/ ⓑっぽい/ ⓒ気味)の日が多くて寒いです。
9. ゲノム構造の全貌が明らかになり(ⓐつついる/ ⓑつつある)今日、以前にもまして遺伝子の機能解析は重要な研究領域となっている。

基礎からこつこつ 1

정답과 해설

문제1
1 ⓓ 「〜た後で」 〜한 후에
2 ⓑ 「〜たところで」 〜해 봤자
3 ⓒ 「〜たまま」 〜한 채로
4 ⓒ 「기본형 + 〜かたわら」 〜하는 한편으로
5 ⓐ 「기본형 + 〜ことができる」 〜할 수 있다
6 ⓓ 「〜てやまない」 〜해 마지않는다

문제2
1 선생님조차 실수를 하는 일은 있을 수 있다.
　　間違い 잘못, 실수
2 충분히 수면을 취하지 않으면, 주의가 산만해지기 쉽다.
　　睡眠をとる 수면을 취하다　散漫 산만
3 이대로 무리를 해서 운전하면 사고를 일으킬지도 모른다.
　　無理 무리　運転 운전　事故を起こす 사고를 일으키다
4 매일, 다 셀 수 없을 정도의 사람이 사망합니다.
　　数える 수를 세다　死亡 사망
5 그런 애매한 질문에는 도저히 답할 방도가 없습니다.
　　曖昧だ 애매하다　答える 답하다

문제3
1 ⓐ 그런 터무니없는 일은 어디에도 있을 수 없습니다.　とんでもない 터무니없다
2 ⓐ 책상 위에 마시다 만 주스와 컵이 놓여져 있었습니다.
3 ⓒ 맛있는 라면 만드는 법을 설명하겠습니다.　説明 설명
4 ⓐ 제품의 성격상, 반품, 교환에는 응하기 어려우니까, 양해 바랍니다.
　　品物 제품　性格上 성격상　返品 반품　交換 교환　応じる 응하다　了承 양해
5 ⓑ 아버지는 돌아가시기 전에, 북한에 가고 싶어 했다.
　　亡くなる 돌아가시다　北朝鮮 북한
6 ⓑ 이 빵은 부드럽지 않아서 먹기 힘듭니다.　柔らかい 부드럽다
7 ⓐ 힘든 시대를 끝까지 살아온 나는, 무슨 일이 있더라도 꺾이지 않는다.
　　厳しい 힘들다　時代 시대　くじける (기세가) 꺾이다
8 ⓐ 가을부터 겨울에 걸쳐서 흐린 날이 많아서 춥습니다.
　　〜から〜にかけて 〜부터 〜에 걸쳐서
9 ⓑ 게놈구조의 전모가 밝혀지고 있는 중인 오늘날, 이전보다 더 유전자의 기능해석은 중요한 연구영역이 되어 있다.
　　構造 구조　全貌 전모　明らかになる 밝혀지다　今日 오늘날　〜にもまして 〜보다 더
　　遺伝子 유전자　機能解析 기능해석　重要だ 중요하다　研究領域 연구영역

1 문형을 묻는 문제는 매달 6~7문제가 출제된다.

「동사과거형」에 접속하는 문형 ★★★

* **～た挙げ句(に)** ~한 끝에

  息子は夫と喧嘩した挙げ句、家を飛び出してしまった。
  ➡ 아들은 남편과 싸움을 한 끝에, 집을 뛰쳐나가 버렸다.

* **～た後で** ~한 후에

  会議が終わった後で、私のところへ来てください。
  ➡ 회의가 끝난 후에, 제게 와 주세요.

* **～たが最後** 일단 ~했다 하면

  一度穴があいたが最後、その穴はどんどん広がり続ける。
  ➡ 한번 구멍이 뚫렸다 하면, 그 구멍은 점점 넓어진다.

* **～たきり** ~한 채로, ~한 것을 마지막으로

  彼女は韓国に行ったきり、もう3年も帰って来ない。
  ➡ 그녀는 한국에 간 채로, 벌써 3년이나 돌아오지 않는다.

* **～たことがある** ~한 적이 있다

  黒田先生の授業を受けたことがあります。
  ➡ 쿠로다 선생님의 수업을 들은 적이 있습니다.

* **～た末(に)** ~한 끝에

  この選択はいろいろと考えた末に出したものです。
  ➡ 이 선택은 여러 가지로 생각한 끝에 낸 것입니다.

* **～たところ** ~했더니, ~한 결과

  大人100人に好きなスポーツを聞いたところ、野球が一番多かった。
  ➡ 어른 100명에게 좋아하는 스포츠를 물은 결과, 야구가 가장 많았다.

* **～たところだ** 막 ~했다

  娘は今出かけたところです。
  ➡ 딸은 지금 막 외출했습니다.

～たところで ～해 봤자

タクシーに乗って行ったところで、遅刻するに違いない。
➡ 택시를 타고 가 봤자, 지각할 것임에 틀림없다.

～たとたん（に） ～하자마자

今朝家を出たとたんに、雨が降り始めました。
➡ 오늘 아침 집을 나서자마자, 비가 내리기 시작했습니다.

～たばかりだ 막 ～했다

引っ越したばかりなので、銀行がどこにあるか分かりません。
➡ 막 이사했기 때문에, 은행이 어디에 있는지 모릅니다.

～たばかりに ～한 탓에

英語ができると言ったばかりに、余計なことを頼まれてしまった。
➡ 영어를 할 수 있다고 말한 탓에, 쓸데없는 일을 부탁받아 버렸다.

～た方がいい ～하는 편이 좋다

行きたくないなら行きたくないとはっきり言った方がいい。
➡ 가고 싶지 않다면 가고 싶지 않다고 확실히 말하는 편이 좋다.

～たまま ～한 채로

田舎に住んでいますので、毎日窓を開けたままにしています。
➡ 시골에 살고 있으니까, 매일 창문을 연 채로 하고 있습니다.

～たものだ ～하곤 했다(과거 회상)

子供の頃、よくこの川で泳いだものだ。
➡ 어렸을 때, 자주 이 강에서 헤엄치곤 했다.

基礎からこつこつ 2

PatternStudy 7

문제1 4개의 문형 중「동사과거형」에 접속하지 않는 것을 골라보세요.

1. ⓐ ～あげく　　ⓑ ～前に　　ⓒ ～後で　　ⓓ ～が最後
2. ⓐ ～ことがある　ⓑ ～ところ　ⓒ ～ところで　ⓓ ～一方だ
3. ⓐ ～たまらない　ⓑ ～とたん　ⓒ ～ばかりだ　ⓓ ～ばかりに
4. ⓐ ～んがため　ⓑ ～方がいい　ⓒ ～まま　　ⓓ ～ものだ

문제2 밑줄 그어진 문형의 의미를 생각하면서, 문장을 해석해 보세요.

1. 彼女はカラオケが大好きで、マイクを握った<u>が最後</u>、放そうとしない。
2. 迷いに迷っ<u>たあげく</u>先輩の誘いを断ってしまいました。
3. 半信半疑で使ってみ<u>たところ</u>、本当に痛みが消えました。
4. 疲れていて横になっ<u>たとたん</u>、眠ってしまった。
5. 無理して新車を買っ<u>たばかりに</u>、生活がきつくなった。

문제3 올바른 것을 골라보세요.

1. 彼は生活に(ⓐ困った/ ⓑ困る/ ⓒ困って)あげく、自殺してしまった。
2. ご飯を(ⓐ食べて/ ⓑ食べ/ ⓒ食べた/ ⓓ食べる)後で、学校に行きなさい。
3. 日本に行った時、有名な芸能人に(ⓐ会う/ ⓑ会った/ ⓒ会っている)ことがあります。
4. いろいろ考えた(ⓐところで/ ⓑとたん/ ⓒ末に)、投資を止めることにしました。
5. 息子は今朝ソウルに着いた(ⓐわけ/ ⓑこと/ ⓒもの/ ⓓところ)です。
6. 娘を迎えに行こうと家を出た(ⓐ末に/ ⓑとたん/ ⓒそばから/ ⓓやいなや)、ざあざあ雨が降ってきました。
7. 嘘をついた(ⓐばかりに/ ⓑところで/ ⓒばかりか/ ⓓところを)、その嘘のための嘘をついてしまった。
8. 気がついたら、服を(ⓐ着て/ ⓑ着よう/ ⓒ着た/ ⓓ着る)ままシャワーを浴びていた。
9. 30年ほど前、この辺りで友だちといっしょに釣りをして遊んだ(ⓐこと/ ⓑはず/ ⓒところ/ ⓓもの)だ。

基礎からこつこつ 2

정답과 해설

문제1
1. ⓑ 「기본형 + 前に」 ~하기 전에
2. ⓓ 「기본형 + 一方だ」 ~하기만 하다
3. ⓐ 「~てたまらない」 ~해서 견딜 수 없다
4. ⓐ 「부정형 + んがため」 ~하기 위해

문제2
1. 그녀는 노래를 매우 좋아해서, 일단 마이크를 잡았다 하면 놓으려고 하지 않는다.
   放す (잡고 있던 것을) 놓다
2. 망설이고 망설인 끝에 선배의 권유를 거절해 버렸습니다.
   迷う 헤매다, 망설이다   先輩 선배   誘い 권유   断る 거절하다
3. 반신반의하고 사용해 봤더니, 정말로 고통이 사라졌습니다.
   半信半疑 반신반의   痛み 고통   消える 사라지다
4. 피곤해서 눕자마자, 자 버렸다.
   横になる 눕다   眠る 자다
5. 무리해서 새 차를 산 탓에 생활이 힘들어졌다.
   新車 새 차

문제3
1. ⓐ 그는 생활에 어려움을 겪은 끝에, 자살해 버렸다.
   自殺 자살
2. ⓒ 밥을 먹은 후에, 학교에 가거라.
3. ⓑ 일본에 갔을 때, 유명한 연예인을 만난 적이 있습니다.
   芸能人 연예인
4. ⓒ 여러 가지로 생각한 끝에, 투자를 그만두기로 했습니다.
   投資 투자
5. ⓓ 아들은 오늘 아침 서울에 막 도착했습니다.
6. ⓑ 딸을 마중 가려고 집을 나오자마자, 비가 좍좍 내렸습니다.
   迎えにいく 마중가다   ざあざあ 비가 쏟아지는 소리, 좍좍
7. ⓐ 거짓말을 한 탓에, 그 거짓말을 위한 거짓말을 해 버렸다.
   嘘をつく 거짓말을 하다
8. ⓒ 정신이 들었더니, 옷을 입은 채로 샤워를 하고 있었다.
   気が付く 정신이 들다   シャワーを浴びる 샤워를 하다
9. ⓓ 30년 정도 전에, 이 근처에서 친구와 함께 낚시를 하고 놀곤 했었다.
   辺り 근처   釣り 낚시

1 문형을 묻는 문제는 매달 6~7문제가 출제된다.

「동사기본형」에 접속하는 문형 ★★

* **~一方だ** ~하기만 하다

  会社にいるとストレスがたまる一方だ。
  ➡ 회사에 있는 것만으로 스트레스가 쌓이기만 한다.

* **~恐れがある** ~할 우려가 있다

  銀行の貸し渋りで数多くの企業が倒産に追い込まれる恐れがある。
  ➡ 은행이 대출을 꺼려해서 많은 기업이 도산에 처할 우려가 있다.

* **~か~ない(かの)うちに** ~하자마자

  呼び出し音が鳴るか鳴らないかのうちに相手が電話に出た。
  ➡ 호출음이 울리자마자 상대가 전화를 받았다.

* **~かたわら** ~하는 한편으로

  僕は保育士の仕事をしているかたわら、小さな花屋をしています。
  ➡ 나는 보육사의 일을 하고 있는 한편으로, 작은 꽃집을 하고 있습니다.

* **~きらいがある** ~하는 경향이 있다

  弟は人の意見を無視するきらいがあります。
  ➡ 남동생은 남의 의견을 무시하는 경향이 있습니다.

* **~ことができる** ~를 할 수 있다

  好きな映画は何回でも見ることができます。
  ➡ 좋아하는 영화는 몇 번이라도 볼 수 있습니다.

* **~ことはない** ~할 필요는 없다

  電話で済むことをわざわざ行くことはない。
  ➡ 전화로 해결될 일을 일부러 갈 필요는 없다.

* **~しかない** ~밖에 없다

  こうなった以上は、父が言ったとおりにするしかない。
  ➡ 이렇게 된 이상은, 아버지가 말한대로 할 수밖에 없다.

* **~始末だ** ~하는 꼴이다

  彼に反論しようものなら「言い訳をするな」と怒り出す始末だ。
  ➡ 그에게 반론하려고 하면 「변명을 하지마」라고 화를 내는 꼴이다.

PatternStudy 7

＊〜たびに 〜할 때마다

雨が降るたびに、別れた彼女のことが思い出される。
➡ 비가 내릴 때마다, 헤어진 그녀가 생각난다.

＊〜ために ①〜하기 위해서 ②〜때문에

①彼は中国語を学ぶために、中国に行きました。
➡ 그는 중국어를 배우기 위해서, 중국에 갔습니다.
②台風のために、ダイヤが乱れてしまった。
➡ 태풍 때문에, 운행에 혼란이 일어나 버렸다.

＊〜つもりだ 〜할 작정이다

夏休みには旅行に行くつもりだ。
➡ 여름방학에는 여행을 갈 작정이다.

＊〜ともなく（＝〜ともなしに） 특별히 〜하려는 작정 없이, 무심코

窓の外を見るともなく見ていると、雪がちらちら降ってきた。
➡ 창 밖을 무심코 보고 있었더니, 눈이 나풀나풀 내려 왔다.

＊〜べきだ 〜해야 한다/**〜べきではない** 〜해서는 안 된다

誰であっても規則はちゃんと守るべきだ。
➡ 누구라도 규칙은 확실히 지켜야 한다.
どんなことがあっても人を差別するべきではない。
➡ 무슨 일이 있더라도 사람을 차별해서는 안 된다.

＊〜ほかない 〜밖에 없다

戦争が起こってしまった以上、一刻も早くイラクの再建を願うほかない。
➡ 전쟁이 일어나 버린 이상, 한시라도 빨리 이라크의 재건을 바랄 수밖에 없다.

＊〜まじき 〜해서는 안 되는

賄賂を受け取るなんて、国会議員にあるまじき行為だ。
➡ 뇌물을 받다니, 국회의원에게 있어서는 안 될 행위다.

＊〜よりほかない 〜밖에 없다

ベストを尽くしてもできなかったら、諦めるよりほかない。
➡ 최선을 다해도 할 수 없었다면, 포기할 수밖에 없다.

＊〜わけにはいかない 〜할 수는 없다

私たちは希望を捨てるわけにはいきません。
➡ 우리들은 희망을 버릴 수는 없습니다.

基礎からこつこつ 3

PatternStudy 7

문제1 4개의 문형 중 「동사기본형」에 접속하지 않는 것을 골라보세요.

1. ⓐ ~ざるをえない ⓑ ~一方だ ⓒ ~恐れがある ⓓ ~かたわら
2. ⓐ ~ばかりいる ⓑ ~きらいがある ⓒ ~ことができる ⓓ ~ことはない
3. ⓐ ~しかない ⓑ ~次第 ⓒ ~始末だ ⓓ ~たびに
4. ⓐ ~ために ⓑ ~つもりだ ⓒ ~ともなく ⓓ ~かねない
5. ⓐ ~べきだ ⓑ ~わけにはいかない ⓒ ~よりほかない ⓓ ~ほうがいい

문제2 밑줄 그어진 문형의 의미를 생각하면서, 문장을 해석해 보세요.

1. この頃、クラスの子たちにいじめられる学生が増える<u>一方だ</u>。
2. 徹夜して疲れていたためか、ふとんに入る<u>か入らないかのうちに</u>寝てしまった。
3. 彼は不利な立場になると、尻込みする<u>きらいがある</u>。
4. となりの席の話を聞く<u>ともなしに</u>聞いていたら、私が知っている人のことだったのでびっくりした。
5. 遊びに行きたいけど、宿題が終わるまでは出かける<u>わけにはいかない</u>。

문제3 올바른 것을 골라보세요.

1. 最近1日に1食しか食べていないので、体重が減る(ⓐつつある/ ⓑ一方だ/ ⓒ方だ)。
2. 彼は工場で働く(ⓐかたわら/ ⓑかたがた/ ⓒついでに)音楽の勉強をしています。
3. 塩を少し入れると、もっとおいしく食べる(ⓐの/ ⓑもの/ ⓒこと)ができる。
4. 手術をしてから順調に回復しているので、心配する(ⓐわけはない/ ⓑことはない)。
5. 事故を起こした大手企業は「市民の意識が足りなかった」と言い出す(ⓐ始末/ ⓑ一方だ/ ⓒまじき)だ。
6. ある時からか月を(ⓐ見た/ ⓑ見/ ⓒ見る)たびに物思いにふけることが多くなった。
7. 大学に受かる(ⓐように/ ⓑために/ ⓒことに)、毎日こつこつ勉強してきました。
8. 子供たちには嘘をつかないように教える(ⓐべき/ ⓑもの/ ⓒわけ/ ⓓところ)です。
9. 国民の血税で酒を飲み、酔っぱらって女性の胸を触るなんて代議士にある(ⓐごとき/ ⓑえない/ ⓒまじき)行為だ。

基礎からこつこつ 3

정답과 해설

문제1
1. ⓐ 「부정형 +ざるを得ない」 ~하지 않을 수 없다
2. ⓐ 「~てばかりいる」 ~만 하고 있다
3. ⓑ 「ます형 + 次第」 ~하자마자
4. ⓓ 「ます형 + かねない」 ~일지도 모른다
5. ⓓ 「~たほうがいい」 ~하는 편이 좋다

문제2
1. 요즘, 반 아이들에게 괴롭힘을 당하는 학생이 늘기만 한다.
   いじめる 괴롭히다
2. 철야를 해서 피곤했던 탓인지, 이불에 들어가자마자 자 버렸다.
   徹夜 철야
3. 그는 불리한 입장이 되면, 뒷걸음질치는 경향이 있다.
   不利だ 불리하다 立場 입장 尻込みする 뒷걸음치다
4. 옆 자리의 이야기를 무심코 듣고 있었더니, 내가 알고 있는 사람의 일이어서 놀랐다.
5. 놀러 가고 싶지만, 숙제가 끝날 때까지 나갈 수는 없다.
   宿題 숙제

문제3
1. ⓑ 최근 하루에 한 끼밖에 먹지 않아서, 체중은 줄기만 한다.
   体重 체중 減る 줄다
2. ⓐ 그는 공장에서 일하는 한편으로 음악 공부를 하고 있습니다.
   工場 공장 働く 일하다 音楽 음악
3. ⓒ 소금을 조금 넣으면, 더욱 맛있게 먹을 수 있다.
   塩 소금
4. ⓑ 수술을 하고 나서 순조롭게 회복하고 있어서, 걱정할 필요는 없다.
   手術 수술 順調 순조 回復 회복
5. ⓐ 사고를 일으킨 대기업은 「시민의 의식이 부족했다」고 말하는 꼴이다.
   大手企業 대기업 市民 시민 意識 의식 足りない 부족하다 言い出す 말하다, 말을 시작하다
6. ⓒ 어느 때부턴가 달을 볼 때마다 수심에 잠기는 일이 많아졌다.
   ~たびに ~할 때마다 物思いにふける 수심에 잠기다
7. ⓑ 대학에 합격하기 위해서 매일 꾸준히 공부해 왔습니다.
   こつこつ 꾸준히
8. ⓐ 아이들에게는 거짓말을 하지 않도록 가르쳐야 합니다.
9. ⓒ 국민의 혈세로 술을 마시고, 만취해서 여성의 가슴을 만지다니 국회의원에게 있어서는 안 될 행위이다.
   血税 혈세 酔っ払う 만취하다 代議士 국회의원

1 문형을 묻는 문제는 매달 6~7문제가 출제된다.

「동사부정형」에 접속하는 문형 ★

＊〜ざるを得ない ~하지 않을 수 없다

彼女の歌を聞くと、誰でも感動せざるを得ないだろう。
➡ 그녀의 노래를 들으면, 누구라도 감동하지 않을 수 없을 것이다.

＊〜ず(に) ~하지 않고

人間は何も食べずに生きていけない。
➡ 인간은 아무것도 먹지 않고 살아갈 수 없다.

＊〜ずにはいられない ~하지 않을 수는 없다, ~하지 않고는 못 배긴다

ダイエットに効果があると聞いたら、その薬を飲まずにはいられない。
➡ 다이어트에 효과가 있다고 들으면, 그 약을 먹지 않고는 못 배긴다.

＊〜ずにはすまない ~하지 않고는 해결되지 않는다

子供の過ちに対して、親が責任をとらずにはすまない。
➡ 아이의 잘못해 대해서, 부모가 책임을 지지 않고서는 해결되지 않는다.

＊〜ないうちに ~하기 전에

大事なことだから、忘れないうちにメモをしておいてください。
➡ 중요한 것이니까, 잊기 전에 메모를 해 놓으세요.

＊〜ない限り ~하지 않는 한

どんな状況にあっても、希望を失わない限り、簡単に負けることはない。
➡ 어떤 상황에 있더라도 희망을 잃지 않는 한, 간단히 지는 일은 없다.

＊〜ないことには ~하지 않고서는

とにかく書き始めないことには論文ができるはずはない。
➡ 어쨌든 쓰기 시작하지 않고서는, 논문이 완성될 리는 없다.

＊〜ないまでも ~않다고 해도

日本語には漢字が多くて、読めないまでも大体の意味は分かります。
➡ 일본어에는 한자가 많아서, 읽을 수 없다고 해도 대강의 의미는 알 수 있습니다.

＊〜ないものでもない ~하지 않는 것도 아니다

魚が嫌いだからといって、全然食べないものでもない。
➡ 생선을 싫어한다고 해서 전혀 먹지 않는 것도 아니다.

＊～ないでください ~하지 말아 주세요
大きな声で騒がないでください。
➡ 큰 소리로 떠들지 말아 주세요.

＊～なければならない ~해야 한다
今日はお客が来るので、早く帰らなければなりません。
➡ 오늘은 손님이 오기 때문에, 빨리 돌아가야 합니다.

＊～んがため(に) ~하기 위해
ソウル大学に入らんがため、一生懸命に勉強しています。
➡ 서울대학교에 들어가기 위해, 열심히 공부하고 있습니다.

＊～んばかり ~할 듯한
彼は私のメガネをとり、殴らんばかりの勢いだった。
➡ 그는 내 안경을 벗기고, 때릴 듯한 기세였다.

「동사て형」에 접속하는 문형 ★

＊～ていく ~해 가다
時間が経つにつれて、外国での生活に慣れていった。
➡ 시간이 흐름에 따라서, 외국에서의 생활에 익숙해져 갔다.

＊～て以来 ~한 이래로
彼女とは成人式で会って以来、ぜんぜん連絡をとっていません。
➡ 그녀와는 성인식에서 만난 이래, 전혀 연락을 취하지 않았습니다.

＊～てから ~하고 나서
運動をしてから朝ご飯を食べます。
➡ 운동을 하고 나서 아침밥을 먹습니다.

＊～てからというもの ~하고 나서 줄곧
彼女と別れてからというもの、心にぽっかりと穴が空いたようだ。
➡ 여자친구와 헤어지고 나서 줄곧, 가슴에 뻥하고 구멍이 뚫린 것 같다.

1 문형을 묻는 문제는 매달 6~7문제가 출제된다.

～てくる ~해 오다

営業にもそろそろ慣れてきたが、まだまだ勉強不足の点も多い。
➡ 영업에도 슬슬 익숙해졌지만, 아직 공부가 부족한 점도 많다.

～て仕方がない ~해서 견딜 수가 없다

彼の楽天的な性格がうらやましくてしかたがない。
➡ 그의 낙천적인 성격이 부러워서 견딜 수가 없다.

～てしまう ~해 버리다

朝寝坊をして授業に遅れてしまった。
➡ 늦잠을 자서 수업에 늦어 버렸다.

～てたまらない ~해서 견딜 수가 없다

バスを降りるとき、転んでしまい、恥ずかしくてたまらなかった。
➡ 버스를 내릴 때, 넘어져 버려서 부끄러워서 견딜 수가 없었다.

～てならない 매우 ~하다, ~해서 견딜 수가 없다

初めてフィリピンで津波を体験した時は恐ろしくてならなかった。
➡ 처음으로 필리핀에서 해일을 체험했을 때는 매우 두려웠었다.

～てはいけない ~해서는 안 된다

教室の中では、タバコを吸ってはいけない。
➡ 교실 안에서는, 담배를 피워서는 안 된다.

～てばかりいる ~만 하고 있다

食べてばかりいると太ってしまうよ。
➡ 먹기만 하고 있으면 살쪄(버려).

～てやまない ~해 마지 않는다

両国間の交流が再開される日が来ることを願ってやまない。
➡ 양국 간의 교류가 재개되는 날이 오는 것을 기원해 마지않는다.

～てはじめて ~하고 나서야 비로소

消極的な人は積極的な人がいてはじめて存在するそうです。
➡ 소극적인 사람은 적극적인 사람이 있고 나서야 비로소 존재한다고 합니다.

「동사권유형, 진행형, 가정형」에 접속하는 문형 ★

* **～(よ)うが～まいが** ～하든지 ～말든지
  現在の状態では、手術を受けようが受けまいが結果は同じです。
  ➡ 현재의 상태로는, 수술을 받든지 말든지 결과는 같습니다.

* **～(よ)うとする** ～하려고 하다
  出かけようとしたとき、電話がかかってきた。
  ➡ 외출하려고 했을 때, 전화가 걸려왔다.

* **～(よ)うにも～ない** ～하려고 해도 ～않다
  手に怪我をして、荷物を持とうにも持てなかった。
  ➡ 손에 부상을 당해서, 짐을 들려고 해도 들 수 없었다.

* **～(よ)うものなら** ～를 한다면 (큰일이 일어난다)
  彼にお金を貸そうものなら、絶対返ってこない。
  ➡ 그에게 돈을 빌려준다면, 절대 돌아오지 않는다.

* **～ているうちに** ～하고 있는 동안에
  宿題をしているうちに、眠くなった。
  ➡ 숙제를 하고 있는 동안에, 졸리게 되었다.

* **～ているところだ** ～하고 있는 중이다
  会社に行っているところですが。
  ➡ 회사에 가고 있는 중입니다만.

* **～ている最中(に)** 한창 ～하고 있는 중
  授業をしている最中に携帯電話が鳴った。
  ➡ 수업을 한창 하고 있는 중에 휴대전화가 울렸다.

* **～ばこそ** ～이기 때문에
  子供のことを心配すればこそ、叱るのです。
  ➡ 아이에 관한 일을 걱정하기 때문에 나무라는 것입니다.

* **～ば～ほど** ～하면 ～할수록
  いくら難しい本でも、読めば読むほど理解できるようになります。
  ➡ 아무리 어려운 책이라도, 읽으면 읽을수록 이해할 수 있게 됩니다.

基礎からこつこつ 4[1]

PatternStudy 7

문제1 올바른 것을 골라보세요.

1 いくらみんなが「イエス」と(ⓐ言って/ ⓑ言っても)、「ノー」と(ⓐ言う/ ⓑ言わ/ ⓒ言え)ずにはいられない場合があります。
2 大人の社会では話しを(ⓐし/ ⓑせ)ずにはすまないから、言葉が必要(ⓐな/ ⓑの)わけだ。
3 忘れない(ⓐように/ ⓑうちに)メモをとって(ⓐ置いた/ ⓑ置く)方がいいですよ。
4 写真では見たが、実際に見ない(ⓐの/ ⓑこと/ ⓒもの)にはいい人か(ⓐないか/ ⓑどうか)判断できない。
5 卒業式には参席できない(ⓐかぎり/ ⓑまで/ ⓒから)も、(ⓐお/ ⓑご)祝いの電話(ⓐほど/ ⓑぐらい)はしなさい。
6 歩く人の邪魔になる(ⓐので/ ⓑのに)、車を止め(ⓐないで/ ⓑなくて)ください。
7 祖父は病(ⓐを/ ⓑが)治し、苦しみから逃れ(ⓐべく/ ⓑんがため/ ⓒんばかり)努力(ⓐへ/ ⓑに)努力を重ねた。
8 入社(ⓐして/ ⓑする/ ⓒした)以来、必死に頑張って(ⓐいった/ ⓑきた)が、(ⓐそろそろ/ ⓑぞろぞろ)辞めようと思っている。
9 うちの近く(ⓐに/ ⓑで)犬を10匹も飼っている人が(ⓐいて/ ⓑあって)うるさくて (ⓐやみません/ ⓑたまりません)。
10 お腹がいっぱいで、これ以上食べようにも(ⓐ食べない/ ⓑ食べれない/ ⓒ食べられない)。
11 もしそんなことを(ⓐする/ ⓑしよう/ ⓒできる)ものなら、みんなに白い目で(ⓐ見て/ ⓑ見られて/ ⓒ見させて)しまいます。
12 お風呂に(ⓐ入って/ ⓑ入れて)いる(ⓐばかり/ ⓑところ)なので、(ⓐ上がり/ ⓑ上がる)次第、電話するよう(ⓐ渡します/ ⓑ伝えます)。
13 (ⓐ走る/ ⓑ走っている)うちに体が軽くなった感じが(ⓐ出ました/ ⓑしました)。
14 友人を信じて(ⓐいれば/ ⓑいるから)こそ、友情を(ⓐ育む/ ⓑ育める)のだ。
15 外国語の勉強は早ければ早い(ⓐほど/ ⓑだけ/ ⓒくらい)いいです。

基礎からこつこつ 4[1]

정답과 해설

문제1

1 ⓑ, ⓑ 아무리 모두가 「예」라고 말해도 「아니오」라고 말하지 않을 수 없는 경우가 있습니다.
　　いくら～ても 아무리 ～해도　～ずにはいられない ～하지 않을 수 없다

2 ⓑ, ⓐ 어른의 사회에서는 이야기를 하지 않고는 해결되지 않으니까, 말이 필요한 셈이다.
　　大人 어른　～ずにはすまない ～하지 않고는 해결되지 않는다

3 ⓐ/ⓑ 둘 다 가능, ⓐ 잊지 않도록, 메모를 해 놓는 편이 좋아요.
　　忘れる 잊다　メモをとる 메모를 하다　～た方がいい ～하는 편이 좋다

4 ⓑ, ⓑ 사진으로는 봤지만, 실제로 보지 않고서는 좋은 사람인지 아닌지 판단할 수 없다.
　　実際に 실제로　～ないことには ～하지 않고서는　判断 판단

5 ⓑ, ⓐ, ⓑ 졸업식에는 참석할 수 없다고 해도, 축하 전화 정도는 해라.
　　～ないまでも ～않다고 해도　ほど (높은) 정도　ぐらい (낮은) 정도

6 ⓐ, ⓐ 보행자의 방해가 되니까, 차를 세우지 마세요.
　　邪魔になる 방해가 되다

7 ⓐ, ⓑ, ⓑ 할아버지는 병을 고치고, 괴로움에서 벗어나기 위해 노력에 노력을 거듭했다.
　　祖父 할아버지　病 병　治す 고치다　逃れる 벗어나다, 피하다　～んがため ～하기 위해
　　重ねる 거듭하다, 반복하다

8 ⓐ, ⓑ, ⓐ 입사한 이래로, 필사적으로 노력해 왔지만, 슬슬 그만두려고 생각하고 있다.
　　～て以来 ～한 이래　必死に 필사적으로　そろそろ 슬슬　ぞろぞろ 많은 사람이나 동물이 줄지어
　　가는 모양, 줄줄

9 ⓐ, ⓐ, ⓑ 집 근처에 개를 10마리나 기르고 있는 사람이 있어, 시끄러워서 견딜 수 없습니다.
　　～てやまない ～해 마지 않는다　～てたまらない ～해서 견딜 수 없다

10 ⓒ 배가 불러서, 이 이상 먹으려고 해도 먹을 수 없다.

11 ⓑ, ⓑ 만약 그런 일을 한다면, 모두가 차가운 눈으로 봐 버립니다.
　　～(よ)うものなら ～한다면 (큰일이 일어난다)　白い目で見る 차가운 눈으로 보다

12 ⓐ, ⓑ, ⓐ, ⓑ 목욕을 하고 있는 중이니까, 끝나는 대로 전화하도록 전하겠습니다.
　　～次第 ～하자마자　渡す (물건을) 건네주다　伝える (말을) 전하다

13 ⓑ, ⓑ 달리고 있는 동안에, 몸이 가벼워진 느낌이 들었습니다.

14 ⓐ/ⓑ 둘 다 가능, ⓑ 친구를 믿고 있기 때문이야말로, 우정을 키울 수 있는 것이다.
　　信じる 믿다　～ばこそ ～이기 때문에　～からこそ ～이기 때문에　友情 우정　育む 기르다, 키우다

15 ⓐ/ⓑ 둘 다 가능, 외국어 공부는 빠르면 빠를수록 좋습니다.
　　～ば～ほど(だけ) ～하면 ～할수록

Pattern 7 _27

基礎からこつこつ 4[2]

PatternStudy 7

문제2 괄호 안의 동사를 올바른 형태로 고치고, 빈칸을 적절하게 채워 보세요.

1 国民は誰でも憲法を(守る ➡ 　　　　　)ざるをえません。
2 今朝は朝食を(食べる ➡ 　　　　　)ずに会社へ行きました。
3 自分の落ち度を(謝る ➡ 　　　　　)限り、絶対に許しません。
4 「教えてくれ」と言われれば、教えない＿＿＿＿＿＿。
5 死ぬと分かっていても愛する人を守る＿＿＿＿＿戦わなければならない。
6 イ選手がホームラン＿＿＿飛ばした時、広場は(割れる ➡ 　　　　　)ばかりの拍手と歓声が響いた。
7 そのことが(ある ➡ 　　　　　)以来、彼女と口を利かなく＿＿＿＿＿＿。
8 私はいつも食事を(する ➡ 　　　　　)からコーヒーを飲みます。
9 就職してからという＿＿＿＿＿、一度も大学に行っていない。
10 とても疲れていて本を(読む ➡ 　　　　　)うちに寝てしまいました。
11 大勢の人が見ている大きな舞台で、上手に歌えるか＿＿＿＿心配＿＿＿＿なりません。
12 関係者以外は研究室に(入る ➡ 　　　　　)いけない。
13 ちょっとしたこと＿＿＿怒って＿＿＿＿いる人は、心の余裕を持つ必要がある。
14 雪が降ろうが＿＿＿＿＿まいが山登りに行きます。
15 (行く ➡ 　　　　　)としたが、急用＿＿＿＿＿できて行けませんでした。

문제3 잘못된 문장을 찾아보세요.

1 ⓐ 口に合うかどうかは食べてみないことには分かりません。
　ⓑ お二人の健康と永遠な幸せを願ってやめません。
　ⓒ 父の転勤で引っ越して以来、友だちの山田とは会っていない。
　ⓓ 韓国の国民として生まれ育っていることが嬉しくてなりません。

2 ⓐ 韓国の社会保障制度は不十分であるから、高齢になっても働かざるを得ないだろう。
　ⓑ 君の冗談を聞いて腹を抱えて笑わずにはいられない。
　ⓒ 息子は留学に行ってからというもの、手紙も電話もよこさない。
　ⓓ 集合場所が分からないと、行こうにも行けられませんよ。

基礎からこつこつ 4(2)

정답과 해설

문제2
1 守ら　국민은 누구라도 헌법을 지키지 않을 수 없습니다.　国民 국민　憲法 헌법　守る 지키다
2 食べ　오늘 아침은 아침밥을 먹지 않고 회사에 갔습니다.　朝食 아침밥
3 謝らない　자신의 잘못을 사과하지 않는 한, 절대로 용서하지 않습니다.
　　落ち度 잘못　謝る 사과하다　許す 용서하다
4 ものでもない／こともない　「가르쳐 줘」라고 들으면, 가르쳐 주지 않는 것도 아니다.
　　～ないものでもない ～하지 않는 것도 아니다　＝～ないこともない
5 ために　죽는다고 알고 있어도 사랑하는 사람을 지키기 위해, 싸우지 않으면 안 된다.
　　守る 지키다　戦う 싸우다
6 を、割れん　이 선수가 홈런을 날렸을 때, 광장은 깨지는 듯한 박수소리와 환성이 울려 퍼졌다.
　　選手 선수　飛ばす 날리다　広場 광장　割れる 깨지다　拍手 박수　歓声が響く 환성이 울려퍼지다
7 あって、なった　그 일이 있었던 이래, 그녀와 말을 하지 않게 되었다.　口を利く 말하다
8 して　나는 항상 밥을 먹고 나서 커피를 마십니다.
9 もの　취직하고 나서 줄곧, 한 번도 대학에 가지 않았다.　就職 취직
10 読んでいる　매우 피곤해서 책을 읽고 있던 동안에 자 버렸습니다.
11 どうか、で　많은 사람이 보고 있는 커다란 무대에서, 잘 부를 수 있을지 어떨지 걱정되서 견
　　딜 수 없습니다.　舞台 무대　～かどうか ～일지 아닐지　～てならない ～해서 견딜 수 없다
12 入っては　관계자 이외는 연구실에 들어가면 안 된다.　関係者 관계자　研究室 연구실
13 で、ばかり　대수롭지 않은 일로 화만 내고 있는 사람은, 마음의 여유를 가질 필요가 있다.
　　ちょっとした 대수롭지 않은, 사소한　余裕 여유
14 降る　눈이 오던 오지 않던, 등산하러 갑니다.　山登りに行く 등산하러 가다
15 行こう、が　가려고 했지만, 급한 일이 생겨서 갈 수 없었습니다.　急用 급한 일

문제3
1 ⓑ やめません ➡ やみません
　　ⓐ 입에 맞을지 어떨지는 먹어보지 않고서는 모릅니다.
　　ⓑ 두 분의 건강과 영원한 행복을 기원해 마지 않습니다.
　　ⓒ 아버지의 전근으로 이사한 이래, 친구인 야마다와는 만나지 않았다.
　　ⓓ 한국의 국민으로서 태어나 자란 것이 기뻐서 견딜 수 없습니다.
　　健康 건강　永遠だ 영원하다　幸せ 행복　願う 기원하다　転勤 전근　引っ越す 이사하다
　　生まれ育つ 태어나 자라다

2 ⓓ 行けられません ➡ 行けません
　　ⓐ 한국의 사회 보장 제도는 불충분하니까, 나이를 먹어서도 일하지 않을 수 없을 것이다.
　　ⓑ 너의 농담을 듣고 배꼽이 빠지게 웃지 않을 수 없다.
　　ⓒ 아들은 유학을 가고 나서 줄곧, 편지도 전화도 하지 않는다.
　　ⓓ 집합장소를 모르면, 가려고 해도 갈 수 없어요.
　　社会保障制度 사회보장제도　不十分 불충분　高齢 고령　冗談 농담　腹を抱える 배꼽이 빠지게
　　웃다　よこす 보내오다　集合場所 집합장소

1 문형을 묻는 문제는 매달 6~7문제가 출제된다.

「명사(N)」에 바로 접속하는 문형 ★★★

* **N + 如何で** ~여하로
  営業や店頭などでの対応如何で、企業価値を左右しかねない。
  ➡ 영업이나 가게 앞 등에서의 대응여하로, 기업가치를 좌우할지도 모른다.

* **N + 気味** ~하는 기운, 기색
  体がだるいし、頭がぼうっとしているし、どうやら風邪気味のようだ。
  ➡ 몸이 나른하고, 머리가 멍하고, 아무래도 감기 기운인 같다.

* **N + きり** ~뿐, ~만
  今年のクリスマスは彼女と二人きりで過ごしたい。
  ➡ 올해의 크리스마스는 그녀와 둘이서 보내고 싶다.

* **N + きわまりない(きわまる)** ~하기 짝이 없다, 매우 ~하다
  満員電車の中で、大きな音で音楽を聞いている迷惑きわまりない若者がいる。
  ➡ 만원전철 안에서, 큰소리로 음악을 듣고 있는 불쾌하기 짝이 없는 젊은이가 있다.

* **N + ごとに** ~마다
  店ごとにサービスや味に差があると考えています。
  ➡ 가게마다 서비스나 맛에 차이가 있다고 생각하고 있습니다.

* **N + さえ~ば** ~만 ~하면
  基本的な問題しか出ないので、緊張さえしなければ満点もとれる。
  ➡ 기본적인 문제밖에 나오지 않기 때문에, 긴장만 하지 않으면 만점도 받을 수 있다.

* **N + だけあって** ~인 만큼
  カナダは大自然に囲まれた国だけあって海産物をはじめ、いろんな食品類が揃っています。
  ➡ 캐나다는 대자연에 둘러쌓인 나라인 만큼, 해산물을 비롯하여, 여러 식품류가 갖추어져 있습니다.

* **N + だけに** ~인 만큼
  さすが体育の先生だけに体つきががっちりしている。
  ➡ 역시 체육선생님인 만큼 체격이 다부지다.

PatternStudy 7

* **N＋たりとも** 비록 ~일지라도

1円たりとも無駄にしてはならないという考え方が、成功の原動力になった。
➡ 비록 1엔 일지라도 함부로 해서는 안 된다는 사고방식이, 성공의 원동력이 되었다.

* **N＋っぽい** ①자주 ~하다, ~하는 경향이 있다 ②~스럽다

①私はあまりに忘れっぽくて、何でもメモしておきます。
➡ 나는 너무나 자주 잊어버려서, 무엇이든 메모해 놓습니다.

②妹が大人っぽい格好をしていてどうしたのかと思った。
➡ 여동생이 어른스러운 모습을 하고 있어서 어떻게 된 건가하고 생각했다.

* **N＋なしに** ~없이

当社の許諾なしに、複製、販売などの行為を行うことはできません。
➡ 당사의 허락없이, 복제, 판매 등의 행위를 할 수 없습니다.

* **N＋ならでは** ~만, ~가 아니면 있을 수 없는

インターネットならではの割引価格でご案内します。
➡ 인터넷만의 할인 가격으로 안내하겠습니다.

* **N＋のみならず** ~뿐만 아니라

この製品は国内のみならず、国外でも飛ぶように売れています。
➡ 이 제품은 국내뿐만 아니라, 외국에서도 날개돋친 듯이 팔리고 있습니다.

* **N＋ばかりでなく** ~뿐만 아니라

日本語ばかりでなく、英語の授業も受けています。
➡ 일본어 뿐만 아니라, 영어 수업도 듣고 있습니다.

* **N＋向け・向き** ~를 대상으로 하는, ~용

これは小学生向けに書かれた本です。
➡ 이것은 초등학생용으로 쓰여진 책입니다.

* **N＋めく** ~다워지다, ~인 듯하다

道端に花が咲き始め、すっかり春めいてきた。
➡ 길가에 꽃이 피기 시작하고, 완전히 봄다워졌다.

1 문형을 묻는 문제는 매달 6~7문제가 출제된다.

「명사(N) + の」에 바로 접속하는 문형 ★

* **N + の + 至りだ** 매우 ~하다
  こんなに名誉ある賞をいただき、光栄の至りです。
  ➡ 이런 명예 있는 상을 받아서, 매우 영광입니다.

* **N + の + おかげで** ~덕택에
  努力のおかげで難しい英語の発音がうまくできるようになりました。
  ➡ 노력의 덕택으로 어려운 영어발음을 잘 할 수 있게 되었습니다.

* **N + の + 極みだ** 매우 ~하다
  先輩に対して、呼び捨てにするなんて無礼の極みだ。
  ➡ 선배에 대해서 경칭을 붙이지 않고 이름만 부르다니 매우 무례하다.

* **N + の + くせに** ~인 주제에
  「男のくせに家に閉じこもってばかりいてどうするんだ」とよく父に叱られた。
  ➡ 「남자인 주제에 집에만 틀어박혀 있어서 어떻게 할 거냐」하고 자주 아버지에게 꾸지람을 들었다.

* **N + の + ことだから** ~이니까
  あの人のことだから、時間内に着くのは無理だろう。
  ➡ 그 사람이니까, 시간 내에 도착하는 것은 무리일 것이다.

* **N + の + こととて** ~이기 때문에
  はじめてのこととて、どうしたらいいのか全く分かりません。
  ➡ 처음이기 때문에 어떻게 해야 좋을지 전혀 모르겠습니다.

* **N + の + 際(に)** ~때에
  お引っ越しの際には、お近くの郵便局に転居届を出しておいてください。
  ➡ 이사하실 때에는, 근처의 우체국에서 이전 신청을 해 놓으세요.

* **N + の + せいで** ~탓으로
  年のせいで体力が回復しにくいんです。
  ➡ 나이 탓으로 체력이 회복되기 힘듭니다.

* N＋の＋わりに（は）~에 비해서(는)

木村君のお母さんは年のわりには若く見えます。

➡ 기무라 군의 어머니는 나이에 비해서는 젊게 보입니다.

基礎からこつこつ 5

PatternStudy 7

문제1 4개의 문형 중 접속형태가 다른 것 하나를 찾아보세요.

1 ⓐ ~如何で   ⓑ ~気味   ⓒ ~至りだ   ⓓ ~きわまりない
2 ⓐ ~だけあって ⓑ ~極みだ   ⓒ ~たりとも   ⓓ ~なしに
3 ⓐ ~わりに   ⓑ ~ならでは   ⓒ ~向け   ⓓ ~めく
4 ⓐ ~至りだ   ⓑ ~おかげで   ⓒ ~極みだ   ⓓ ~ごとに
5 ⓐ ~ばかりでなく ⓑ ~くせに   ⓒ ~際   ⓓ ~こととて
6 ⓐ ~だけに   ⓑ ~せいで   ⓒ ~わりに   ⓓ ~ことだから

문제2 밑줄 그어진 문형의 의미를 생각하면서, 문장을 해석해 보세요.

1 成績の結果<u>いかんでは</u>、大学に入れない場合もあります。
2 やっぱりソウル<u>だけに</u>、高層ビルがそびえている。
3 こちらに外国人<u>向け</u>のガイドブックが用意してあります。
4 この本の<u>おかげで</u>試験に合格できました。
5 彼は学生の<u>くせに</u>、ちっとも勉強しない。
6 あなたの<u>せいで</u>人生を棒に振りたくはありません。
7 これらの品質は値段の<u>わりには</u>悪くありません。

문제3 올바른 것을 골라보세요.

1 大学に合格する(ⓐために/ ⓑように)、一秒(ⓐたりとも/ ⓑだけあって)無駄にすることはできなかった。
2 このサイトでは専門家(ⓐならでは/ ⓑばかり)のアドバイスが受けられます。
3 先生の皮肉(ⓐがちな/ ⓑめいた)言い方を、学生はみんな不快に感じている。
4 文化財がだんだん破壊(ⓐして/ ⓑされて)いっているのは、痛恨の(ⓐ極み/ ⓑ限り)です。
5 何(ⓐも/ ⓑが)分からない新人の(ⓐこととて/ ⓑことに)大目(ⓐに/ ⓑで)見てください。

基礎からこつこつ 5

정답과 해설

문제1
1. ⓒ 「명사 +の+至りだ」 매우 ~하다
2. ⓑ 「명사 +の+極みだ」 매우 ~하다
3. ⓐ 「명사 +の+わりに」 ~에 비해서
4. ⓓ 「명사 + ごとに」 ~마다
5. ⓐ 「명사 + ばかりでなく」 ~뿐만 아니라
6. ⓐ 「명사 +だけに」 ~인 만큼

문제2
1. 성적의 결과 여하로는, 대학에 들어갈 수 없는 경우도 있습니다.
   成績 성적   結果 결과
2. 역시 서울인 만큼, 고층 빌딩이 우뚝 솟아 있다.
   高層ビル 고층빌딩   そびえる 우뚝 솟다
3. 이쪽에 외국인용 가이드북이 준비되어 있습니다.
   用意 준비
4. 이 책 덕택으로 시험에 합격할 수 있었습니다.
   試験 시험   合格 합격
5. 그는 학생인 주제에 전혀 공부하지 않는다.
   ちっとも~ない 전혀 ~않다
6. 당신 탓에 인생을 헛되게 하고 싶지는 않습니다.
   棒に振る 헛되게 하다
7. 이것들의 품질은 가격에 비해서는 나쁘지 않습니다.
   品質 품질   値段 가격

문제3
1. ⓐ, ⓐ 대학에 합격하기 위해서 비록 1초라도 낭비할 수는 없었다.
   無駄にする 낭비하다
2. ⓐ 이 사이트에서는, 전문가만의 조언을 받을 수 있습니다.
   専門家 전문가
3. ⓑ 선생님의 빈정거리는 듯한 말투를 학생은 모두 불쾌하게 느끼고 있다.
   皮肉 빈정거림   不快だ 불쾌하다
4. ⓑ, ⓐ 문화재가 점점 파괴되어 가고 있는 것은 매우 한탄스럽다.
   文化財 문화재   だんだん 점점   破壊 파괴   痛恨 통한
5. ⓐ, ⓐ, ⓐ 아무것도 모르는 신참이니까, 너그러이 봐 주세요.
   新人 신참   大目に見る 너그러이 봐 주다

Pattern 7 _35

1 문형을 묻는 문제는 매달 6~7문제가 출제된다.

조사 「から、と、は、も、を」에 접속하는 문형 ★★★★

* **~からこそ** ~이기 때문에
  一生懸命に努力したからこそ、希望の会社に就職が決まりました。
  ➡ 열심히 노력했기 때문에, 희망하는 회사에 취직이 정해졌습니다.

* **~からして** ~부터가
  彼の言葉遣いからして気に入らない。
  ➡ 그의 말투부터가 마음에 들지 않는다.

* **~からといって** ~라고 해서
  韓国人だからといって、みんなが辛い食べ物が好きというわけではない。
  ➡ 한국인이라고 해서, 모두가 매운 음식을 좋아하는 것은 아니다.

* **~からには** ~한 이상은
  飲酒運転をしたからには、それなりの罰を受けるのは当然だ。
  ➡ 음주운전을 한 이상은, 그 나름대로의 벌을 받는 것은 당연하다.

* **~から~にかけて** ~에서 ~에 걸쳐서
  今晩は関西地方から関東地方にかけて雨が降る見込みです。
  ➡ 오늘밤에는 관서지방에서 관동지방에 걸쳐서 비가 올 예정입니다.

* **~とあいまって** ~와 어울려서
  輸出の増加が、企業のコスト削減努力とあいまって、収益改善をもたらした。
  ➡ 수출의 증가가 기업의 비용 삭감노력과 어울려서, 수익개선을 초래했다.

* **~とあって** ~이어서
  久々の受験とあって、結果は散々であろうことが予想される。
  ➡ 오랜만의 시험이어서, 결과는 형편없을 것이 예상된다.

* **~といったらない** 매우 ~하다
  山の頂上から、はるか遠くまで広がっている海を見た時の美しさといったらなかった。
  ➡ 산의 정상에서 아득한 먼곳까지 펼쳐져 있는 바다를 봤을 때의 아름다움은 이루 말할 수 없었다.

～と思いきや ～라고 생각했는데

鈴木君は小さい頃から天才少年と思いきや、普通のかわいい男の子だった。
➡ 스즈키 군은 어렸을 때부터 천재소년이라고 생각했는데, 보통의 귀여운 남자아이였다.

～ときたら ～로 말하자면

うちの子ときたら、教えるそばから忘れてしまって本当に困ります。
➡ 우리 아이로 말하자면, 가르치자마자 잊어 버려서 정말로 난처합니다.

～とはいえ ～라고 해도

教師とはいえ人間であるから、たまには規則から外れる場合もあるのではないか。
➡ 교사라고 해도 인간이니까, 가끔씩은 규칙에서 벗어나는 경우도 있는 것이 아닐까?

～とばかりに ～라는 듯이

観光地には今が安くてチャンスとばかりに観光客が押し寄せている。
➡ 관광지에는 지금이 싸서 기회라는 듯이 관광객이 몰려오고 있다.

～と共に ①～와 함께 ②～함에 따라

①親として子どもに教えるだけでなく、子どもからもいろいろと教えられながら、子どもと共に歩んでいきたいです。
➡ 부모로서 아이에게 가르치는 것뿐만 아니라, 아이로부터도 여러 가지를 배우면서 아이와 함께 걸어가고 싶습니다.

②世の中が発展すると共に専門性が高まり、役割の分担が進むと思う。
➡ 세상이 발전함에 따라 전문성이 높아지고, 역할의 분담이 진행된다고 생각한다.

～はおろか ～는커녕

忙しくて寝ることはおろか休む暇さえない。
➡ 바빠서 자는 것은커녕 쉴 틈조차 없다.

～はともかく ～는 어쨌든

そんな将来のことはともかく、明日の試験は大丈夫ですか。
➡ 그런 장래의 일은 어쨌든, 내일 시험은 괜찮습니까?

～もさることながら ～도 물론이고

病気を治すためには、食事もさることながら前向きな心も重要だ。
➡ 병을 고치기 위해서는, 식사도 물론이고 적극적인 마음도 중요하다.

Key 1 문형을 묻는 문제는 매달 6~7문제가 출제된다.

* **～も～ば～も** ～도 ～이고 ～도
  帰宅時間は決まっていないから、早く帰る日もあれば遅く帰る日もあります。
  ➡ 귀가 시간은 정해져 있지 않아서, 빨리 돌아가는 날도 있고 늦게 돌아가는 날도 있습니다.

* **～をおいて** ～를 제외하고
  こんな深刻な問題は、母をおいて他には相談できる人がいない。
  ➡ 이런 심각한 문제는 어머니를 제외하고 상담할 수 있는 사람이 없다.

* **～を限り(に)** ～를 마지막으로
  タバコを吸ってきましたが、今日を限りに止めることにしました。
  ➡ 담배를 피워 왔지만, 오늘을 마지막으로 끊기로 했습니다.

* **～を皮切りに** ～를 시작으로
  サービスの提供を皮切りに、この分野での事業を拡大していく予定だ。
  ➡ 서비스의 제공을 시작으로, 이 분야에서의 사업을 확대해 갈 예정이다.

* **～を禁じ得ない** ～를 금할 수 없다
  先方の技術力には素晴らしさを超え、驚きを禁じ得なかった。
  ➡ 상대방의 기술력에는 훌륭함을 넘어, 놀람을 금할 수 없었다.

* **～を通して・～を通じて** ～를 통해서
  子どもたちは、新しい生活、友だちを通して日々成長していきます。
  ➡ 아이들은 새로운 생활, 친구들을 통해서 하루하루 성장해 갑니다.
  テレビショッピングなど、テレビを通じて便利なサービスが利用できるようになりました。
  ➡ 텔레비전 쇼핑 등, 텔레비전을 통해서 편리한 서비스를 이용할 수 있게 되었습니다.

* **～を問わず** ～를 불문하고
  この博物館は四季を問わず、たくさんの人が訪れる。
  ➡ 이 박물관은 사계절을 불문하고 많은 사람이 방문한다.

* **～をはじめ** ～를 비롯하여
  北朝鮮は情報技術産業の育成に向け、韓国をはじめ中国、日本の企業から資本や関連技術を導入するなど活発な交流をしている。
  ➡ 북한은 정보기술산업의 육성을 향해서, 한국을 비롯하여 중국, 일본 기업으로부터 자본이나 관련기술을 도입하는 등 활발한 교류를 하고 있다.

PatternStudy 7

* **～を巡(めぐ)って** ~를 둘러싸고

  リストラを巡って、読者からたくさんの投書(とうしょ)が寄(よ)せられてきた。

  ➡ 구조조정을 둘러싸고, 독자로부터 많은 투고가 보내져 왔다.

* **～をもって** ~로, ~로써

  20日をもって展覧会(てんらんかい)を終了(しゅうりょう)させていただきます。

  ➡ 20일로써 전람회를 종료하겠습니다.

* **～をものともせず(に)** ~를 아랑곳하지 않고

  彼は足の怪我(けが)をものともせずに、最後まで走り抜(ぬ)いた。

  ➡ 그는 다리의 부상을 아랑곳하지 않고 마지막까지 완주했다.

* **～を余儀(よぎ)なくされる** 어쩔 수 없이 ~하게 되다

  激(はげ)しい雨によって、試合の中止(ちゅうし)を余儀なくされた。

  ➡ 심한 비로 인하여, 어쩔 수 없이 시합을 중지하게 되었다.

* **～をよそに** ~를 거들떠보지 않고

  弟は受験生でありながら、勉強をよそにマンガばかり読んでいる。

  ➡ 남동생은 수험생이면서, 공부를 거들떠보지 않고 만화만 읽고 있다.

基礎からこつこつ 6

PatternStudy 7

문제1 밑줄 그어진 문형의 의미를 생각하면서, 문장을 해석해 보세요.

1 あなたがアドバイスをしてくれたからこそ、成功することができました。
2 試合に出るからには、絶対に負けたくありません。
3 彼女をおいて、仕事を任せられる人は考えられません。
4 性別、経験を問わず、業績によって給料が決まります。
5 本日の営業は午後5時をもって終了いたします。
6 雨のため、遠足は中止を余儀なくされた。
7 親の心配をよそに、子供は留学に行ってしまった。

문제2 올바른 것을 고르고, 빈칸을 채워보세요.

1 今回の新入社員たちは、挨拶(ⓐからなって/ ⓑからして/ ⓒからこそ)きちんとしていない。
2 うちの親(ⓐといえども/ ⓑともなく/ ⓒときたら)ああしろこうしろと、うるさいといったらありません。
3 コーチの指導力と選手たちの団結力が(ⓐ最後/ ⓑ相まって)勝利を収めた。
4 遊園地は絶対込んでいる_____思いきや、人影が(ⓐまばら/ ⓑ混雑)だった。
5 私の話を聞いて、彼は意外だと_____に、口を(開ける ➡   )まま私を見つめていた。
6 息子はまだ中学生なのに、お酒も(飲む ➡   )タバコも吸います。
7 我が社は日本語を(ⓐ限りに/ ⓑ皮切りに)中国語や英語のサービスも展開していく予定です。
8 韓国を(ⓐはじめ/ ⓑはじめに/ ⓒはじめて)、世界各国で日本の小説が翻訳出版されています。
9 修正された決議案の賛否を(ⓐ囲んで/ ⓑめぐって)激しい議論が(ⓐ行われました/ ⓑ交わされました)。
10 中村さんは周囲の非難を(ⓐきっかけに/ ⓑものともせずに)、自分の信念を貫いた。

基礎からこつこつ 6

정답과 해설

문제1
1. 당신이 조언을 해 주었기 때문에, 성공할 수 있었습니다.
2. 시합에 나가는 이상은, 절대로 지고 싶지 않습니다.　負ける 지다
3. 그녀를 제외하고, 일을 맡길 수 있는 사람은 생각할 수 없습니다.　任せる 맡기다
4. 성별, 경험을 불문하고 업적에 따라서 급료가 정해집니다.
   性別 성별　経験 경험　業績 업적　給料 급료
5. 오늘의 영업은 오후 5시로 종료하겠습니다.
   営業 영업　終了 종료
6. 비 때문에 소풍은 어쩔 수 없이 중지하게 되었다.
   遠足 소풍　中止 중지
7. 부모의 걱정을 거들떠보지 않고, 아이는 유학을 가 버렸다.　心配 걱정

문제2
1. ⓑ 이번 신입사원들은 인사부터가 제대로 되어 있지 않다.
   挨拶 인사　～からして ~부터가　～からこそ ~이기 때문에
2. ⓒ 우리 부모님으로 말하자면 이래라 저래라, 매우 잔소리가 많습니다.
   ～といえども ~라고 해도　～ともなく 무심코　～ときたら ~로 말하자면　～といったらない 매우 ~하다
3. ⓑ 코치의 지도력과 선수들의 단결력이 어우러져 승리를 거두었다.
   指導力 지도력　団結力 단결력　勝利を収める 승리를 거두다
4. と, ⓐ 유원지는 단연코 붐비고 있을 거라고 생각했더니, 인적이 드물었다.
   遊園地 유원지　～と思いきや ~라고 생각했더니　人影がまばらだ 인적이 드물다　混雑 혼잡
5. ばかり、開けた 내 이야기를 듣고, 그는 의외라는 듯이 입을 연 채로 나를 바라보고 있었다.
   意外だ 의외다　見つめる 바라보다, 주시하다
6. 飲めば 아들은 아직 중학생인데도, 술도 마시고 담배도 피웁니다.
7. ⓑ 우리 회사는 일본어를 시작으로 중국어나 영어 서비스도 전개해 갈 예정입니다.
   ～を限りに ~를 끝으로　～を皮切りに ~를 시작으로　展開 전개
8. ⓐ 한국을 비롯하여, 세계 각국에서 일본 소설이 번역 출판되고 있습니다.
   ～をはじめ ~를 비롯하여　世界各国 세계 각국　小説 소설　翻訳出版 번역출판
9. ⓑ, ⓐ/ⓑ 둘 다 가능, 수정된 결의안의 찬성여부를 둘러싸고 격한 토론이 행해졌습니다.
   修正 수정　決議案 결의안　賛否 찬부, 찬성여부　囲む 둘러싸다, 에워싸다　～をめぐって ~를 둘러싸고　議論が交わされる 토론이 행해지다
10. ⓑ 나카무라 씨는 주위의 비난을 아랑곳하지 않고 자신의 신념을 관철했다.
    周囲 주위　非難 비난　～をきっかけに ~를 계기로　～をものともせずに ~을 아랑곳하지 않고　信念を貫く 신념을 관철하다

1 문형을 묻는 문제는 매달 6~7문제가 출제된다.

「조사 に」에 접속하는 문형 ★★★

* **~において** ①~에 있어서 ②(장소에 접속하여)~에서
  ① 現代において電気はなくてはならない不可欠なものである。
  ➡ 현대에 있어서 전기는 없어서는 안 될 불가결한 것이다.
  ② 9月下旬にソウルにおいて世界環境会議が開かれる予定だ。
  ➡ 9월 하순에 서울에서 세계환경회의가 열릴 예정이다.

* **~に応じて** ~에 따라서
  政府は国民の要求に応じて、政策を改め、実行していかなければならない。
  ➡ 정부는 국민의 요구에 따라, 정책을 고치고, 실행해 나가야 한다.

* **~にかかわらず** ~에 관계없이
  新しい機械の導入によって、昼夜にかかわらず、工場の操業が可能になった。
  ➡ 새로운 기계의 도입에 의해서, 주야에 관계없이 공장의 조업이 가능하게 되었다.

* **~にかけては** ~에 있어서는
  歩く速さにかけては誰にも負けない自信があります。
  ➡ 걷는 속도에 있어서는 누구에게도 지지 않을 자신이 있습니다.

* **~に難くない** ~하기 어렵지 않다
  彼が指輪を盗んだことは想像に難くない。
  ➡ 그가 반지를 훔친 것은 상상하기 어렵지 않다.

* **~に関して** ~에 관해서(주제를 나타냄)
  少子化問題に関してさまざまな方面から意見が寄せられた。
  ➡ 저출산 문제에 관해서 여러 방면에서 의견을 보내왔다.

* **~に決まっている** ~임에 틀림없다
  誰でも見た目がいい服を選ぶに決まっている。
  ➡ 누구라도 겉보기가 좋은 옷을 선택할 것임에 틀림없다.

* **~に加え(て)** ~에 더해서
  成績には、試験の結果に加えて出席率も考慮されます。
  ➡ 성적에는 시험결과에 더해서 출석률도 고려됩니다.

PatternStudy 7

~にこしたことはない ~하는 것이 최고다
法(ほう)を変(か)えないで済(す)むなら、変えないにこしたことはない。
➡ 법을 바꾸지 않고 해결된다면, 바꾸지 않는 것이 최고다.

~に際し(て) ~에 즈음하여
開催(かいさい)に際しては少(すく)なくとも車(くるま)50台程度(ていど)が駐車(ちゅうしゃ)できるスペースの確保(かくほ)が必要になります。
➡ 개최에 즈음해서는 적어도 자동차 50대 정도가 주차할 수 있는 공간 확보가 필요합니다.

~に先立って(=~に先立ち) ~에 앞서서
試合に先立(さきだ)って開会式が行われた。
➡ 시합에 앞서서 개회식이 행해졌다.

~に従って(=~に従い) ~을 따라서
矢印(やじるし)に従(したが)ってお進みください。
➡ 화살표를 따라서 나아가세요.

~にしては ~치고는
鈴木君のお姉さんは35才にしては若く見える。
➡ 스즈키 군의 누나는 35세 치고는 젊어 보인다.

~にすぎない ~에 불과하다
年(とし)は数字(すうじ)に過ぎないと思(おも)っている人もいる。
➡ 나이는 숫자에 불과하다고 생각히고 있는 사람도 있다.

~に即して ~에 따라서, ~에 의거해서
レポート作成(さくせい)のため、生徒(せいと)たちは図書館で各自のテーマに即(そく)して、書籍(しょせき)や資料(しりょう)を活用している。
➡ 리포트 작성을 위해, 학생들은 도서관에서 각자의 테마에 따라서, 서적이나 자료를 활용하고 있다.

~に沿って(=~に沿い) ~에 따라서
道路(どうろ)に沿(そ)って木々(きぎ)が立(た)ち並(なら)んでいる。
➡ 도로에 따라서 나무들이 늘어서 있다.

~に対して ~에 대해서(대상을 나타냄)
この賞(しょう)は環境保護(かんきょうほご)に功績(こうせき)のあった人に対(たい)して贈(おく)られるものです。
➡ 이 상은 환경보호에 공적이 있는 사람에 대해서 주어지는 것입니다.

1 문형을 묻는 문제는 매달 6~7문제가 출제된다.

* **〜にたえない** ①차마 〜할 수 없다 ②매우 〜하다

①田中先生の授業は聞くにたえないくらいつまらなかった。
➡ 다나카 선생님의 수업은 차마 들을 수 없을 정도로 시시했다.
②本当によい学習の機会を与えていただき、感謝にたえません。
➡ 정말로 좋은 학습 기회를 제공받아, 매우 감사합니다.

* **〜に違いない・〜に相違ない** 〜임에 틀림없다

明日雨が降っても、彼は来るに違いない。
➡ 내일 비가 와도, 그는 올 것임에 틀림없다.
この部屋にいるメンバーの中の誰かが犯人に相違ない。
➡ 이 방에 있는 멤버 중의 누군가가 범인임에 틀림없다.

* **〜について** 〜에 관해서(주제를 나타냄)

あの男について私は何も知りません。
➡ 저 남자에 관해서 나는 아무것도 모릅니다.

* **〜につき** ①〜이기 때문에 ②〜당

①店内改装中につき、しばらく休ませていただきます。
➡ 상점 안이 개장 중이기 때문에, 잠시 쉬겠습니다.
②閲覧手数料は本1冊につき200円です。
➡ 열람수수료는 책 한 권당 200엔입니다.

* **〜につけ** 〜할 때마다

何かあるにつけ、僕のせいにされるのはどうしてだろう。
➡ 무언가 있을 때마다, 내 탓으로 돌려지는 것은 왜일까?

* **〜につれ(て)** 〜함에 따라서

経済発展につれて、伝統社会は変化することを余儀なくされた。
➡ 경제가 발전함에 따라서, 전통사회는 어쩔 수 없이 변화하게 되었다.

* **〜にとって** 〜에게 있어서

彼女にとって小切手は1つの紙にすぎない。
➡ 그녀에게 있어서 수표는 하나의 종이에 불과하다.

* **〜にとどまらず** 〜에 그치지 않고

部分的な理解にとどまらず、全体を通して伝えようとしていることを理解させることが大切である。
➡ 부분적인 이해에 그치지 않고, 전체를 통해서 전하려 하는 것을 이해시키는 것이 중요하다.

PatternStudy 7

* **～に伴って(＝～に伴い)** ～함에 따라서
  業務の拡大に伴って、新たな経営課題が持ち上がってきた。
  ➡ 업무가 확대됨에 따라서, 새로운 경영과제가 발생했다.

* **～に(は)あたらない** ～할 것까지는 없다
  彼の自慢話は驚くにはあたらない。
  ➡ 그의 자랑 이야기는 놀랄 것까지는 없다.

* **～に(は)及ばない** ～할 필요는 없다
  私にできることをやっただけなのですから、お礼には及びません。
  ➡ 내게 할 수 있는 것을 한 것 뿐이니까, 사례할 필요는 없습니다.

* **～に反して** ～에 반해서, ～와 반대로
  彼女の顔は怖そうに見えるのに反して声は穏やかだ。
  ➡ 그녀의 얼굴은 무서워 보이는 반면에 목소리는 온화하다.

* **～にひきかえ** ～와 반대로
  せっせと働く姉にひきかえ妹は家でぶらぶらしている。
  ➡ 부지런히 일하는 언니와 반대로 여동생은 집에서 빈둥거리고 있다.

* **～にほかならない** 다름아닌 ～이다
  森林を守るというのは、森林の生態系を守ることにほかならない。
  ➡ 삼림을 지키는 것은, 다름아닌 삼림의 생태계를 지키는 것이다

* **～にもかかわらず** ～임에도 불구하고
  取締りの強化にもかかわらず、少年犯罪はちっとも減らなかった。
  ➡ 단속의 강화에도 불구하고, 소년 범죄는 전혀 줄지 않았다.

* **～に基づいて(＝～に基づき)** ～에 의거하여
  具体的なサービスはこの計画に基づいて提供されます。
  ➡ 구체적인 서비스는 이 계획에 의거하여 제공됩니다.

* **～にもまして** ～보다 더
  恋を得たことのない人は不幸である。それにもまして不幸なのは、恋を失ったことのない人だ。
  ➡ 사랑을 얻은 적이 없는 사람은 불행하다. 그것보다도 더 불행한 자는 사랑을 잃은 적이 없는 사람이다.

基礎からこつこつ 7

PatternStudy 7

문제1 밑줄 그어진 문형의 의미를 생각하면서, 문장을 해석해 보세요.

1 人生においてもっとも大事なものは信念であろう。
2 親を亡くした彼女の悲しみは、察するにかたくない。
3 田中さんはサッカー選手にしては、けっこう太っている。
4 人のものを盗むと、法律に即して処分されます。
5 工事の音があまりにも騒々しくて聞くにたえない。
6 年をとるにつれて老化現象が進んでいる。
7 彼の実力からみると、優勝も驚くにはあたらない。

문제2 올바른 것을 고르고, 빈칸을 채워보세요.

1 ここは年齢、性別(ⓐに/ ⓑにも)かかわらず、誰＿＿＿自由に立ち入ることができます。
2 彼女から聞いたことは＿＿＿も＿＿＿もない噂に(ⓐたえない/ ⓑすぎない)。
3 個人情報保護方針に(ⓐつれて/ ⓑ沿って/ ⓒ従って)、新しい計画を立てました。
4 亡くなった父の写真は私に(ⓐおいて/ ⓑとって)何よりも大切な(ⓐもの/ ⓑこと)です。
5 経済の発展＿＿＿＿＿伴って為替相場は(ⓐ上昇/ ⓑ下向)する傾向があります。
6 僕の弱さに(ⓐひきかえ/ ⓑ加えて)彼らの強さはいったい何だろうか。
7 彼(ⓐの/ ⓑが)とった行動は、国を深く愛しているから＿＿＿＿ほかならない。
8 ブランド品は値段が高いにも(ⓐかかわらず/ ⓑかかわって)、よく(ⓐ売れて/ ⓑ売って)います。
9 彼は以前＿＿＿＿＿＿ましてテニスの練習に力を(ⓐ注いで/ ⓑ入れて)いる。
10 先生と親しくなるに(ⓐつれて/ ⓑ際して)、ますます先生(ⓐが/ ⓑを)好きになっていった。
11 今までの自分というのは、親に(ⓐ対して/ ⓑ対する)迷惑を(ⓐつけて/ ⓑかけて)ばかりの人生だったと思う。

基礎からこつこつ 7

정답과 해설

문제1
1. 인생에 있어서 가장 소중한 것은 신념일 것이다. 信念 신념
2. 부모를 여읜 그녀의 슬픔은 헤아리기에 어렵지 않다. 亡くす 여의다　察する 헤아리다
3. 다나카 씨는 축구선수 치고는, 상당히 살쪄 있다.
4. 남의 물건을 훔치면, 법률에 따라서 처분 받습니다. 盗む 훔치다　法律 법률　処分 처분
5. 공사소리가 너무나도 시끄러워서 차마 들을 수 없다. 工事 공사　あまりにも 너무나도　騒々しい 시끄럽다
6. 나이를 먹음에 따라서 노화 현상이 진행되고 있다. 老化現象 노화현상　進む 진행되다
7. 그의 실력으로 보면, 우승도 놀랄 것 까지는 없다. 実力 실력　~からみると ~로 보면　優勝 우승　驚く 놀라다

문제2
1. ⓐ. でも 여기는 연령, 성별에 관계없이, 누구라도 자유롭게 출입할 수 있습니다.
   年齢 연령　性別 성별　~にかかわらず ~에 관계없이　~にもかかわらず ~임에도 불구하고
   自由 자유　立ち入る 출입하다
2. 根, 葉, ⓑ 그녀에게 들은 것은 아무런 근거가 없는 소문에 지나지 않는다.
   根も葉もない 아무런 근거가 없다　噂 소문　~にたえない 차마 ~할 수 없다, 매우 ~하다
   ~にすぎない ~에 지나지 않는다
3. ⓑ 개인정보 보호 방침에 따라서, 새로운 계획을 세웠습니다.
   個人情報保護方針 개인정보 보호방침　~につれて ~함에 따라서　~に沿って ~에 따라서
   ~に従って ~함에 따라서　計画を立てる 계획을 세우다
4. ⓑ, ⓐ 돌아가신 아버지의 사진은 내게 있어서 무엇보다도 소중한 물건입니다.
   ~において ~에 있어서(상황, 때)　~にとって ~에 있어서(입장)
5. に, ⓐ 경제가 발전함에 따라서 환율은 상승하는 경향이 있습니다.
   経済 경제　発展 발전　~に伴って ~함에 따라서　為替相場 환율　上昇 상승　下向 하향
6. ⓐ 나의 나약함과 반대로 그들의 강함은 도대체 무엇일까?
   ~にひきかえ ~와 반대로　~に加えて ~에 더해서　一体 대체
7. ⓐ/ⓑ 둘다 가능, に 그가 취한 행동은 다름아닌 나라를 깊게 사랑하고 있기 때문이다.
   行動 행동　~にほかならない 다름아닌 ~이다
8. ⓐ, ⓐ 브랜드 품은 값이 비쌈에도 불구하고, 잘 팔리고 있습니다.
   ~にもかかわらず ~임에도 불구하고　売れる 팔리다
9. にも, ⓐ/ⓑ 둘 다 가능, 그는 이전보다 더 테니스 연습에 힘을 쏟고 있다.
   ~にもまして ~보다 더　練習 연습　力を注ぐ 힘을 쏟다 = 力を入れる
10. ⓐ, ⓐ/ⓑ 선생님과 친해짐에 따라, 점점 선생님이 좋아졌다.
    親しい 친하다　~につれて ~함에 따라서　~に際して ~에 즈음하여
11. ⓐ, ⓑ 지금까지의 나라는 것은, 부모에 대해서 폐만 끼친 인생이었다고 생각한다.
    ~に対して ~에 대해서　迷惑をかける 폐를 끼치다

Pattern 7 _47

연습문제 1

1 子供の頃、イタリアに＿＿＿＿＿＿ことがあります。
   (A) 行く　　　　(B) 行かなかった　　(C) 行かない　　(D) 行った

2 誰にも好かれる先生に＿＿＿＿＿＿たい。
   (A) なる　　　　(B) なった　　　　(C) なるし　　　(D) なり

3 傘を持っていないのに、いきなり雨が＿＿＿＿＿＿出した。
   (A) 降る　　　　(B) 降り　　　　　(C) 降ら　　　　(D) 降って

4 ビールを＿＿＿＿＿＿すぎてお腹を壊してしまった。
   (A) 飲み　　　　(B) 飲む　　　　　(C) 飲ま　　　　(D) 飲んだ

5 窓を＿＿＿＿＿＿まま寝て、泥棒に入られてしまった。
   (A) 開けた　　　(B) 開いた　　　　(C) 開ける　　　(D) 開く

6 忙しすぎて銀行からお金を引き出すのを忘れて＿＿＿＿＿＿。
   (A) あった　　　(B) いった　　　　(C) しまった　　(D) きた

7 昨夜はお風呂に＿＿＿＿＿＿から12時に寝ました。
   (A) 入り　　　　(B) 入って　　　　(C) 入る　　　　(D) 入った

8 彼女はあまりおいしくない料理を文句も言わず＿＿＿＿＿＿食べている。
   (A) に　　　　　(B) で　　　　　　(C) と　　　　　(D) は

9 昨日兄といっしょにラーメンを＿＿＿＿＿＿に行ってきた。
   (A) 食べ　　　　(B) 食べる　　　　(C) 食べた　　　(D) 食べて

10 私はいつもご飯を＿＿＿＿＿＿ながらテレビを見ます。
   (A) 食べた　　　(B) 食べる　　　　(C) 食べようと　(D) 食べ

PatternStudy 7

11　週末には大体家にいますが、晴れた日には山に_____します。
(A) 登って　　　(B) 登った　　　(C) 登ったり　　　(D) 登り

12　今日の授業は一番難しく、理解し_____部分も数カ所かあった。
(A) 得る　　　(B) きる　　　(C) がたい　　　(D) かねない

13　風邪を引いた_____学校を休まざるを得なかった。
(A) おかげで　　　(B) せいで　　　(C) ためか　　　(D) ような

14　必ず行くと約束したから、どんなことがあっても_____ざるをえない。
(A) 行き　　　(B) 行こう　　　(C) 行く　　　(D) 行か

15　この漢字の_____方を教えていただけますか。
(A) 読む　　　(B) 読め　　　(C) 読んだ　　　(D) 読み

16　たとえ試験に_____泣きはしまい。
(A) 落ちたから　　　(B) 落ちても　　　(C) 落ちる限り　　　(D) 落ちて

17　英語は勉強すればする_____分からないことが出てきます。
(A) ほど　　　(B) さえ　　　(C) すら　　　(D) ぐらい

18　料理の量が多くて1人では到底食べ_____。
(A) きる　　　(B) きれない　　　(C) きらない　　　(D) ぬかない

19　今更チケットの予約ができる_____。
(A) ことである　　　(B) はずがない　　　(C) ことか　　　(D) ものだ

20　会社を_____ものなら休んでいっしょにいたいけれど、簡単にはできない。
(A) 休もう　　　(B) 休む　　　(C) 休める　　　(D) 休んだ

연습문제 1

21 家族全員がそれぞれに、忘れ_____思い出を作ることができた。
　　(A) すぎる　　　(B) ようがない　　(C) がたい　　　(D) ざるをえない

22 仕事が忙しくて旅行_____ではありません。
　　(A) どころ　　　(B) ばあい　　　　(C) ばかり　　　(D) ぐらい

23 不思議な_____、夢で見た光景が目の前に広がっていた。
　　(A) ことに　　　(B) ように　　　　(C) ために　　　(D) ものを

24 旅行から_____次第、電話してください。
　　(A) 帰る　　　　(B) 帰った　　　　(C) 帰り　　　　(D) 帰ら

25 健康であれば_____好きなことができ、人生を楽しむことができるのです。
　　(A) ほど　　　　(B) さえ　　　　　(C) こそ　　　　(D) だに

26 父は病気_____働くことができず、首になってしまった。
　　(A) がてら　　　(B) がちで　　　　(C) だけに　　　(D) にもかかわらず

27 電車のドアが_____とたん大勢の人が降り始めた。
　　(A) 開ける　　　(B) 開けた　　　　(C) 開け　　　　(D) 開いた

28 川に_____くねくね曲がる道をバスは進んでいった。
　　(A) つれて　　　(B) 応えて　　　　(C) 沿って　　　(D) 従って

29 いまさら後悔した_____どうにもならないから、気を楽にした方がいい。
　　(A) ところを　　(B) ところで　　　(C) どころか　　(D) ところに

30 娘は家に_____なり、遊びに行ってしまった。
　　(A) 帰った　　　(B) 帰る　　　　　(C) 帰り　　　　(D) 帰って

31 一度断られたからといって、おめおめ引き下がる_____。
　(A) わけにはいかない　　(B) ことはない
　(C) ことだ　　(D) ようがない

32 いくら科学技術が発達しようが、コンピュータは一つの道具に_____。
　(A) ほかならない　(B) かたくない　(C) きまっている　(D) すぎない

33 年に一度のお祭り_____たくさんの家族連れが参加した。
　(A) とあって　(B) にあたり　(C) にかまわず　(D) とはいえ

34 私が仕事を_____が辞めまいがあなたとは関係ありません。
　(A) 辞めよう　(B) 辞めそう　(C) 辞める　(D) 辞めた

35 実際に始めてみない_____本当に自分にできるかどうか分かりません。
　(A) ものには　(B) ことには　(C) といえども　(D) と思いきや

36 都市開発を_____未だに激しい論争が続いている。
　(A) 中心に　(B) 踏まえて　(C) めぐって　(D) まわって

37 食べ_____のケーキをゴミ箱に捨てるなんてもったいないじゃない。
　(A) 途中　(B) 最中　(C) 際　(D) かけ

38 私はコンピュータの知識に_____自信があります。
　(A) おいては　(B) 先立って　(C) 即しては　(D) かけては

39 その問いには答え_____のでご了承ください。
　(A) やまない　(B) きわまりない　(C) かねます　(D) かねません

40 会話クラスは個人それぞれの実力に_____分けられます。
　(A) つれて　(B) 限って　(C) 加えて　(D) 基づいて

연습문제 1

41 雨が降っているのに、バスに_____ばかりに渋滞に巻き込まれてしまった。
(A) 乗ると　　　　(B) 乗る　　　　(C) 乗ろう　　　　(D) 乗った

42 娘は１年前に家を出た_____、帰ってこない。
(A) きり　　　　(B) 末に　　　　(C) とたん　　　　(D) うえは

43 天気がよくて、散歩し_____近くの川に行ってきた。
(A) ついでに　　　　(B) かたがた　　　　(C) かたわら　　　　(D) がてら

44 場所が分からなければ_____にも行けません。
(A) 行く　　　　(B) 行こう　　　　(C) 行くよう　　　　(D) 行った

45 この病気は伝染する_____があるから、気をつけなければなりません。
(A) おそれ　　　　(B) きらい　　　　(C) すべ　　　　(D) ところ

46 昨今の渇水を見ていると、お風呂は_____飲み水さえ困る時代が来ないとも限らない。
(A) おろか　　　　(B) さておいて　　　　(C) もとより　　　　(D) ともかく

47 空気が春_____くると、虫の動きが活発になってきます。
(A) めいて　　　　(B) なりに　　　　(C) めぐって　　　　(D) ごとく

48 うちの娘_____親の言うことを真面に聞こうとしない。
(A) というのは　　　　(B) にかぎって　　　　(C) にしては　　　　(D) ときたら

49 免許を_____以来運転が好きでしかたがありません。
(A) とる　　　　(B) とった　　　　(C) とって　　　　(D) とっている

50 月を見る_____、切ない思いがしてたまらない。
(A) につき　　　　(B) ために　　　　(C) ともなく　　　　(D) につけ

PatternStudy 7

51 本人に確認してみた＿＿＿＿＿彼は今まで親を騙したことがないという。
(A) ところ　　　　(B) ばかりに　　　(C) ところで　　　(D) まま

52 今日は16時間続けて働いて疲れ＿＿＿＿＿。
(A) はてた　　　　(B) きた　　　　　(C) まくった　　　(D) おえた

53 うちの社長は自分の＿＿＿＿＿さえあれば社員はどうなってもいいと思っているようだ。
(A) 幸せ　　　　　(B) 幸せの　　　　(C) 幸せだ　　　　(D) 幸せな

54 ゲームのしすぎで成績がだんだん＿＿＿＿＿一方だ。
(A) 下がり　　　　(B) 下がる　　　　(C) 下がった　　　(D) 下がろう

55 疲れた時は何も考えないでゆっくり休む＿＿＿＿＿。
(A) ことだ　　　　(B) ものだ　　　　(C) わけだ　　　　(D) ところだ

56 遅刻常習犯の彼の＿＿＿＿＿、今日も遅れるに違いない。
(A) ことだから　　(B) ものだから　　(C) くせに　　　　(D) ゆえに

57 電話番号は理由を＿＿＿＿＿変更できるようになっている。
(A) 問わず　　　　(B) ものともせずに　(C) 皮切りに　　　(D) 境に

58 8時を＿＿＿＿＿閉店させて頂きますので、お急ぎになってください。
(A) もって　　　　(B) もとに　　　　(C) はじめ　　　　(D) かわきりに

59 しばらく留守にしていた＿＿＿＿＿泥棒が入った。
(A) までに　　　　(B) 間に　　　　　(C) 間　　　　　　(D) ところを

60 彼は児童書の編集者として＿＿＿＿＿かたわら作家としても活躍している。
(A) 働く　　　　　(B) 働いた　　　　(C) 働いた　　　　(D) 働こう

연습문제 1

61 そんな危険な運転では、事故を＿＿＿＿かねない。
　(A) 起こす　　(B) 起し　　(C) 起して　　(D) 起こした

62 田中さんは10年もアメリカに住んでいた＿＿＿＿英語が上手ではない。
　(A) にひきかえ　(B) に際して　(C) にしては　(D) にせよ

63 警察から話を聞いた＿＿＿＿では、犯人はどうやら窓を突き抜けて逃げたようだ。
　(A) かぎり　　(B) きっかけ　(C) わけ　　(D) ところ

64 重い病気にかかって散歩に行く＿＿＿＿、玄関のドアからも出られなかった。
　(A) どころか　(B) おろか　(C) 次第では　(D) からには

65 あのレストランの料理は値段の＿＿＿＿おいしい。
　(A) わりには　(B) しては　(C) 如何によらず　(D) こととて

66 社長＿＿＿＿、事業に対する思いが大変熱い。
　(A) ごとに　　(B) ではあるまいし　(C) ならではの　(D) だけあって

67 子供の頃、母は寝る前によく本を読んでくれた＿＿＿＿。
　(A) ことだ　　(B) ばかりだ　(C) ものを　(D) ものだ

68 男性＿＿＿＿ファッションについては気になるものだ。
　(A) とあいまって　(B) というより　(C) ときたら　(D) とはいえ

69 そんな高価な車は1年貯金しても買え＿＿＿＿。
　(A) 得る　　(B) かねない　(C) っこない　(D) ものか

70 道が分からないので、家に帰りたくても帰り＿＿＿＿。
　(A) っぱなしだ　(B) ようがない　(C) 恐れがある　(D) つつある

PatternStudy 7

71 彼女の気障な格好は全く見るに＿＿＿＿＿＿。
(A) たりない　　　(B) たえない　　　(C) 値する　　　(D) こしたことはない

72 父に「一刻＿＿＿＿＿＿時間を無駄にするな」と言われた。
(A) なしに　　　(B) にもまして　　　(C) たりとも　　　(D) からこそ

73 私はこの業界でトップにならんが＿＿＿＿＿＿必死に頑張ってきた。
(A) ために　　　(B) ように　　　(C) ことに　　　(D) ほどに

74 あのアイドルは髪型＿＿＿＿＿＿私の好みではない。
(A) からには　　　(B) からして　　　(C) はもとより　　　(D) ではあるまいし

75 中小企業の事務員として就職できた＿＿＿＿＿＿、半年足らずで首になってしまった。
(A) ものを　　　(B) ものなら　　　(C) ものだから　　　(D) ものの

76 大きな組織で簡単に企画が通るはずもないことは、同じサラリーマンとして想像に＿＿＿＿＿＿。
(A) たりない　　　(B) かかわる　　　(C) かたくない　　　(D) あたらない

77 学生としてある＿＿＿＿＿＿行為をした場合には、必要に応じて適切な指導を行います。
(A) べからず　　　(B) まじき　　　(C) たる　　　(D) きわみ

78 10才の子供が本を書いたとしても驚くに＿＿＿＿＿＿。
(A) あたらない　　　(B) いったらない　　　(C) かたくない　　　(D) ほかならない

79 お酒を飲まないと決めた＿＿＿＿＿＿、いくら辛くても我慢するつもりだ。
(A) からといって　　　(B) からには　　　(C) 上で　　　(D) ところで

80 長い間、考え＿＿＿＿＿＿出した結論です。
(A) すえに　　　(B) あげくに　　　(C) ぬいて　　　(D) はじめて

연습문제 1

81　景気がよく_____つつあるときは、消費者の消費意欲が高まりがちだ。
　　(A) なら　　　　　(B) なり　　　　　(C) なった　　　　(D) なる

82　最近いろいろあって落ち込んでいると_____立ち直っている様子だった。
　　(A) 思いつつ　　　(B) 思いながらも　(C) 思いきや　　　(D) 思うまま

83　子供_____あるまいし、すぐ泣くのはやめた方がいい。
　　(A) も　　　　　　(B) にも　　　　　(C) には　　　　　(D) では

84　島は電波が届かないので、携帯もつながらないらしく連絡の_____ようがない。
　　(A) する　　　　　(B) した　　　　　(C) し　　　　　　(D) して

85　写真を撮ろうとしてもフェンスが邪魔になって、ろくに撮れない_____。
　　(A) 極みだ　　　　(B) 一方だ　　　　(C) 始末だ　　　　(D) までだ

86　私は、この言語道断な行為に対して激しい怒りを_____。
　　(A) やまない　　　(B) 余儀なくされる　(C) 禁じ得ない　　(D) 禁じない

87　回復するためには、食事も_____前向きな心構えも必要だ。
　　(A) さることながら　(B) そこそこに　　(C) もとより　　　(D) だけでなく

88　当社は業界_____の特色を生かしたビジネスを展開しております。
　　(A) 向け　　　　　(B) だけあって　　(C) 次第　　　　　(D) ならでは

89　窓から外を見る_____見ていたら、鳥が一斉に飛び立っていた。
　　(A) ともなって　　(B) とにかく　　　(C) ともかく　　　(D) ともなく

90　老後の生活資金に対する不安は以前_____高まっている。
　　(A) にかかわりなく　(B) にもまして　　(C) に加えて　　　(D) にかこつけて

91 長期間の建設公害で病気になってしまい、静かな住宅地に転居を_____。
(A) 余儀なくさせた (B) 余儀なくされた
(C) 禁じ得ない (D) 限りだ

92 弟はマイクを握ったが_____、放そうとしない。
(A) ゆえに (B) 早いか (C) 最後 (D) 結局

93 不利な判定を_____勝つのが本当に強いチームなのだ。
(A) ものともせずに (B) おいて (C) 問わず (D) もとにして

94 試験に受かった時の彼女の喜びよう_____いったらなかった。
(A) を (B) に (C) で (D) と

95 彼はこの本の出版を_____、次々と本を出した。
(A) 皮切りに (B) きっかけに (C) 限りに (D) 始め

96 覚える_____忘れてしまうということは、その言葉に頭が慣れていないからだ。
(A) とたんに (B) 一方で (C) そばから (D) やいなや

97 こんな大事な問題は、一番身近な兄_____ほかには相談できそうもない。
(A) をおいて (B) において (C) をもって (D) でさえ

98 子供たちが健やかに育って、立派な社会人になることを願って_____。
(A) やまない (B) すまない (C) たまらない (D) ならない

99 参考文献も載せないなど、読者にとって不親切_____本が多い。
(A) ほかならない (B) きわまりない (C) ならない (D) きわまらない

100 韓国における出産率の低さは経済に対する不安の現れ_____。
(A) きわまる (B) にほかならない (C) にすぎない (D) にこしたことはない

2 명사를 묻는 문제는 매달 5문제가 출제된다.

명사를 묻는 문제는「적절한 2자 한자를 찾는 문제, 문맥상 적절한 명사를 찾는 문제」의 두 가지 유형으로 출제된다.「적절한 2자 한자를 찾는 문제」는 비슷하게 생긴 4개의 2자 한자를 주고 알맞은 것을 고르는 형태로 출제되며,「적절한 명사를 찾는 문제」는 주로 일상생활에서 자주 쓰이는 명사가 보기에 등장한다. 난이도는 그다지 높지 않으나, 165~170번 사이에서 고난이도 문제가 등장하기도 하므로 얕봐서는 안 될 부분이다.

적절한 2자 한자를 찾는 문제 ★★★

▶「本」자로 시작하는 2자 한자어

本音 (ほんね) 속마음, 본심에서 나온 말
彼女は日記(にっき)の中でしか本音を吐(は)くことができなかった。
➡ 그녀는 일기 안에서밖에 속마음을 토로할 수 없었다.

本気 (ほんき) 진심, 진지한 마음
目先(めさき)の損得(そんとく)に拘(こだわ)らず、本気になって仕事に打(う)ち込(こ)んでみると、今までと違(ちが)った展開(てんかい)になるかもしれない。
➡ 눈앞의 손실과 이익에 구애되지 않고, 진지한 마음이 되어 일에 몰두해 보면, 지금까지와 다른 전개가 될지도 모른다.

本心 (ほんしん) 본심, 참된 마음
今一番したいことは「友達と一緒に遊ぶこと」と笑顔(えがお)で本心を明(あ)かした。
➡ 지금 가장 하고 싶은 것은「친구와 함께 노는 것」이라고 웃는 얼굴로 본심을 밝혔다.

本性 (ほんしょう) 본성, 본래의 타고난 성질
本性に拘(こだわ)るというのは「偽善(ぎぜん)」に拘る姿勢(しせい)と表裏一体(ひょうりいったい)という気がする。
➡ 본성에 구애되는 것은「위선」에 구애되는 자세와 표리일체라는 느낌이 든다.

本腰 (ほんごし) 일을 시작할 때의 진지한 마음가짐
そろそろ仕事も本腰を入れてやらなくてはいけないのに、全(まった)く意欲(いよく)が湧(わ)かない。
➡ 슬슬 일도 진지한 마음으로 하지 않으면 안 되는데도, 전혀 의욕이 나지 않는다.

「分」자로 시작하는 2자 한자어

分担 분담, 나누어 부담함
夫婦には結婚生活の費用を分担する義務があります。
➡ 부부에게는 결혼생활의 비용을 분담할 의무가 있습니다.

分配 분배, 나누어 배분함
得た利益を平等に分配しなくては社員に反感を買う恐れがある。
➡ 얻은 이익을 평등하게 분배하지 않아서는 사원에게 반감을 살 우려가 있다.

分類 분류, 종류별로 나눔
図書館では図書を分野別に分類して管理しています。
➡ 도서관에서는 도서를 분야별로 분류해서 관리하고 있습니다.

分割 분할, 몇 개인가로 나눔
分割払いとは購入した商品代金を何回かに分けて支払っていくシステムのことです。
➡ 분할지불이라는 것은 구입한 상품대금을 몇 번인가로 나누어서 지불해 가는 시스템입니다.

分離 분리, 따로 나누어지게 함
韓国では所有と経営が分離していない会社がいっぱいある。
➡ 한국에서는 소유와 경영이 분리되어 있지 않은 회사가 많이 있다.

分別 분별, 종류별로 나눔
ほとんどの自治体ではゴミの分別収集が義務付けられています。
➡ 대부분의 지자체에서는 쓰리기의 분별수집이 의무화되어 있습니다.

分解 분해, 여러 부분으로 이루어진 것을 낱낱의 부분으로 나눔
子供の頃、時計を分解して壊してしまったことがあります。
➡ 어렸을 때, 시계를 분해해서 고장을 내 버린 적이 있습니다.

Key 2 명사를 묻는 문제는 매달 5문제가 출제된다.

▶ 「改」자로 시작하는 2자 한자어

改善 かいぜん 개선, 잘못된 점을 고치어 잘 되게 함
從業員の待遇を改善することで、顧客に対する従業員の対応も向上することが判明された。
➡ 종업원의 대우를 개선하는 것으로, 고객에 대한 종업원의 대응도 향상되는 것이 판명되었다.

改訂 かいてい 개정, 책의 결점을 고치기 위해 내용을 새롭게 하는 것
この本は新しい内容を盛り込んで改訂する必要がある。
➡ 이 책은 새로운 내용을 포함시켜서 개정할 필요가 있다.

改定 かいてい 개정, 고쳐 다시 정함
1月1日に正式にサービスを始めるにあたり、料金を改定します。
➡ 1월 1일에 정식으로 서비스를 시작하는 것에 즈음하여, 요금을 개정하겠습니다.

改革 かいかく 개혁, 정치제도나 사회제도 등을 점진적으로 고쳐 나감
当社は以下の通り、人事および機構改革を行いますので、お知らせ申し上げます。
➡ 당사는 이하대로, 인사 및 기강개혁을 행하기 때문에 알려드립니다.

改良 かいりょう 개량, 고치어 좋게 함
お米の品種改良はどのようにして行うのですか。
➡ 쌀의 품종개량은 어떻게 해서 하는 것입니까?

改修 かいしゅう 개수, (길·제방·건물 따위를) 고치어 닦거나 지음
河川の改修工事には長い年月と膨大な事業費がかかる。
➡ 하천의 개수공사에는 긴 세월과 방대한 사업비가 든다.

改装 かいそう 개장, 꾸밈새를 다시 함
見やすく、選びやすく改装した当店に是非ご来店ください。
➡ 보기 쉽고, 고르기 쉽게 개장한 저희 가게에 꼭 와 주세요.

改造 かいぞう 개조, 고치어 다시 만듦
暴走族の大半が車やバイクを改造しています。
➡ 폭주족의 태반이 자동차나 오토바이를 개조하고 있습니다.

▶ 「反」자로 시작하는 2자 한자어

反対 반대, 어떤 의견이나 제안에 찬성하지 아니함
反対意見を言う側は、無暗に批判的な言葉遣いや態度をしてはいけない。
→ 반대의견을 말하는 측은 함부로 비판적인 말투나 태도를 취해서는 안 된다.

反動 반동, 어떤 움직임에 대해서 발생하는 반대의 움직임
去年は病院に行く必要もなかったくらい元気だったので、その反動が怖いです。
→ 작년에는 병원에 갈 필요도 없었을 정도로 건강했었기 때문에, 그 반동이 무섭습니다.

反面 반면, 반대의 면
彼女は好奇心旺盛な反面、飽きっぽい性格の人だ。
→ 그녀는 호기심이 왕성한 반면, 쉽게 싫증을 내는 성격의 인간이다.

反発 반발, 상대에 대하여 언짢게 여겨 그에 반항하는 태도를 나타내는 일
婚約を一方的に破棄した弟は周囲の反発を買ってしまった。
→ 약혼을 일방적으로 파기한 남동생은 주위의 반발을 사 버렸다.

反射 반사, 자극에 대하여 기계적으로 일어나는 신체의 생리적인 반응
このソフトによって、あなたの反射神経や集中力を鍛えることができます。
→ 이 소프트에 의해서, 당신의 반사 신경이나 집중력을 단련할 수 있습니다.

反映 반영, 어떤 영향이 다른 것에 미쳐 나타남
最近は市民の意見を政策に反映するケースが多い。
→ 최근에는 시민의 의견을 정책에 반영하는 경우가 많다.

反響 반향, 어떤 일에 대한 반응으로 나타나는 현상
本書は、欧米で発売されるやいなや、大きな反響を巻き起こしたという。
→ 본서는 구미에서 발매되자마자, 커다란 반향을 불러일으켰다고 한다.

▶ 「開」자로 시작하는 2자 한자어

開発 개발, 새로운 것을 생각해 내어 실용화하는 일
新製品を開発したが、売れなくて心配している。
→ 신제품을 개발했지만, 팔리지 않아서 걱정하고 있다.

Key 2 명사를 묻는 문제는 매달 5문제가 출제된다.

* **開設** かいせつ 개설, 시설이나 기구를 새로 설치하여 업무를 시작함
  支店を開設したいのですが、どんな手続きが必要ですか。
  ➡ 지점을 개설하고 싶습니다만, 어떤 절차가 필요합니까?

* **開催** かいさい 개최, 어떤 모임이나 행사 따위를 엶
  立派な博覧会を開催したことは称賛に値する。
  ➡ 훌륭한 박람회를 개최한 것은 칭찬할 가치가 있다.

* **開会** かいかい 개회, 회의·집회를 시작하는 것
  競技に先立ち、体育館で開会式が行われた。
  ➡ 경기에 앞서, 체육관에서 개회식이 행해졌다.

▶「特」자로 시작하는 2자 한자어

* **特色** とくしょく 특색, 다른 것과 다른 점
  それぞれの大学が個性や特色を発揮していけるようにすることを基本とすべきである。
  ➡ 각각의 대학이 개성이나 특색을 발휘해 갈 수 있도록 하는 것을 기본으로 해야 한다.

* **特徴** とくちょう 특징, 다른 것과 비교하여 특별히 눈에 띄는 점
  森田君は非常に特徴のある顔立ちをしている。
  ➡ 모리타 군은 매우 특징 있는 용모를 하고 있다.

* **特技** とくぎ 특기, 특별히 뛰어난 기량
  地域の青年たちが自分の趣味や特技を生かして、スポーツや芸術を子供たちに教えている。
  ➡ 지역의 청년들이 자신의 취미나 특기를 살려서 스포츠나 예술을 아이들에게 가르치고 있다.

* **特別** とくべつ 특별, 특히 구별되는 것
  調査研究の目的によって閲覧を特別に許可する場合もあります。
  ➡ 조사 연구의 목적에 따라서 열람을 특별히 허가하는 경우도 있습니다.

* **特殊** とくしゅ 특수, 보통과 아주 다름
  この映画はデジタル処理と共に特殊撮影を行い、現実では困難な表現を実現した。
  ➡ 이 영화는 디지털처리와 함께 특수촬영을 해서, 현실에서는 곤란한 표현을 실현했다.

特許 특허, 특정한 사람에게 특정한 권리를 설정하는 행정 행위

特許権を取るためにはある程度の費用を払わなければなりません。

➡ 특허권을 따기 위해서는 어느 정도의 비용을 지불해야 합니다.

▶ 「難」자로 시작하는 2자 한자어

難航 난항, 어떤 일이 여러 가지 장애로 말미암아 순조롭게 진척되지 않음

各国間の意見が激しく対立して交渉が難航している。

➡ 각국간의 의견이 심하게 대립해서 교섭이 난항을 겪고 있다.

難局 난국, 어려운 고비

この難局を乗り切るために、いかに対応するかを早急に決定することが重要であると考えます。

➡ 이 난국을 극복하기 위해서, 어떻게 대응할지를 즉시 결정하는 것이 중요하다고 생각합니다.

難色 난색, 난처해하는 기색

発電事業の民営化を求める人もいるが、政府はこの案には難色を示している。

➡ 발전사업의 민영화를 요구하는 사람도 있지만, 정부는 이 안건에는 난색을 보이고 있다.

難解 난해, 이해하기 어려움

難解な文章を自分の手によって分かりやすく読者に伝えられる喜びがあるからこそ、この仕事を続けられるのです。

➡ 난해한 문장을 자신의 손에 의해 알기 쉽게 독자에게 전할 수 있는 기쁨이 있기 때문에, 이 일을 계속할 수 있는 것입니다.

▶ 「危」자로 시작하는 2자 한자어

危惧 위구, 걱정하고 두려워함

ファーストフードによる食文化の破壊に危惧を抱いた人々が始めた運動がスローフード運動だ。

➡ 패스트푸드에 의한 식문화의 파괴에 위구심을 품은 사람들이 시작한 운동이 슬로우푸드 운동이다.

危機 위기, 위험한 고비

この危機を脱するために皆さんの協力が不可欠です。

➡ 이 위기를 벗어나기 위해서 여러분의 협력이 불가결합니다.

Key 2 명사를 묻는 문제는 매달 5문제가 출제된다.

危篤(きとく) 위독, 중태, 병이 몹시 중하여 목숨이 위태로움
祖父(そふ)が危篤(きとく)に陥(おちい)って、父は神経(しんけい)をすり減(へ)らしています。
➡ 할아버지가 중태에 빠져서, 아버지는 신경을 소모시키고 있습니다.

危地(きち) 위지, 위험한 장소·입장·경우
危地(きち)を脱(だっ)した彼は、自分の生命(せいめい)が人々の恩愛(おんあい)によって支(ささ)えられていたことを実感(じっかん)した。
➡ 위험한 장소를 벗어난 그는, 자신의 생명이 사람들의 은혜와 사랑에 의해서 지탱되고 있었던 것을 실감했다.

危殆(きたい) 위태, 매우 위험함
公害(こうがい)による被害(ひがい)はますます拡大(かくだい)し、その悲惨(ひさん)さは一段(いちだん)と深刻化(しんこくか)し、国民(こくみん)の存在(そんざい)は危殆(きたい)に瀕(ひん)している。
➡ 공해에 의한 피해는 점점 확대되고, 그 비참함은 한층 더 심각화되어, 국민의 존재는 위험에 직면해 있다.

危険(きけん) 위험, 안전하지 못 함
この世(よ)の中(なか)、生命(せいめい)の危険(きけん)を冒(おか)してでもやる価値(かち)のあることはあまりない。
➡ 이 세상에, 생명의 위험을 무릅써서라도 할 가치가 있는 일은 그다지 없다.

▶「有」자로 시작하는 2자 한자어

有害(ゆうがい) 유해, 해가 있음
土壌汚染(どじょうおせん)とは、人の活動(かつどう)に伴(ともな)って排出(はいしゅつ)された有害な物質(ぶっしつ)が土(つち)に蓄積(ちくせき)されている状態(じょうたい)をいいます。
➡ 토양오염이란, 인간의 활동에 따라서 배출된 유해물질이 흙에 축척되어 있는 상태를 말합니다.

有卦(うけ) 음양도에서 그 사람의 간지(干支)에 의해 좋은 일이 7년간 계속된다는 나이
確(たし)かに人生というものには有卦(うけ)に入(い)る一時(ひととき)がある。
➡ 확실히 인생이라는 것에는 좋은 일이 계속되는 한 때가 있다.

有利(ゆうり) 유리, 이익이 있음
少量(しょうりょう)の取引(とりひき)よりも大量(たいりょう)の取引の方が、一般的(いっぱんてき)に有利な取引ができます。
➡ 소량의 거래보다도 대량의 거래 쪽이, 일반적으로 유리한 거래를 할 수 있습니다.

有望 유망, 희망이 있음
才能ある前途有望な青年の死は私の心を突き刺すような悲しみをもたらした。
➡ 재능 있는 전도 유망한 청년의 죽음은 나의 마음을 찌르는 듯한 슬픔을 가져왔다.

有益 유익, 이익이 있음
時間は資源であり、時間をいかに有益に使うかがビジネスの成功のキーポイントになる。
➡ 시간은 자원이고, 시간을 얼마나 유익하게 사용하는가가 비즈니스 성공의 키포인트가 된다.

有効 유효, 효과나 효력이 있음
定期券の有効期間は1ヶ月です。
➡ 정기권의 유효기간은 1개월입니다.

▶ 「規」자로 시작하는 2자 한자어

規則 규칙, 여러 사람이 같이 지키기로 약정한 질서나 표준
どこにいてもその場所で守るべき規則は守ってください。
➡ 어디에 있더라도 그 장소에서 지켜야 할 규칙은 지켜주세요.

規模 규모, 사물의 구조의 크기
事業の規模を縮小したので仕事を斡旋できなくなった。
➡ 사업의 규모를 축소했기 때문에 일을 알선할 수 없게 되었다.

規律 규율, 사회생활을 하는데 행위의 규준이 되는 것
うちの学校は規律が厳しいことで有名だ。
➡ 우리 학교는 규율이 엄격한 것으로 유명하다.

規定 규정, 정해진 규칙
規定の用紙にご記入の上、ご提出ください。
➡ 규정 용지에 기입한 후, 제출해 주십시오.

規制 규제, 어떤 규칙을 정하여 제한함
韓国ではデモを規制する法律があるにもかかわらず、デモが良く起ります。
➡ 한국에서는 데모를 규제하는 법률이 있음에도 불구하고, 데모가 자주 일어납니다.

Key 2 명사를 묻는 문제는 매달 5문제가 출제된다.

적절한 명사를 찾는 문제 ★★★

●●●▶ 신체관련단어

目(め) 눈	鼻(はな) 코	耳(みみ) 귀	口(くち) 입	背(せ) 등
腹(はら) 배	頭(あたま) 머리	顔(かお) 얼굴	手(て) 손	足(あし) 발
瞳(ひとみ) 눈동자	えくぼ 보조개	唇(くちびる) 입술	尻(しり) 엉덩이	汗(あせ) 땀
涙(なみだ) 눈물	眉(まゆ) 눈썹	髭(ひげ) 수염	眼差(まなざ)し 눈빛, 시선	腰(こし) 허리
指(ゆび) 손가락	肘(ひじ) 팔꿈치	膝(ひざ) 무릎	踵(かかと) 발뒤꿈치	顎(あご) 턱

●●●▶ 날씨관련단어

| 雪(ゆき) 눈 | 曇(くも)り 흐림 | 晴(は)れ 맑음 | 雨(あめ) 비 | 霜(しも) 서리 | 霧(きり) 안개 |
| 吹雪(ふぶき) 눈보라 | 露(つゆ) 이슬 | 雲(くも) 구름 | 星(ほし) 별 | 太陽(たいよう) 태양 | 嵐(あらし) 폭풍우 |

●●●▶ 가족관계에 관련된 단어

弟(おとうと) 남동생	妹(いもうと) 여동생	兄(あに) 형, 오빠	姉(あね) 누나, 언니
父(ちち) 아버지	母(はは) 어머니	夫(おっと) 남편	妻(つま) 아내
おじいさん 할아버지	おばあさん 할머니	孫(まご) 손자	甥(おい) 조카
姪(めい) 조카딸	おばさん 아주머니	おじさん 아저씨, 삼촌	

●●●▶ 일상생활에서 자주 쓰이는 단어

封筒(ふうとう) 봉투	蓋(ふた) 뚜껑	切手(きって) 우표	判(はん) 도장
切符(きっぷ) 표	手紙(てがみ) 편지	はさみ 가위	のり 풀
セロテープ 셀로테이프	テレビ 텔레비전	ラジオ 라디오	やかん 주전자

PatternStudy 7

●●● ▶ 몸에 착용하는 것에 관련된 단어

眼鏡(めがね) 안경	イヤリング 귀걸이	ネックレス 목걸이	帽子(ぼうし) 모자
マフラー 목도리	服(ふく) 옷	指輪(ゆびわ) 반지	手袋(てぶくろ) 장갑
スカート 치마	靴(くつ) 구두	ズボン 바지	マスク 마스크

●●● ▶ 실내 및 실내 물건에 관련된 단어

引(ひ)き出(だ)し 서랍	押(お)し入(い)れ 벽장	布団(ふとん) 이불	机(つくえ) 책상
椅子(いす) 의자	廊下(ろうか) 복도	冷蔵庫(れいぞうこ) 냉장고	扇風機(せんぷうき) 선풍기
クーラー 에어컨	棚(たな) 선반	お風呂(ふろ) 욕실	壁(かべ) 벽
天井(てんじょう) 천장	窓(まど) 창문	ドア 문	たんす 장롱

●●● ▶ 자연물과 관련된 단어

山(やま) 산	川(かわ) 강	木(き) 나무	花(はな) 꽃
野原(のはら) 들판	海(うみ) 바다	森(もり) 숲	林(はやし) 수풀
坂(さか) 비탈길, 고개	崖(がけ) 낭떠러지, 벼랑	峰(みね) 산봉우리	麓(ふもと) 산기슭

●●● ▶ 관공서에 관련된 단어

市役所(しやくしょ) 시청	区役所(くやくしょ) 구청	郵便局(ゆうびんきょく) 우체국	銀行(ぎんこう) 은행
学校(がっこう) 학교	交番(こうばん) 파출소	消防署(しょうぼうしょ) 소방서	空港(くうこう) 공항
病院(びょういん) 병원	駅(えき) 역		

●●● ▶ 「気」로 시작하는 단어

| 気(き)の毒(どく) 가엾음, 불쌍함 | 気(き)のせい 기분 탓 | 気掛(きが)かり 근심, 걱정 | 気配(きくば)り 배려 |
| 気(き)まま 마음대로 함 | 気兼(きが)ね 어렵게 여김, 스스럼 | 気(き)まぐれ 변덕 | |

2 명사를 묻는 문제는 매달 5문제가 출제된다.

●●●▶ 「顔」로 시작하는 단어

顔触(かおぶ)れ 멤버
顔合(かおあ)わせ 첫 대면
顔揃(かおぞろ)い (모일 사람이) 모두 모임
顔立(かおだ)ち 얼굴 생김새, 용모
顔付(かおつ)き 용모, 표정
顔負(かおま)け 상대방의 훌륭함에 압도되어 부끄러워짐

●●●▶ 「足」로 시작하는 단어

足踏(あしぶ)み 제자리걸음, 정체
足掛(あしが)かり 발판, 실마리
足並(あしな)み 보조, 발걸음
足取(あしど)り (범인의) 행적
足跡(あしあと) 발자취
足場(あしば) 발판, 터전
足音(あしおと) 발소리
足下(あしもと) 발 밑

●●●▶ 「言い」로 시작하는 단어

言(い)い訳(わけ) 변명
言(い)い切(き)り 잘라 말함, 단언
言(い)い成(な)り 말하는 대로임
言(い)い分(ぶん) 말하고 싶은 주장, 불평
言(い)い様(よう) 말씨, 말투
言(い)い換(か)え 바꿔 말함
言(い)い立(た)て 강하게 주장함, 핑계

●●●▶ 「引き」로 시작하는 단어

引(ひ)き止(と)め 만류함, 붙잡음
引(ひ)き上(あ)げ 인상
引(ひ)き継(つ)ぎ 물려받음, 인계
引(ひ)き当(あ)て 저당, 담보
引(ひ)き受(う)け 떠맡음, 인수
引(ひ)き渡(わた)し 넘겨줌, 인도
引(ひ)き分(わ)け 무승부
引(ひ)き替(か)え 바꿈, 교환

●●●▶ 「取り」로 시작하는 단어

取(と)り合(あ)い 서로 빼앗음, 쟁탈
取(と)り入(い)れ 받아들임, 도입
取(と)り決(き)め 결정
取(と)り締(し)まり 단속
取(と)り外(はず)し 떼어냄
取(と)り扱(あつか)い 취급, 대우
取(と)り替(か)え 바꿈, 교환
取(と)り組(く)み 맞붙음, 대처
取(と)り立(た)て 거두어들임, 징수
取(と)り引(ひ)き 거래
取(と)り上(あ)げ (신청·의견 등을) 채택함
取(と)り返(かえ)し 돌이킴
取(と)り消(け)し 취소
取(と)り次(つ)ぎ 중개

●●▶ 「当たり」로 끝나는 단어

<ruby>日<rt>ひ</rt></ruby><ruby>当<rt>あた</rt></ruby>り 볕이 듦
<ruby>心<rt>こころ</rt></ruby><ruby>当<rt>あた</rt></ruby>り 짐작 가는 데
<ruby>風<rt>かぜ</rt></ruby><ruby>当<rt>あた</rt></ruby>り 비난
<ruby>手<rt>て</rt></ruby><ruby>当<rt>あた</rt></ruby>り 촉감, 실마리
<ruby>口<rt>くち</rt></ruby><ruby>当<rt>あた</rt></ruby>り 음식이 입에 닿는 감촉
<ruby>場<rt>ば</rt></ruby><ruby>当<rt>あた</rt></ruby>り 즉흥적, 임시변통

●●▶ 「向き」로 끝나는 단어

<ruby>後<rt>うし</rt></ruby>ろ<ruby>向<rt>む</rt></ruby>き 역행, 소극적 태도
<ruby>上<rt>うわ</rt></ruby><ruby>向<rt>む</rt></ruby>き 일이 잘 되어 가는 경향, 오름세
<ruby>表<rt>おもて</rt></ruby><ruby>向<rt>む</rt></ruby>き 표면화함
<ruby>直<rt>ひた</rt></ruby><ruby>向<rt>む</rt></ruby>き 한결같음, 외곬임
<ruby>前<rt>まえ</rt></ruby><ruby>向<rt>む</rt></ruby>き 적극적이고 긍정적인 태도
<ruby>下<rt>した</rt></ruby><ruby>向<rt>む</rt></ruby>き 시세, 물가가 떨어지는 경향, 내림세
<ruby>仰<rt>あお</rt></ruby><ruby>向<rt>む</rt></ruby>き 위를 향한 상태

基礎からこつこつ 8(1)

PatternStudy 7

문제1 질문의 내용에 알맞은 것을 보기에서 골라보세요.

〈보기〉
ⓐ 本音　ⓑ 本腰　ⓒ 分割　ⓓ 分解
ⓔ 改善　ⓕ 改装　ⓖ 改造　ⓗ 規則

1-1　物事を作り直すこと。「部屋の―」
　2　行為や手続きなどを行う際の標準となるように定められたきまり。「―を守る」
　3　外観や内装などを新しく変えること。「店内を―する」
　4　物事をよい方に改めること。「待遇を―する」
　5　一つにまとまっていた物をいくつかに分けること。「ラジオを―する」
　6　ある物をいくつかに分けること。「土地を―する」
　7　本心から出た言葉。「―を吐く」「―を漏らす」
　8　本格的に物事をしようとする姿勢・様子。「―を入れる」

〈보기〉
ⓐ 反動　ⓑ 反映　ⓒ 反響　ⓓ 開発　ⓔ 開設
ⓕ 難航　ⓖ 難色　ⓗ 危惧　ⓘ 危険

2-1　ある傾向に対抗して生じるそれと全く反対の傾向・動き。「抑圧への―」
　2　賛成できないというような態度。むずかしい顔つき。「―を示す」
　3　新しく施設や設備を作り、その運用を開始すること。「支店を―する」
　4　新しいものを考え出し、実用化すること。「新製品を―する」
　5　ある事件や発表された事柄に対して示される世間の反応。「―を巻き起こす」
　6　影響が他に及び、ある形をとってあらわれること。「世相を―した事件」
　7　障害のため物事がはかどらないこと。「交渉が―する」
　8　身体や生命に危害または損失の生じる恐れがあること。「―を避ける」
　9　うまくいかないのではないかと、危ぶむこと。「―を抱く」

基礎からこつこつ 8 (1)

정답과 해설

문제1 **1-1** ⓖ 사물을 다시 만드는 것. 「방의 개조」 物事 사물, 세상사

2 ⓗ 행위나 수속 등을 행할 때, 표준이 되게 정해진 결정. 「규칙을 지키다」
行為 행위　手続き 수속, 절차　標準 표준　定める 정하다

3 ⓕ 외관이나 내장 등을 새롭게 바꾸는 것. 「가게 안을 개장하다」 外観 외관　内装 내장

4 ⓔ 일을 좋은 쪽으로 고치는 것. 「대우를 개선하다」 改める 고치다　待遇 대우

5 ⓓ 하나로 모여 있던 것을 몇 개인가로 나누는 것. 「라디오를 분해하다」

6 ⓒ 어떠한 것을 몇 개인가로 나누는 것. 「토지를 분할하다」

7 ⓐ 본심에서 나온 말. 「본심을 토로하다」 「본심을 드러내다」
本心 본심　吐く 토하다, 토로하다　漏らす 누설하다, 드러내다

8 ⓑ 본격적으로 일을 하려는 자세·모습. 「본격적으로 마음을 먹다」
姿勢 자세　様子 모습

2-1 ⓐ 어떤 경향에 대항해서 발생하는, 그것과 완전히 반대의 경향·움직임. 「억압에의 반동」
傾向 경향　対抗 대항　生じる 발생하다　反対 반대　抑圧 억압

2 ⓖ 찬성할 수 없다는 듯한 태도. 곤란한 표정. 「난색을 보이다」
賛成 찬성　態度 태도　顔つき 표정

3 ⓔ 새롭게 시설이나 설비를 만들고, 그 운용을 개시하는 것. 「지점을 개설하다」
施設 시설　設備 설비　運用 운용　開始 개시　支店 지점

4 ⓓ 새로운 것을 생각해내고, 실용화하는 것. 「신제품을 개발하다」
実用化 실용화　新製品 신제품

5 ⓒ 어떤 사건이나 발표된 사항에 대해서 보여시는 세간의 반응. 「반향을 일으키다」
事件 사건　事柄 사항, 일　示す 나타내다　世間 세간　反応 반응　巻き起こす 일으키다

6 ⓑ 영향이 딴 것에 미쳐서, 어떤 형태를 취해서 나타나는 것. 「세태를 반영한 사건」
及ぶ 미치다　形 형태　現れる 나타나다　世相 세태

7 ⓕ 장애 때문에 일이 진척되지 않는 것. 「교섭이 난항을 겪다」
障害 장애　はかどる 진척되다　交渉 교섭

8 ⓘ 신체나 생명에 위해 또는 손실이 발생할 우려가 있는 일. 「위험을 피하다」
身体 신체　危害 위해　損失 손실　~恐れがある ~할 우려가 있다　避ける 피하다

9 ⓗ 잘 되지 않는 것은 아닐까하고, 걱정하는 것. 「위구심을 품다」
危ぶむ 걱정하다　抱く (뜻 따위를) 품다

Pattern 7 _71

基礎からこつこつ 8(2)

PatternStudy 7

문제2 올바른 것을 골라보세요.

1. 鈴木君のお父さんは、いつも鋭い(ⓐえくぼ/ ⓑまなざし/ ⓒかお/ ⓓくちびる)をしていて声をかけにくい。
2. (ⓐはり/ ⓑはさみ/ ⓒのり)は紙を切るの(ⓐに/ ⓑで/ ⓒが)使います。
3. 子供たちが(ⓐ廊下/ ⓑ天井/ ⓒ壁)をばたばた走る音が聞こえます。
4. 急な(ⓐ崖/ ⓑ坂/ ⓒ麓/ ⓓ峰)を登っていってやっと頂上へ辿り着いた。
5. (ⓐ気配り/ ⓑ気の毒/ ⓒ気掛かり/ ⓓ気まぐれ)のできる人は仕事でも(ⓐ頼り/ ⓑ役/ ⓒ無駄)になります。
6. ここ数年、短期大学への進学率は(ⓐ足踏み/ ⓑ足並み)状態だ。
7. 犯人の(ⓐ足跡/ ⓑ足音/ ⓒ足掛かり)を追っているが、有力な (ⓐ手掛かり/ ⓑ手当て/ ⓒ気掛かり)は得られていない。
8. 酒は人の気持ちを(ⓐ浮き立つ/ ⓑ浮き立たせる)が、飲み方次第では(ⓐ取り返し/ ⓑ取り消し/ ⓒ取り決め/ ⓓ取り組み)のつかない失敗を招きかねない。
9. 最近公共事業に対する(ⓐ日当たり/ ⓑ口当たり/ ⓒ場当たり/ ⓓ風当たり)が非常に強くなった。

基礎からこつこつ 8[2]

정답과 해설

문제2

1　ⓑ 스즈키 군의 아버님은 항상 날카로운 눈빛을 하고 있어서 말을 걸기 어렵다.
　　鋭い 날카롭다　えくぼ 보조개　眼差し 눈빛　唇 입술

2　ⓑ, ⓐ 가위는 종이를 자르는데 사용합니다.
　　針 바늘　はさみ 가위　糊 풀　紙 종이

3　ⓐ 아이들이 복도를 쿵쾅쿵쾅 뛰는 소리가 들립니다.
　　廊下 복도　天井 천장　壁 벽　ばたばた 쿵쾅쿵쾅

4　ⓑ 경사가 급한 언덕을 올라가서 겨우 정상에 당도했다.
　　急だ 경사가 급하다　崖 낭떠러지　坂 언덕　麓 산기슭　峰 산봉우리
　　頂上 정상　辿り着く 당도하다

5　ⓐ, ⓐ 배려를 잘 하는 사람은, 일에서도 의지가 됩니다.
　　気配り 배려　気の毒だ 불쌍하다　気掛かり 걱정　気まぐれ 변덕쟁이

6　ⓐ 최근 수년, 단기대학으로의 진학률은 답보상태이다.
　　進学率 진학률　足踏み 제자리걸음, 답보　足並み 발걸음

7　ⓐ, ⓐ 범인의 행방을 쫓고 있지만, 유력한 단서는 얻지 못했다.
　　犯人 범인　足跡 발자국, 행방　足音 발소리　足掛かり 발판, 실마리　手当て 치료, 수당
　　気掛かり 걱정

8　ⓑ, ⓐ 술은 사람의 기분을 흥겨워지게 하지만, 마시는 방법 여하로는 돌이킬 수 없는 실수를 초래할 지도 모른다.
　　浮き立つ 흥겨워지다　取り返しがつかない 돌이킬 수 없다　取り消し 취소　取り決め 결정
　　取り組み 대처　招く 초대하다, 초래하다

9　ⓓ 최근 공공사업에 대한 비난이 매우 거세졌다.
　　公共事業 공공사업　日当たり 볕이 듦　口当たり 음식이 입에 닿는 감촉　場当たり 임시변통
　　風当たり 비난

Pattern 7 _73

연습문제 2

1. 母のお母さんは＿＿＿＿＿＿＿です。
   (A) おばさん　　　(B) おばあさん　　　(C) おじさん　　　(D) おじいさん

2. 今日は朝からひどい＿＿＿＿＿にあってしまって何も考えたくない。
   (A) 目　　　(B) 口　　　(C) 鼻　　　(D) 腹

3. 青い＿＿＿＿＿＿＿を着ている人が黒田さんです。
   (A) スカート　　　(B) ズボン　　　(C) 服装　　　(D) 服

4. 経営の勉強に＿＿＿＿＿＿＿な本をご紹介します。
   (A) 有益　　　(B) 有料　　　(C) 有効　　　(D) 有能

5. 封筒に＿＿＿＿＿＿＿を貼らずに手紙を出してしまった。
   (A) 切手　　　(B) 切符　　　(C) 蓋　　　(D) 住所

6. 空を見上げると、白い＿＿＿＿＿がぽっかりと浮いています。
   (A) 虹　　　(B) 雲　　　(C) 星　　　(D) 雪

7. 会員は本会を維持運営するために、必要な経費を会費として＿＿＿＿＿＿＿しなければなりません。
   (A) 分類　　　(B) 分割　　　(C) 分離　　　(D) 分担

8. 小さい字がよく見えなくて＿＿＿＿＿＿＿をかけた。
   (A) サングラス　　　(B) 眼鏡　　　(C) イヤホン　　　(D) 歯ブラシ

9. 友達の入院の知らせを聞いて、すぐに＿＿＿＿＿＿＿に行った。
   (A) おいわい　　　(B) おみまい　　　(C) おみあい　　　(D) もよおし

10. 故障の原因を知るため、カセットをちょっと＿＿＿＿＿＿＿してみた。
    (A) 分析　　　(B) 分解　　　(C) 分離　　　(D) 分割

PatternStudy 7

11　朝起きたら、このように＿＿＿＿＿＿＿を畳んで押し入れに入れなさい。
　　(A) まくら　　　(B) ふとん　　　(C) スリッパ　　　(D) ねまき

12　亡くなった母のことを思い出すと、悲しくなって＿＿＿＿＿＿＿が込み上げてきます。
　　(A) 涙　　　　　(B) 汗　　　　　(C) 唾　　　　　　(D) 鼻水

13　この道は夜中も明るいし、人の通りが多くて＿＿＿＿＿＿＿だ。
　　(A) 安心　　　　(B) 不安　　　　(C) 便利　　　　　(D) 素敵

14　炎に囲まれた家の中で彼は＿＿＿＿＿＿＿がけで、人を助け出した。
　　(A) 心　　　　　(B) 命　　　　　(C) 力　　　　　　(D) 勇気

15　日本人は＿＿＿＿＿＿＿と建前を持っていると言われたが、事実かどうか分からない。
　　(A) 本気　　　　(B) 本心　　　　(C) 本性　　　　　(D) 本音

16　タイトルをクリックすると、＿＿＿＿＿＿＿した資料の内容を確認することができます。
　　(A) 予約　　　　(B) 予定　　　　(C) 予測　　　　　(D) 予選

17　いい関係を作るには、お互いに＿＿＿＿＿＿＿し合うことが必要なのだ。
　　(A) 利害　　　　(B) 納得　　　　(C) 共有　　　　　(D) 理解

18　タイを襲った津波の威力は広島に投下された原子爆弾の爆風の約5分の1に＿＿＿＿＿＿＿するという。
　　(A) 相殺　　　　(B) 代替　　　　(C) 旺盛　　　　　(D) 匹敵

19　彼女の円らな＿＿＿＿＿＿＿はとてもきれいだ。
　　(A) ひとみ　　　(B) まなざし　　(C) えくぼ　　　　(D) くちびる

20　たとえいじめられる側に何か原因があったとしても、いじめる側にいじめの＿＿＿＿＿＿＿な理由があるはずがない。
　　(A) 正確　　　　(B) 正式　　　　(C) 正常　　　　　(D) 正当

연습문제 2

21 真夜中にけんかをして隣の人に＿＿＿＿＿＿＿をかけてしまった。
　　(A) 疑惑　　　　　(B) 当惑　　　　　(C) 迷惑　　　　　(D) 困惑

22 ここは＿＿＿＿＿＿＿を問わず訪問客が多い。
　　(A) 季節　　　　　(B) 東西　　　　　(C) 値段　　　　　(D) 体裁

23 それぞれの大学の＿＿＿＿＿＿＿を生かして発展させる必要があるのではないか。
　　(A) 適性　　　　　(B) 特色　　　　　(C) 印象　　　　　(D) 固有

24 いくら頑張っても、彼の＿＿＿＿＿＿＿にも及びませんよ。
　　(A) 足跡　　　　　(B) 足の甲　　　　(C) 足下　　　　　(D) 足首

25 相手に負けてしまい、自分の弱さを＿＿＿＿＿＿＿した。
　　(A) 実感　　　　　(B) 失望　　　　　(C) 共感　　　　　(D) 実現

26 規制＿＿＿＿＿＿＿を進めるためには、韓国的な慣行を国際的標準に調和させていくことが不可欠です。
　　(A) 緩和　　　　　(B) 緩慢　　　　　(C) 緩急　　　　　(D) 緩衝

27 税率の＿＿＿＿＿＿＿を止めるいい方法はないのだろうか。
　　(A) 引き当て　　　(B) 引き上げ　　　(C) 引き分け　　　(D) 引き受け

28 高齢社会だからといって高齢者だけを＿＿＿＿＿＿＿扱いすれば、高齢者と若者との壁ができてしまう。
　　(A) 特殊　　　　　(B) 特別　　　　　(C) 特権　　　　　(D) 特異

29 目の前には湖が広がっているので、本当に＿＿＿＿＿＿＿がいいところです。
　　(A) 見出し　　　　(B) 見晴らし　　　(C) 見込み　　　　(D) 見分け

30 過去に＿＿＿＿＿＿＿された公演作品を紹介します。
　　(A) 上演　　　　　(B) 上客　　　　　(C) 上映　　　　　(D) 上場

31 誰か原因に_____がある人は教えてください。
   (A) 差し当たり　　(B) 大当たり　　(C) 心当たり　　(D) 突き当たり

32 喧嘩をしたときには双方の_____があるように、対立する民族にはそれぞれの歴史観があります。
   (A) 言い切り　　(B) 言い様　　(C) 言い分　　(D) 言い成り

33 弟はストレスや_____があると悪夢を見ます。
   (A) 気兼ね　　(B) 気掛かり　　(C) 気の毒　　(D) 気まぐれ

34 施設の_____工事を行い、施設の保全を図っています。
   (A) 改善　　(B) 改良　　(C) 改編　　(D) 改修

35 人間は_____に直面すると、それを打破するためにできる限りの努力をする。
   (A) 難航　　(B) 難局　　(C) 難問　　(D) 難病

36 法学部を中退し、医学の道を選んだその先輩は_____変わっているが、尊敬できる人物だ。
   (A) 一旦　　(B) 一風　　(C) 一躍　　(D) 一応

37 騒ぐときは騒ぎすぎ、反対に騒ぎが終わると、その_____が起こる。
   (A) 反発　　(B) 反動　　(C) 反映　　(D) 反響

38 僕らはファッションを楽しんでいるのに、「そんな格好を止めろ」とか言われる_____はありません。
   (A) 度合い　　(B) 見合い　　(C) 筋合い　　(D) 組合い

39 相変わらず景気が_____していますが、長い目で見れば大きなチャンスに変りうることを理解して欲しい。
   (A) 混迷　　(B) 低迷　　(C) 迷走　　(D) 減少

40 いつもそうだが、汚職問題に対する政府の_____は手ぬるい。
   (A) 取り壊し　　(B) 取り決め　　(C) 取り組み　　(D) 取り立て

Key 3 동사를 묻는 문제는 매달 3~5문제가 출제된다.

4개의 동사를 주고 문맥에 적절한 것을 찾는 유형이 출제된다. 난이도는 그리 높지 않으나 1년에 3번 꼴로 출제되는 복합동사는 난이도가 있으므로 주의를 요한다. 아래에 시험에서 정답 및 오답보기로 출제되었던 동사 및 출제 예상 동사를 정리해 놓았으니 고득점을 목표로 한다면 하나도 빠짐없이 숙지하도록 하자. 이 부분을 꼼꼼히 공부해 놓으면 자연스럽게 PART 5의 한자 읽기가 강해지게 된다.

반드시 숙지해야 할 동사 ★★★★

会あう 만나다
欺あざむく 속이다
集あつまる 모이다
暴あばく 폭로하다
謝あやまる 사과하다
悼いたむ 애도하다
祝いわう 축하하다
潤うるおう 축축해지다, 넉넉해지다
選えらぶ 선택하다
陥おちいる (좋지 않은 상태에) 빠지다
返かえす 돌려주다
隠かくす 숨기다
傾かしげる 갸웃하다
聞きこえる 들리다
覆くつがえす 뒤엎다
削けずる 깎다, 삭감하다
こだわる 구애되다
ごまかす 속이다, 얼버무리다
遮さえぎる 차단하다
叱しかる 꾸짖다

飽あきる 질리다
預あずける 맡기다
集あつめる 모으다
浴あびる 끼얹다, 뒤집어쓰다
操あやつる 조종하다
祈いのる 기원하다
受うかる 합격하다
驚おどろく 놀라다
収おさめる 거두다
覚おぼえる 선택하다
帰かえる 돌아오다, 돌아가다
嵩かさむ (비용이) 많아지다, 늘다
傾かたむける 기울이다
鍛きたえる 단련하다
配くばる 배부하다
越こえる 넘다
断ことわる 거절하다
凝こらす 집중시키다
蔑さげすむ 업신여기다

呆あきれる 어이없다
焦あせる 초조해하다
当あてる 맞추다
溢あふれる 흘러 넘치다
慌あわてる 당황하다
入いれる 넣다
疑うたがう 의심하다
売うれる 팔리다
押おす 밀다, 누르다
及およぶ 미치다
かかる (시간, 비용 따위가) 들다
飾かざる 장식하다
偏かたよる 치우치다
崩くずす 무너뜨리다
消けす 지우다, 끄다
こじらせる 악화시키다
拒こばむ 거부하다
転ころぶ 구르다
避さける 피하다

PatternStudy 7

沈む 가라앉다
調べる 조사하다
進む (시계가) 빨라지다
損ねる (기분을) 상하게 하다
逸らす (딴 데로) 돌리다
倒れる 쓰러지다
騙す 속이다
保つ 유지하다
潰す 찌그러뜨리다
就く 취직하다
貫く 관철하다
飛ぶ 날다
捕らわれる 얽매이다
悩む 괴로워하다
慣れる 익숙해지다
塗る 칠하다, 바르다
残る 남다
励む 격려하다
始まる 시작되다
働く 일하다
省く 생략하다
拾う 줍다, (택시 등을) 잡다
塞がる 막히다, 닫히다
施す 베풀다
滅ぶ 망하다
招く 초대하다, 초래하다
磨く 닦다, 연마하다

示す 나타내다
吸う 들이마시다
捨てる 버리다
育つ 자라다
剃る (수염을) 깎다
訪ねる 방문하다
躊躇う 주저하다
縮む 줄어들다
詰まる 막히다
勤める 근무하다
釣る 낚시하다
唱える 주장하다
流す 흘리다
並ぶ 줄을 서다
握る 쥐다
濡れる 젖다
飲む 마시다
運ぶ 나르다
始める 시작하다
離れる 떨어지다
流行る 유행하다
膨らむ 부풀다
防ぐ 막다
誉める 칭찬하다
増す 늘다, 늘리다
守る 지키다
乱れる 흐트러지다

占める 차지하다
優れる 뛰어나다
迫る 강요하다
育てる 키우다
揃える 가지런히 하다
頼む 부탁하다
頼る 의지하다
募る 심해지다, 모집하다
着く 도착하다
呟く 중얼거리다
咎める 책망하다
どよめく 술렁거리다
亡くす 여의다
並べる 늘어놓다
担う 짊어지다
逃す 놓치다
剥がれる 벗겨지다
挟む 끼우다, 사이에 두다
果たす 완수하다, 다하다
阻む 저지하다
響く 울리다, 울려 퍼지다
ぶつかる 부딪히다
降る (눈, 비가) 내리다
掘る 파다
免れる 면하다, 벗어나다
迷う 헤매다, 망설이다
漏れる 새다, 누설되다

Key 3 동사를 묻는 문제는 매달 3~5문제가 출제된다.

雇(やと)う 고용하다
揺(ゆ)れる 흔들리다
湧(わ)く 솟아나다
割(わ)る 깨다, 밑돌다

破(やぶ)る 찢다
寄(よ)せる 밀려 오다, 보내다
渡(わた)す 건네주다

歪(ゆが)む 삐뚤어지다
沸(わ)かす 끓이다
渡(わた)る 건너다

필수예문

※ 飽(あ)きる 질리다
毎日ラーメンばかり食べていたら、飽きてしまった。
➡ 매일 라면만 먹고 있었더니, 질려버렸다.

※ 呆(あき)れる 어이없다
私は彼のばかばかしい行為に呆れてものも言えなかった。
➡ 나는 그의 어리석은 행위에 어이가 없어서 말도 안 나왔다.

※ 預(あず)ける 맡기다
お金を安全(あんぜん)に管理(かんり)するため、銀行に預ける人が多い。
➡ 돈을 안전하게 관리하기 위해, 은행에 맡기는 사람이 많다.

※ 集(あつ)める 모으다
10年前(まえ)から切手(きって)を集めてきた。
➡ 10년 전부터 우표를 모아왔다.

※ 浴(あ)びる 끼얹다, 뒤집어쓰다
最近ミニスカートが女性の間で、おしゃれな服(ふく)として脚光(きゃっこう)を浴びている。
➡ 최근 미니스커트가 여성 사이에서, 세련된 옷으로서 각광을 받고 있다.

※ 慌(あわ)てる 당황하다
どうせ遅くなったのだから、こうなった以上慌てることはない。
➡ 어차피 늦었으니까, 이렇게 된 이상 당황할 필요는 없다.

※ 覚(おぼ)える 외우다, 익히다
この単語(たんご)は難しすぎるから、覚えなくてもいい。
➡ 이 단어는 너무 어려우니까, 외우지 않아도 된다.

PatternStudy 7

* **陥る** (좋지 않은 상태에) 빠지다
  ジレンマに陥ったときには、どうすればいいか分からなくなりがちだ。
  ➡ 딜레마에 빠졌을 때에는, 어떻게 해야 좋을지 알 수 없게 되기 쉽다.

* **かかる** (시간, 비용 따위가) 들다, 걸리다
  レポートを書くのは、結構手間がかかるらしい。
  ➡ 리포트를 쓰는 것은 상당히 시간이 걸리는 것 같다.

* **嵩む** (비용이) 많아지다, 늘다
  このプロジェクトは3年前に組まれたが、あまりにコストが嵩んだため今は諦めるしかない。
  ➡ 이 프로젝트는 3년 전에 짜여졌지만, 너무나 비용이 늘었기 때문에 지금은 포기할 수 밖에 없다.

* **聞こえる** 들리다
  よく聞こえないから、もっと大きな声で話してください。
  ➡ 잘 들리지 않으니까, 조금 더 큰 목소리로 말해 주세요.

* **鍛える** 단련하다
  日ごろ鍛えた実力を発揮して優勝した。
  ➡ 평소에 단련한 실력을 발휘해서 우승했다.

* **削る** 깍다, 삭감하다
  ぶつかると怪我をする恐れがあるので、角を丸く削りました。
  ➡ 부딪치면 부상을 상할 우려기 있어서, 모퉁이를 둥글게 깎았습니다.

* **こじらせる** 악화시키다
  風邪をこじらせると肺炎になりやすい。
  ➡ 감기를 악화시키면 폐렴이 되기 쉽다.

* **凝らす** 집중시키다
  愛情を持って教え、工夫を凝らして教えてこそ、子供たちが勉強したくなるような環境を作れるのだ。
  ➡ 애정을 가지고 가르치고, 궁리해서 가르쳐서야말로 아이들이 공부하고 싶어지는 환경을 만들 수 있는 것이다.

* **遮る** 차단하다
  光を遮るためにカーテンを閉めた。
  ➡ 빛을 차단하기 위해, 커튼을 닫았다.

Key 3 동사를 묻는 문제는 매달 3~5문제가 출제된다.

* **蔑^{さげす}む** 업신여기다, 멸시하다
  通行人^{つうこうにん}はみな蔑んだような目^みで私を見つめていた。
  ➡ 지나가는 사람은 모두 멸시하는 듯한 눈으로 나를 바라보고 있었다.

* **吸^すう** 들이마시다, 흡수하다
  ここでタバコを吸ってはいけません。
  ➡ 여기서 담배를 피워서는 안 됩니다.

* **優^{すぐ}れる** 뛰어나다
  電子製品^{でんしせいひん}なら、我々^{われわれ}の方が非常^{ひじょう}に優れています。
  ➡ 전자제품이라면, 우리 쪽이 매우 뛰어납니다.

* **進^{すす}む** (시계가) 빨라지다
  遅刻^{ちこく}したと思ったが、時計が30分進んでいることに気づき、ほっとした。
  ➡ 지각했다고 생각했는데, 시계가 30분 빨라져 있는 것을 깨닫고 안심했다.

* **揃^{そろ}える** 가지런히 하다, 맞추다
  店長^{てんちょう}の熱意^{ねつい}が他^{ほか}の従業員^{じゅうぎょういん}になかなか伝^{つた}わらず、足並^{あしな}みを揃えた管理^{かんり}ができない。
  ➡ 점장의 열의가 다른 종업원에게 좀처럼 전해지지 않아서, 보조를 맞춘 관리를 할 수 없다.

* **騙^{だま}す** 속이다
  友だちの嘘^{うそ}にすっかり騙されてしまった。
  ➡ 친구의 거짓말에 완전히 속아 버렸다.

* **潰^{つぶ}す** 찌그러뜨리다, 손상시키다
  私の行動がきっかけで、親の顔を潰した事に気づいた時、頭を殴^{なぐ}られたようなショックを受けた。
  ➡ 나의 행동이 계기가 되어서, 부모님의 체면을 손상시킨 일을 깨달았을 때, 머리를 얻어맞은 듯한 충격을 받았다.

* **呟^{つぶや}く** 중얼거리다
  帰りの電車の中、目にとまった見^み知^しらぬ人に対して思^{おも}わず一言^{ひとこと}呟いた。
  ➡ 귀가 전철 안에서, 눈에 뜨인 알지 못하는 사람에 대해서 무심코 한마디 중얼거렸다.

* **貫^{つらぬ}く** 관철하다
  周^{まわ}りの反対^{はんたい}にもかかわらず、彼は自分の信念^{しんねん}を貫いた。
  ➡ 주위의 반대에도 불구하고, 그는 자신의 신념을 관철했다.

반드시 숙지해야 할 복합 동사 ★

入れ替える 바꾸어 넣다
受け入れる 받아들이다
受け取る 받다, 납득하다
打ち明ける 털어놓다
売り切れる 매진되다
押し切る 무릅쓰고 강행하다
押し寄せる 밀어닥치다
思い込む 굳게 믿다
切り上げる 일단락 짓다
食いしばる 이를 악물다
組み立てる 조립하다
繰り返す 되풀이하다
すれ違う 스쳐 지나가다
立ち上がる 일어서다
立ち退く 물러나다, 집을 옮기다
辿り着く 당도하다
飛び上がる 뛰어 오르다
取り扱う 취급하다
取り返す 되돌리다
取り締まる 단속하다
飲み込む 이해하다, 삼키다
踏み切る 단행하다
冷え込む 몹시 추워지다
見送る 보류하다
見捨てる 내버려 두다
見積もる 어림잡다, 견적을 내다
見計らう 가늠하다
やり遂げる 완수하다

受け合う 보증하다
受け付ける 접수하다
受け持つ 담당하다
打ち合わせる 타협하다
売り出す 대대적으로 팔다
押し通す (끝까지) 관철하다
思い切る 단념하다
思い出す 생각나다
切り開く 개척하다
食い止める 저지하다
繰り上げる 앞당기다
差し支える 지장이 있다
座り込む 눌러 앉다
立ち直る 회복되다
立ち向かう 대항하다
付け込む 헛점을 이용하다
飛び回る 분주히게 돌아다니다
取り入れる 받아들이다
取り囲む 둘러싸다
泣き出す 울기 시작하다
乗り出す 착수하다
踏み出す 내딛다
見上げる 올려다보다
見落とす 간과하다, 빠뜨리고 보다
見違える 잘못 보다
見抜く 간파하다
申し込む 신청하다
呼び掛ける 호소하다

3 동사를 묻는 문제는 매달 3~5문제가 출제된다.

필수예문

入れ替える 바꾸어 넣다
窓を開けて空気を入れ替えてください。
➡ 창문을 열고 공기를 환기해 주세요.

受け入れる 받아들이다
ありのままの自分を受け入れた時、自分を変えることができる。
➡ 있는 그대로의 자신을 받아들였을 때, 자신을 바꿀 수 있다.

押し切る 무릅쓰고 강행하다
親の反対を押し切って作曲家となった彼は名曲を残した。
➡ 부모님의 반대를 무릅쓰고 작곡가가 된 그는 명곡을 남겼다.

切り上げる 일단락 짓다
早めに仕事を切り上げて帰り支度をしているところに、電話がかかってきた。
➡ 일찍 일을 일단락 짓고 돌아갈 준비를 하고 있는 상황에, 전화가 걸려왔다.

食いしばる 이를 악물다
体重を減量するため、歯を食いしばってダイエットをした。
➡ 체중을 감량하기 위해, 이를 악물고 다이어트를 했다.

繰り上げる 앞당기다
最終日は時間を繰り上げて授業を行う予定です。
➡ 마지막 날은 시간을 앞당겨서 수업을 할 예정입니다.

立ち直る 회복하다
倒産から立ち直った会社は、市場拡大のために設備投資を拡大している。
➡ 도산에서 회복한 회사는, 시장확대를 위해 설비투자를 확대하고 있다.

立ち向かう 대항하다
生徒たちが協力して困難に立ち向かっていく姿は、多くの人々を感動させた。
➡ 학생들이 협력해서 곤란함에 대항해 가는 모습은 많은 사람들을 감동시켰다.

立ち退く 물러나다, 집을 옮기다
アパートを立ち退く際に敷金が返還されない場合が多いそうだ。
➡ 아파트를 옮길 때에 보증금이 반환되지 않는 경우가 많다고 한다.

Pattern Study 7

* **辿り着く** 당도하다
  10時間も歩いた末に、別荘にやっと辿り着いた。
  ➡ 10시간이나 걸은 끝에, 별장에 겨우 당도했다.

* **取り締まる** 단속하다
  子供が歩道を歩けなくて事故に遭う場合が多いから、違法駐車の取り締まりを強化してほしい。
  ➡ 아이가 보도를 걸을 수 없어서 사고를 당하는 경우가 많으니까, 위법주차의 단속을 강화해 주었으면 한다.

* **飲み込む** 이해하다, 삼키다
  さすが天才だけあって、飲み込みが早い。
  ➡ 역시 천재인 만큼, 이해가 빠르다.

* **踏み切る** 단행하다
  結婚に踏み切った理由を尋ねたところ、大部分の人が「好きな相手と一緒に暮らしたかったから」と答えた。
  ➡ 결혼을 단행한 이유를 물었더니, 대부분의 사람이 「좋아하는 상대와 함께 지내고 싶어서」라고 대답했다.

* **見送る** 보류하다
  面接を行ったが、志望者の英語のレベルが低かったので、採用を見送ることにした。
  ➡ 면접을 했지만, 지원자의 영어수순이 낮아서, 채용을 보류하기로 했다.

* **見落とす** 간과하다
  一時停止の標識を見落として交差点に進入し、危うく車と衝突しそうになった経験がある。
  ➡ 일시정지의 표식을 간과하고 교차점에 진입해서, 하마터면 차와 충돌하게 될 뻔했던 경험이 있다.

* **見抜く** 간파하다, 빠뜨리고 보다
  母は私の表情を見て嘘をついていることを見抜いた。
  ➡ 어머니는 내 표정을 보고 거짓말을 하고 있는 것을 간파했다.

* **呼び掛ける** 호소하다
  不審な点があれば市の調査担当に問い合わせるよう、呼び掛けています。
  ➡ 수상한 점이 있으면 시의 조사담당에게 문의하도록 호소하고 있습니다.

基礎からこつこつ 9

PatternStudy 7

문제1 다음 보기 중, 뜻이 잘못된 것을 고르세요.

1. ⓐ 呆れる 질리다 ⓑ 欺く 속이다 ⓒ 焦る 초조해하다 ⓓ 当てる 맞추다
2. ⓐ 暴く 폭로하다 ⓑ 浴びる 뒤집어쓰다 ⓒ 誤る 사과하다 ⓓ 操る 조종하다
3. ⓐ 悼む 애도하다 ⓑ 祝う 저주하다 ⓒ 潤う 넉넉해지다 ⓓ 嵩む 많아지다
4. ⓐ 覆す 덮다 ⓑ 配る 배부하다 ⓒ 拒む 거부하다 ⓓ 遮る 차단하다
5. ⓐ 沈む 가라앉다 ⓑ 占める 축축해지다 ⓒ 優れる 뛰어나다 ⓓ 倒れる 쓰러지다
6. ⓐ 躊躇う 주저하다 ⓑ 保つ 유지하다 ⓒ 募る 모집하다 ⓓ 就く 찌르다
7. ⓐ 呟く 술렁거리다 ⓑ 貫く 관철하다 ⓒ 唱える 주장하다 ⓓ 担う 짊어지다
8. ⓐ 濡れる 누설되다 ⓑ 剥がれる 벗겨지다 ⓒ 励ます 격려하다 ⓓ 果たす 완수하다
9. ⓐ 阻む 저지하다 ⓑ 省く 돌이켜보다 ⓒ 流行る 유행하다 ⓓ 膨らむ 부풀다
10. ⓐ 防ぐ 막다 ⓑ 掘る 새기다 ⓒ 滅ぶ 망하다 ⓓ 免れる 면하다
11. ⓐ 招く 부수다 ⓑ 磨く 닦다 ⓒ 漏れる 누설되다 ⓓ 揺れる 흔들리다
12. ⓐ 沸かす 끓이다 ⓑ 湧く 솟아나다 ⓒ 渡す 건너다 ⓓ 割る 깨다
13. ⓐ 受け合う 보증하다 ⓑ 受け付ける 접수하다 ⓒ 打ち合わせる 타협하다
    ⓓ 押し切る 중지하다 ⓔ 押し寄せる 밀어닥치다
14. ⓐ 切り上げる 일단락 짓다 ⓑ 食い止める 저지하다 ⓒ 組み立てる 몰두하다
    ⓓ 繰り上げる 앞당기다 ⓔ 付け込む 허점을 이용하다
15. ⓐ 立ち退く 물러나다 ⓑ 乗り出す 착수하다 ⓒ 見送る 균형을 이루다
    ⓓ 見計らう 가능하다 ⓔ 呼び掛ける 호소하다

문제2 올바른 것을 골라보세요.

1. 時間に余裕がない人はさぞ(ⓐ焦って/ ⓑ焦げて/ ⓒ縮んで)いるでしょう。
2. 兄の話を聞き、母は不思議そうに首を(ⓐ傾けた/ ⓑ傾げた/ ⓒ偏った)。
3. 個人の能力に応じて雇うので、性別に(ⓐ蔑んで/ ⓑ優れて/ ⓒこだわって)いません。
4. 人間の体は空気を(ⓐ飲んだ/ ⓑ吸った/ ⓒ増した)状態だと水に浮けるそうだ。
5. 昨夜、かなり酔っていたのでタクシーを(ⓐとった/ ⓑ拾った/ ⓒ捕まった)。
6. 経営者は成果を求めるため、能力がある人に仕事を(ⓐ切り上げる/ ⓑ見積もる/ ⓒ割り当てる)傾向がある。

基礎からこつこつ 9

정답과 해설

문제1
1 ⓐ 어이없다 / 질리다(飽きる)
2 ⓒ 틀리다 / 사과하다(謝る)
3 ⓑ 축하하다 / 저주하다(呪う)
4 ⓐ 뒤엎다 / 덮다(覆う)
5 ⓑ 차지하다 / 축축해지다(湿る)
6 ⓓ 취직하다 / 찌르다(突く)
7 ⓐ 중얼거리다 / 술렁거리다(どよめく)
8 ⓐ 젖다 / 누설되다(漏れる)
9 ⓑ 생략하다 / 돌이켜보다(省みる)
10 ⓑ (땅을) 파다 / 새기다(彫る)
11 ⓐ 초래하다 / 부수다(砕く)
12 ⓒ 건네주다 / 건너다(渡る)
13 ⓓ 무릅쓰고 강행하다 / 중지하다(打ち切る)
14 ⓒ 조립하다 / 몰두하다(取り組む)
15 ⓒ 보류하다 / 균형을 이루다(見合う)

문제2
1 ⓐ 시간에 여유가 없는 사람은 필시 초조해하고 있을 것입니다.
さぞ~だろう 필시 ~일 것이다　焦る 초조해하다　焦げる 눌어붙다　縮む 오그라들다, 줄어들다

2 ⓑ 형의 이야기를 듣고, 어머니는 이상한 듯이 고개를 갸웃했다.
首を傾げる 고개를 갸웃하다　傾ける 기울이다　偏る 치우치다

3 ⓒ 개인의 능력에 따라서 고용하니까, 성별에 얽매이지 않습니다.
個人 개인　雇う 고용하다　蔑む 깔보다　優れる 뛰어나다　こだわる 얽매이다

4 ⓑ 인간의 몸은 공기를 마신 상태라면, 물에 뜰 수 있다고 한다.
空気を吸う 공기를 마시다　浮く 뜨다

5 ⓑ 어젯밤, 상당히 취했기 때문에 택시를 잡았다.
拾う 줍다, (택시를) 잡다　捕まる 잡히다

6 ⓒ 경영자는 성과를 추구하기 때문에, 능력이 있는 사람에게 일을 할당하는 경향이 있다.
成果 성과　求める 추구하다　切り上げる 일단락짓다　見積もる 어림잡다, 견적을 내다
割り当てる 할당하다

연습문제 3

1 試験勉強はいつ頃から＿＿＿＿＿＿。
　(A) 終えますか　　(B) 習いますか　　(C) 始めますか　　(D) 並びますか

2 図書館が閉まっている時はブックポストへ＿＿＿＿＿＿本を入れてください。
　(A) 借りる　　(B) 帰す　　(C) 返す　　(D) 覆す

3 私の趣味は外国の切手を＿＿＿＿＿＿ことです。
　(A) 漂う　　(B) 集まる　　(C) 集める　　(D) 捨てる

4 誰もいない部屋から人の声が＿＿＿＿＿＿びっくりした。
　(A) 出て　　(B) あって　　(C) して　　(D) 感じられて

5 傘を＿＿＿＿＿＿いても服が湿って少し寒かった。
　(A) 差して　　(B) 畳んで　　(C) 被って　　(D) 覆って

6 この時計はいつからか10分＿＿＿＿＿＿いる。
　(A) 進んで　　(B) 進めて　　(C) 回って　　(D) 迷って

7 大切な皿を落としてしまったが、割れなかったのでほっと＿＿＿＿＿＿。
　(A) した　　(B) しまった　　(C) あった　　(D) おいた

8 つまみ食いをして母に＿＿＿＿＿＿。
　(A) 叱られた　　(B) 誉められた　　(C) 注意した　　(D) 罰せられた

9 10日ぶりに洗面台でひげを＿＿＿＿＿＿。
　(A) そった　　(B) かった　　(C) きった　　(D) はやした

10 弟はたった10才の時、病気でその人生に終止符を＿＿＿＿＿＿。
　(A) たたいた　　(B) とった　　(C) つけた　　(D) うった

11 タンスに＿＿＿＿＿＿おいた着物を出して着てみた。
　(A) しまって　　(B) はいって　　(C) しらべて　　(D) つまって

12 いくら電話をかけても誰も＿＿＿＿＿＿。
　(A) きらなかった　(B) つけなかった　(C) とらなかった　(D) でなかった

13 彼は私の意見にあいづちを＿＿＿＿＿＿くれた。
　(A) 打って　　(B) 貸して　　(C) 持って　　(D) して

14 試験に＿＿＿＿＿＿やっと肩の荷が下りた。
　(A) 受けて　　(B) 寄せて　　(C) 越えて　　(D) 受かって

15 駅前でビラを＿＿＿＿＿＿いる人を見つけた。
　(A) 伝えて　　(B) 渡って　　(C) 配って　　(D) 凝らして

16 私は田舎で生まれ、都市で＿＿＿＿＿＿。
　(A) 育てました　(B) 育みました　(C) 育ちました　(D) 飼われました

17 以前の定説を覆す新しい論文は、みんなに注目を＿＿＿＿＿＿いる。
　(A) 浴びて　　(B) 被って　　(C) もらって　　(D) 現して

18 ここの四角い角を＿＿＿＿＿＿丸くしてください。
　(A) 揃って　　(B) 磨いて　　(C) 彫って　　(D) 削って

19 天気予報によると、午後から晴れるらしいので、ここでゆっくり朝食をとって時間を＿＿＿＿＿＿と思う。
　(A) 潰そう　　(B) かけそう　　(C) 荒そう　　(D) 裂けそう

20 メダルを取ることはできなかったが、最後まで諦めないで頑張った彼の姿は称賛に＿＿＿＿＿＿。
　(A) 値する　　(B) 喫する　　(C) 化する　　(D) 達する

연습문제 3

21 亡くなった母の声は未だに耳に＿＿＿＿＿いる。
　(A) 刻んで　　　(B) 貼って　　　(C) 銘じて　　　(D) 残って

22 時が経てば経つほど赤字が＿＿＿＿＿いって心配です。
　(A) こじれて　　(B) 溢れて　　　(C) 膨らんで　　(D) 重なって

23 会社をつぶすような危険を＿＿＿＿＿ことはできない。
　(A) おかす　　　(B) おこなう　　(C) ためす　　　(D) くりひろげる

24 店から流れてくる音楽を聞いているうちに、10年前の思い出が＿＿＿＿＿。
　(A) 振り替えた　(B) 顧みた　　　(C) 蘇った　　　(D) 試みた

25 でたらめを言ったことが物議を＿＿＿＿＿。
　(A) 醸した　　　(B) 作った　　　(C) 現した　　　(D) 練った

26 彼は上映の時間に30分も遅れて劇場の中に入った私を＿＿＿＿＿。
　(A) ためらった　(B) とがめた　　(C) あなどった　(D) くつがえした

27 母が亡くなった時、悲しみが＿＿＿＿＿きた。
　(A) 飛び出して　(B) こぼれて　　(C) ながれて　　(D) こみあげて

28 のりをうすく塗ったせいかポスターが＿＿＿＿＿しまった。
　(A) むかれて　　(B) はがれて　　(C) 消えて　　　(D) 粘って

29 白色の波線は複数車線の道路と幹線道路を＿＿＿＿＿います。
　(A) 整えて　　　(B) 妨げて　　　(C) 仕切って　　(D) またがって

30 彼女の派手な姿はきっと人目を＿＿＿＿＿にちがいない。
　(A) ひく　　　　(B) ひっぱる　　(C) ぬすむ　　　(D) そらす

31 未来への成功を祈りながら酒をくみ_____。
　(A) かわした　(B) あった　(C) あわせた　(D) たてた

32 今回の台風は大勢の人に被害を与えた。特に新幹線のダイヤが_____不便だった。
　(A) 外れて　(B) 当てて　(C) 乱れて　(D) 暴れて

33 銀行は_____お金を運用して利益をあげます。
　(A) 預けた　(B) 取り上げた　(C) 納めた　(D) 預かった

34 多くの人が早すぎる息子の死を_____くれた。
　(A) 祈って　(B) 祝って　(C) 亡くして　(D) 悼んで

35 年末だからといって家計が_____いるとは言えない。
　(A) さげすんで　(B) おちいって　(C) とらわれて　(D) うるおって

36 彼女に会うたびに恋しさが_____いった。
　(A) 足して　(B) 加えて　(C) 募って　(D) 飛び上がって

37 彼は周りの反対をものともせずに初志を_____、小説家になった。
　(A) 通って　(B) 保って　(C) 貫いて　(D) 続けて

38 サポーターは、相手の選手がボールを持つたびに野次を_____。
　(A) 飛ばした　(B) 走らせた　(C) 送った　(D) 繰り返した

39 こんな反抗的な国民には政府も手の_____ようがない。
　(A) 察し　(B) 施し　(C) 動かし　(D) 収め

40 たとえこの身は_____、魂は永遠に残るだろう。
　(A) 陥っても　(B) 離れても　(C) 絶しても　(D) 滅びても

연습문제 3

41 毒を致死量近くまで飲んだ身体はたとえ運よく死を＿＿＿＿＿としても障害が残る。
　(A) 逸した　　　　(B) 引き止めた　　(C) 免れた　　　　(D) 取り除いた

42 育児に関するご質問をメールで＿＿＿＿＿おります。
　(A) 受け流して　　(B) 受け入れて　　(C) 受け付けて　　(D) 受け持って

43 彼はどんなに打撃を受けてもすぐ＿＿＿＿＿根性のある人です。
　(A) 立ち直る　　　(B) 蘇る　　　　　(C) 取り替える　　(D) 打ち出す

44 誘拐された少女たちを救うため、警察は捜査に＿＿＿＿＿。
　(A) 乗り出した　　(B) 引き起こした　(C) 踏み切った　　(D) 巻き起こした

45 親は子供のため、歯を＿＿＿＿＿頑張っているのだ。
　(A) 食い違って　　(B) 食い止めて　　(C) 食いしばって　(D) 食い詰めて

46 人の弱みに＿＿＿＿＿商売するなんて、呆れてものも言えない。
　(A) 付け込んで　　(B) 見抜いて　　　(C) 割り込んで　　(D) 呼び掛けて

47 長い髪の毛が落ちていたので警察は犯人が女性だと＿＿＿＿＿。
　(A) 口走った　　　(B) 早合点した　　(C) 思いきった　　(D) 思い知った

48 新幹線は強風の影響で一時運行を＿＿＿＿＿。
　(A) 見合わせた　　(B) 見落とした　　(C) 見違えた　　　(D) 見出した

49 男の人は警備員の制止を＿＿＿＿＿建物の中に入った。
　(A) 振り切って　　(B) 振り回して　　(C) 振る舞って　　(D) 振り替えて

50 日々深刻な悩みを抱えて神経を＿＿＿＿＿人々が増えているそうだ。
　(A) すりへらしている　　　　　　　(B) いきどおっている
　(C) はびこっている　　　　　　　　(D) うずくまっている

4 부사를 묻는 문제는 매달 2~3문제가 출제된다.

4개의 부사를 주고 문맥에 적절한 것을 찾는 유형이 출제된다. 각 부사간의 뉘앙스 차이를 묻는 문제가 출제되기도 하므로, 난이도가 제법 높은 부분이다. 부정을 수반하는 부사를 찾는 유형도 출제되니 꼼꼼히 정리해 놓도록 하자.

반드시 숙지해야 할 부사 ★★★

生憎(あいにく) 공교롭게도
案の定(あんのじょう) 예상했던 대로
一応(いちおう) (불충분하지만) 일단
一旦(いったん) 일단
今に(いまに) 머지않아
恐らく(おそらく) 아마, 틀림없이
かつて 이전에, 옛날에
さぞ 필시, 틀림없이
しきりに 자꾸만, 끊임없이
少なくとも(すくなくとも) 적어도
せっかく 모처럼
そもそも 원래
てっきり 틀림없이
とっくに 훨씬 전에
とりわけ 특히
何しろ(なにしろ) 어쨌든, 여하튼
はっきり 확실히, 틀림없이
ほっと 긴장이 풀려 안심하는 모양
ますます 점점 더
寧ろ(むしろ) 오히려, 차라리
やがて 이윽고, 머지않아
やっと 겨우, 가까스로
わざわざ 일부러, 특별히

敢えて(あえて) 굳이, 감히
いかにも 매우, 정말로
一面(いちめん) 온통
今更(いまさら) 이제 와서
今にも(いまにも) 당장이라도
必ず(かならず) 반드시, 꼭
予て(かねて) 미리, 전부터
くまなく 샅샅이
しばしば 자주
既に(すでに) 이미, 벌써
せめて 적어도, 하다 못해
だんだん 점점, 차츰
とうとう 드디어, 결국
ともかく 어쨌든
つい 그만, 무심코
なるべく 가급적
ひたすら 한결같이
負けず劣らず(まけずおとらず) 막상막하로
まだ 아직
もっと 더욱, 조금 더
やけに 몹시, 무척
やはり 역시
わざと 고의로

あたかも 마치, 흡사
いきなり 갑자기
一体(いったい) 도대체
未だに(いまだに) 아직까지도
うっかり 깜빡, 무심코
がくんと 덜컥, 뚝
ぎっしり 빽빽이
くれぐれも 부디, 아무쪼록
しょっちゅう 항상, 언제나
全て(すべて) 전부, 모두
是非(ぜひ) 꼭, 반드시
常に(つねに) 항상
どうやら 그럭저럭, 아무래도
取り敢えず(とりあえず) 우선
ついに 드디어, 결국
果して(はたして) 과연
ひょっとすると 어쩌면
まさか 설마
まして 하물며
専ら(もっぱら) 오로지, 한결같이
やたらと 함부로
ようやく 겨우, 가까스로
わりに 비교적

4 부사를 묻는 문제는 매달 2~3문제가 출제된다.

필수예문

あたかも 마치, 흡사
彼はあたかも現場を見たかのように話している。
➡ 그는 마치 현장을 본 듯이 말하고 있다.

案の定 예상했던 대로, 아니나다를까
電話がかかってくるだろうと思っていたら案の定だった。
➡ 전화가 걸려 올 것이라고 생각하고 있었는데 예상했던 대로였다.

いきなり 갑자기
車がいきなり飛び出してきてびっくりした。
➡ 차가 갑자기 튀어나와서 놀랐다.

一応 (불충분하지만) 일단
事件について一応の取り調べを試みた。
➡ 사건에 관해서 일단 조사를 시도했다.

今更 이제 와서
もう決まったことだから、今更言ってもしかたがない。
➡ 이미 정해진 일이니까, 이제 와서 말해도 어쩔 수가 없다.

未だに 아직까지도
なぜ真面目なあなたが未だに英語が話せないのか。
➡ 왜 성실한 당신이 아직까지도 영어를 말할 수 없는 것인가?

今にも 당장이라도
今にも雨が降り出しそうです。
➡ 당장이라도 비가 내릴 것 같습니다.

うっかり 깜빡, 무심코
今日が週末であることをうっかり忘れていた。
➡ 오늘이 주말인 것을 깜빡 잊고 있었다.

がくんと 덜컥, 뚝
宿題もしないで遊んでばかりいたら、成績ががくんと落ちてしまった。
➡ 숙제도 하지 않고 놀고만 있었더니 성적이 뚝 떨어져 버렸다.

PatternStudy 7

* **ぎっしり** 빽빽이
  本棚に本がぎっしり詰められている。
  ➡ 책장에 책이 빽빽이 채워져 있다.

* **くれぐれも** 부디, 아무쪼록
  ご健康にはくれぐれもお気をつけください。
  ➡ 건강에는 아무쪼록 주의하십시오.

* **さぞ** 필시, 틀림없이
  お母さんの具合が悪いのでは、ご家族もさぞ大変でしょう。
  ➡ 어머님의 몸 상태가 나빠서는, 가족 분들도 필시 힘드실 것입니다.

* **少なくとも** 적어도
  地下鉄事故で少なくとも10人が死亡した。
  ➡ 지하철 사고로 적어도 10명이 사망했다.

* **是非** 꼭, 반드시
  何かありましたら、是非私に電話してください。
  ➡ 무슨 일 있으면, 꼭 제게 전화해 주세요.

* **てっきり** 틀림없이
  成績優秀な田中さんのことだから、てっきり試験に受かると思った。
  ➡ 성적이 우수한 다나카 씨이니까, 틀림없이 시험에 합격할 거라고 생각했다.

* **どうやら** ①그럭저럭 ②아무래도
  ①子供たちが成長してどうやら生活が楽しめるようになった。
  ➡ 아이들이 성장해서 그럭저럭 생활을 즐길 수 있게 되었다.
  ②昨日から体調が悪いのはどうやら風邪が原因のようだ。
  ➡ 어제부터 몸 상태가 나쁜 것은 아무래도 감기가 원인인 것 같다.

* **とっくに** 훨씬 전에
  商品を仕入れて並べれば売れていた時代はもうとっくに終わっています。
  ➡ 상품을 구입해서 늘어놓으면 팔렸던 시대는 이미 훨씬 전에 끝났습니다.

* **ともかく** 어쨌든
  ともかく金持ちになって、世界中を自由に旅行したい。
  ➡ 어쨌든 부자가 되어서, 전세계를 자유롭게 여행하고 싶다.

4 부사를 묻는 문제는 매달 2~3문제가 출제된다.

* **とりわけ** 특히

風邪を引いた時は、とりわけビタミンをとることが大切です。
➡ 감기에 걸렸을 때는, 특히 비타민을 섭취하는 것이 중요합니다.

* **何しろ** 어쨌든, 여하튼

何しろ今はパソコン時代ですから、パソコンができなくては困ります。
➡ 어쨌든 지금은 컴퓨터 시대이니까, 컴퓨터를 할 수 없어서는 곤란합니다.

* **果して** 과연

今回の大会の優勝者は果して誰になろうか。
➡ 이번 대회의 우승자는 과연 누가 될 것인가?

* **ほっと** 긴장이 풀려 안심하는 모양

大変な作業だと思っていたが、難なく終わってほっとした。
➡ 힘든 작업이라고 생각하고 있었지만, 어려움 없이 끝나서 안심했다.

* **負けず劣らず** 막상막하로

猛暑に負けず劣らず熱い半導体業界で生き残るためにはどうすればいいのか。
➡ 맹서에 막상막하로 뜨거운 반도체 업계에서 살아남기 위해서는 어떻게 해야 하는 것인가?

* **まさか** 설마

まさか我が社の顧客情報が漏れていたとは。
➡ 설마 우리회사의 고객 정보가 누설되고 있었다니.

* **まだ** 아직

試合はまだ終わっていない。
➡ 시합은 아직 끝나지 않았다.

* **専ら** 오로지, 한결같이

この映画が、最近の映画の中で一番面白いと専らの噂だ。
➡ 이 영화가, 최근 영화 중에서 가장 재미있다는 한결같은 소문이다.

* **ようやく** 겨우, 가까스로

3時間も歩いた末、ようやく頂上に着いた。
➡ 3시간이나 걸은 끝에, 겨우 정상에 도착했다.

PatternStudy 7

*わざわざ 일부러, 특별히
わざわざ来てくれたのに留守にしていて悪かったね。
➡ 일부러 와 줬는데 집을 비우고 있어서 미안했어.

*わりに 비교적
食事がわりに早く終わったので、買い物に出かけた。
➡ 식사가 비교적 빨리 끝나서, 쇼핑하러 나갔다.

출제빈도가 높은 부정을 수반하는 부사 ★★

一向(いっこう)に~ない 전혀 ~않다

さっぱり~ない 전혀 ~않다

強(あなが)ち~ない 반드시 ~않다

一概(いちがい)に~ない 일률적으로 ~않다

さほど~ない 그다지 ~않다

なかなか~ない 좀처럼 ~않다

ろくに~ない 제대로 ~않다

一切(いっさい)~ない 전혀 ~않다

ちっとも~ない 전혀 ~않다

必(かなら)ずしも~ない 반드시 ~않다

大(たい)して~ない 그다지 ~않다

あまり~ない 그다지 ~않다

滅多(めった)に~ない 좀처럼 ~않다

필수예문

*一向(いっこう)に~ない 전혀 ~않다
クレームを何度(なんど)も入れているのに、一向に改善(かいぜん)する姿勢(しせい)が感(かん)じられない。
➡ 클레임을 몇 번이나 걸고 있는데도, 전혀 개선하는 자세가 느껴지지 않는다.

*一切(いっさい)~ない 전혀 ~않다
会社の過失(かしつ)に因(よ)らない損害(そんがい)については一切責任(せきにん)を負(お)いません。
➡ 회사의 과실에 의하지 않은 손해에 관해서는 전혀 책임을 지지 않습니다.

4 부사를 묻는 문제는 매달 2~3문제가 출제된다.

* **さっぱり〜ない** 전혀 〜않다

  彼の話は一体何を言っているのか、さっぱり分かりません。

  ➡ 그의 이야기는 도대체 무엇을 말하고 있는지 전혀 모르겠습니다.

* **ちっとも〜ない** 전혀 〜않다

  子供がちっとも勉強をしなくて心配です。

  ➡ 아이가 전혀 공부를 하지 않아서 걱정입니다.

* **強ち〜ない** 반드시 〜않다

  学生の判断が強ち間違いとは言えません。

  ➡ 학생의 판단이 반드시 틀렸다고는 할 수 없습니다.

* **必ずしも〜ない** 반드시 〜않다

  金持ちだからといって必ずしも幸せだとは限らない。

  ➡ 부자라고 해서 반드시 행복하다고는 할 수 없다.

* **一概に〜ない** 일률적으로 〜않다

  通訳と翻訳とどちらが難しいかは一概に言えないだろう。

  ➡ 통역과 번역 중 어느 쪽이 어려운지는 일률적으로 말할 수 없을 것이다.

* **大して〜ない** 그다지 〜않다

  冬になったのに、大して寒くないし、雨ばかり降っている。

  ➡ 겨울이 되었는데도, 그다지 춥지 않고 비만 내리고 있다.

* **さほど〜ない** 그다지 〜않다

  個人がその一生の間に成し遂げられることは、さほど大きくはないだろう。

  ➡ 개인이 그 일생 동안에 이룩할 수 있는 것은 그다지 많지는 않을 것이다.

* **あまり〜ない** 그다지 〜않다

  友だちが作ってくれた料理はあまりおいしくなかった。

  ➡ 친구가 만들어 준 요리는 그다지 맛있지 않았다.

* **なかなか〜ない** 좀처럼 〜않다

  30分も待っているのにバスがなかなか来ない。

  ➡ 30분이나 기다리고 있는데도 버스가 좀처럼 오지 않는다.

滅多に〜ない 좀처럼 ~않다

忙(いそが)しすぎて旅行はめったに行けない。

➡ 너무 바빠서 여행은 좀처럼 갈 수 없다.

ろくに〜ない 제대로 ~않다

10年も学(まな)んできたにもかかわらず、英語(えいご)がろくにできない。

➡ 10년이나 배워 왔는데도 불구하고, 영어를 제대로 할 수 없다.

基礎からこつこつ 10

PatternStudy 7

문제1 다음 보기 중, 부사의 뜻이 잘못되어 있는 것을 고르세요.

1 ⓐ 生憎 공교롭게도 ⓑ あたかも 마치 ⓒ 案の定 예상 외로 ⓓ 一応 일단
2 ⓐ 今更 이제 와서 ⓑ 未だに 아직까지도 ⓒ 今にも 당장이라도 ⓓ 恐らく 틀림없이
3 ⓐ がくんと 덜컥, 뚝 ⓑ くれぐれも 아무쪼록 ⓒ しきりに 끊임없이 ⓓ 既に 이윽고
4 ⓐ そもそも 원래 ⓑ てっきり 아마도 ⓒ とうとう 드디어 ⓓ どうやら 아무래도
5 ⓐ とっくに 매우 ⓑ とりわけ 특히 ⓒ なるべく 가급적 ⓓ 果して 과연
6 ⓐ ひたすら 겨우 ⓑ まして 하물며 ⓒ 寧ろ 오히려 ⓓ 専ら 오로지
7 ⓐ やがて 이윽고 ⓑ やけに 몹시 ⓒ ようやく 겨우 ⓓ わざわざ 비교적

문제2 다음 부사들 중, 부정을 수반하는 부사는 어느 것인가요?

ⓐ 一向に ⓑ いかにも ⓒ 予て ⓓ さっぱり ⓔ さぞ
ⓕ 強ち ⓖ 必ずしも ⓗ 必ず ⓘ しばしば ⓙ あまり
ⓚ めったに ⓛ 全て ⓜ 常に ⓝ ともかく ⓞ ろくに

문제3 적절한 것을 골라보세요.

1 中国語が(ⓐ知らない/ ⓑ分からない)ので、話が(ⓐ一概に/ ⓑさっぱり/ ⓒ必ずしも)進まなかった。
2 インターネット通信によって、(ⓐ遠く/ ⓑ遠くの)離れた友だちと(ⓐあたかも/ ⓑ強ち)目の前にいる(ⓐように/ ⓑような)ゲームを楽しめます。
3 試合(ⓐを/ ⓑに)負けた選手たちは(ⓐ今にも/ ⓑ今更/ ⓒ今に)泣きそうな表情をしていた。
4 近頃、(ⓐだんだん/ ⓑすらすら)暖かくなって(ⓐきっちり/ ⓑすっかり/ ⓒうっかり)春めいてきました。
5 彼の言うことはつじつまが合わないから、(ⓐひょっとすると/ ⓑもしかすると)嘘かもしれない。
6 この仕事は1ヶ月でも無理なのに、(ⓐもはや/ ⓑまして/ ⓒとっくに)一週間で仕上げるとは。
7 ペンと万年筆と(ⓐどちら/ ⓑどれ/ ⓒ何)が書きやすいかは(ⓐ一概に/ ⓑ一向に/ ⓒ一切)言えません。

基礎からこつこつ 10

정답과 해설

문제1
1 ⓒ 예상 와로 → 예상했던 대로   2 ⓓ 틀림없어 → 아마도
3 ⓓ 어윽고 → 이미   4 ⓑ 아마도 → 틀림없이
5 ⓐ 매우 → 훨씬 전에   6 ⓐ 겨우 → 한결같이
7 ⓓ 바교적 → 일부러, 특별히

문제2
ⓐ 一向に〜ない 전혀 ~않다   ⓓ さっぱり〜ない 전혀 ~않다
ⓕ 強ち〜ない 반드시 ~않다   ⓖ 必ずしも〜ない 반드시 ~않다
ⓙ あまり〜ない 그다지 ~않다   ⓚ めったに〜ない 좀처럼 ~않다
ⓞ ろくに〜ない 제대로 ~않다

문제3
1 ⓑ, ⓑ 중국어를 모르기 때문에, 이야기가 전혀 진행되지 않았다.
   さっぱり〜ない 전혀 ~않다   必ずしも〜ない 반드시 ~않다
2 ⓐ, ⓐ, ⓐ 인터넷 통신에 의해서 멀리 떨어진 친구와 마치 눈앞에 있는 듯이 게임을 즐길 수 있습니다.
   通信 통신   離れる 떨어지다   あたかも 마치   強ち〜ない 반드시 ~않다
3 ⓑ, ⓐ 시합에 진 선수들은 당장이라도 울 것 같은 표정을 하고 있었다.
   今にも 당장이라도   今更 이제 와서   今に 머지않아   表情 표정
4 ⓐ, ⓑ 요즘, 점점 따뜻해져서 완전히 봄다워졌습니다.
   だんだん 점점   すらすら 술술   きっちり 꽉 들어맞는 모양, 꽉   すっかり 완전히
   うっかり 깜빡, 무심코
5 ⓐ/ⓑ 둘 다 가능 그가 말하는 것은 이치에 맞지 않으니까, 어쩌면 거짓말일지도 모른다.
   辻褄が合わない 이치에 맞지 않다   ひょっとすると 어쩌면   もしかすると 어쩌면
6 ⓑ 이 일은 1개월이라도 무리인데, 하물며 1주일에 끝내라니.
   もはや 이미, 벌써   まして 하물며   とっくに 훨씬 전에   仕上げる 끝내다
7 ⓐ, ⓐ 펜과 만년필 중 어느 쪽이 쓰기 쉬운지는 일률적으로 말할 수 없습니다.
   万年筆 만년필   一概に言えない 일률적으로 말할 수 없다

연습문제 4

1　兄は弟より＿＿＿＿＿＿背が高いです。
　　(A) ずっと　　　(B) やっと　　　(C) じっと　　　(D) もっとも

2　電車の中は＿＿＿＿＿＿込んでいません。
　　(A) 非常に　　　(B) なかなか　　(C) あまり　　　(D) かなり

3　この料理には体によくない調味料を＿＿＿＿＿＿入れませんでした。
　　(A) 一切　　　　(B) 一味　　　　(C) 一斉　　　　(D) 一挙

4　A：お帰りなさい。夕食ができあがったばかりです。
　　B：＿＿＿＿＿＿いい時に帰って来てよかったな。
　　(A) ちょっと　　(B) ようやく　　(C) ちょうど　　(D) もろに

5　＿＿＿＿＿＿余裕があるから、そんなに急がなくてもいいよ。
　　(A) また　　　　(B) もう　　　　(C) まだ　　　　(D) さぞ

6　図書館の前で会おうと約束したのに＿＿＿＿＿＿忘れてしまった。
　　(A) うっかり　　(B) てっきり　　(C) まんまと　　(D) くまなく

7　試験に落ちた兄は＿＿＿＿＿＿勉強しておけばよかったと悔やんでいる。
　　(A) もっと　　　(B) ずっと　　　(C) ちょっと　　(D) やっと

8　父は私の気持ちなんか、＿＿＿＿＿＿分からない。
　　(A) すべて　　　(B) さっぱり　　(C) すこしは　　(D) とうてい

9　講師は上手な転び方を教えるため＿＿＿＿＿＿転んだ。
　　(A) 無理矢理に　(B) やたらと　　(C) ちらっと　　(D) わざと

10　被害にあった地域に＿＿＿＿＿＿食糧が届けられた。
　　(A) もっぱら　　(B) ようやく　　(C) ひょっとすると　(D) さぞ

11 会議室から声が聞こえる。＿＿＿＿＿＿会議が終わっていないようだ。
   (A) どうやら　　　(B) いかにも　　　(C) もしかすると　　(D) たしかに

12 泣きたいだけ泣いたら胸が＿＿＿＿＿＿してきた。
   (A) すっと　　　(B) ざっと　　　(C) そっと　　　(D) じっと

13 食べ物なら何でも好きだが、＿＿＿＿＿＿刺身が好きだ。
   (A) とりわけ　　(B) かならず　　(C) むろん　　　(D) まさに

14 ＿＿＿＿＿＿志望校を変えたところで合格できるとは限らない。
   (A) いまさら　　(B) いまだに　　(C) いまにも　　(D) いまに

15 優秀な木村さんでさえ分からないなら、＿＿＿＿＿＿私などが分かるはずがない。
   (A) ともかく　　(B) まして　　　(C) てっきり　　(D) わりと

16 こんなに難しい問題は私には＿＿＿＿＿＿解けません。
   (A) とても　　　(B) たいして　　(C) きれいさっぱり　(D) たいてい

17 努力すれば、＿＿＿＿＿＿成功するとは言えません。
   (A) 必ず　　　　(B) 必ずしも　　(C) きっと　　　(D) ひっきりなしに

18 ＿＿＿＿＿＿言えばこれが現実だと割り切って諦めるしかない。
   (A) 敢えて　　　(B) あたかも　　(C) おそらく　　(D) しばしば

19 考え方は人によって違うから、どれが正しいとは＿＿＿＿＿＿に言えない。
   (A) 一概　　　　(B) 一斉　　　　(C) 一気　　　　(D) 一向

20 留学する前にその国の言葉を＿＿＿＿＿＿勉強しておいた方がいい。
   (A) ぎっしり　　(B) がっちり　　(C) みっちり　　(D) ぽっかり

연습문제 4

21　木村さんは感情を＿＿＿＿＿＿顔に出さないタイプだ。
　　(A) やたらと　　　(B) せめて　　　　(C) はたして　　　(D) なにしろ

22　店長に「＿＿＿＿＿＿仕事ができるんだね」と言われて気分が悪かった。
　　(A) やっぱり　　　(B) 案外　　　　　(C) 案の定　　　　(D) まさか

23　有名な話だから、＿＿＿＿＿＿知っている人もいるかもしれません。
　　(A) とっくに　　　(B) まんざら　　　(C) ともかく　　　(D) とりわけ

24　僕が失敗した時＿＿＿＿＿＿かばってくれた田中さんに今も感謝の気持ちを持っている。
　　(A) おおむね　　　(B) ひたすら　　　(C) くまなく　　　(D) ひたむき

25　会議は＿＿＿＿＿＿厳かな雰囲気の中で行われた。
　　(A) 目下　　　　　(B) 終始　　　　　(C) てんで　　　　(D) そもそも

26　死に物狂いで努力してきたから＿＿＿＿＿＿試験に落ちたのは辛かっただろう。
　　(A) まるっきり　　(B) とびきり　　　(C) どうりで　　　(D) さぞ

27　私がプールに飛び込むと、友人たちも＿＿＿＿＿＿と飛び込んだ。
　　(A) ずらり　　　　(B) 次々　　　　　(C) だんだん　　　(D) 一斉

28　職場では教室で勉強したことがそのまま通用するとは限らないし、人間関係も＿＿＿＿＿＿複雑になる。
　　(A) 遥かに　　　　(B) けろりと　　　(C) それきり　　　(D) もはや

29　働くという行為は一日の生活の大部分を占め、家庭や＿＿＿＿＿＿人生の在り方を左右する。
　　(A) もしくは　　　(B) ひいては　　　(C) ついに　　　　(D) つまり

30　本当に呆れますね。店員がお客様に＿＿＿＿＿＿した顔をしているなんて。
　　(A) むっと　　　　(B) すっと　　　　(C) ぞっと　　　　(D) ざっと

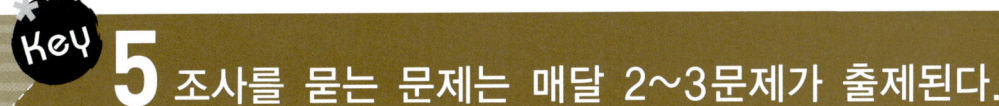
Key 5 조사를 묻는 문제는 매달 2~3문제가 출제된다.

대부분 141~150번 사이에서 출제되므로 난이도가 낮다. 가끔씩 조사를 포함하는 문형에서 조사 부분을 묻기도 하므로, 문형을 완벽하게 숙지해 놓는 것은 두말할 필요가 없다 (KEY 1 참조). PART 5의 같은 용법을 찾는 유형과 중복되는 부분도 있는데, 여기서는 PART 7에서 자주 출제되는 용법만을 정리해 놓았다.

PART 7에서 출제되는 「で」의 용법 ★★

1 동작이 행해지는 장소를 나타냄 ●●●
妹はソウルで暮している。 여동생은 서울에서 살고 있다.
鈴木さんは銀行で働いている。 스즈키 씨는 은행에서 일하고 있다.
教室の中でタバコを吸ってはいけない。 교실 안에서 담배를 피워서는 안 된다.

2 주체의 양적 한정을 나타냄 ●●●
一人で映画を見ました。 혼자서 영화를 봤습니다.
二つで500円です。 2개해서 500엔입니다.
全部でいくらですか。 전부해서 얼마입니까?

3 원인을 나타냄 ●●●
雨で服が濡れてしまった。 비 때문에 옷이 젖어 버렸다.
病気で会社を休みました。 병 때문에 회사를 쉬었습니다.
事故で遅れてしまいました。 사고 때문에 늦어 버렸습니다.

4 수단, 방법을 나타냄 ●●●
学校まではバスで行きます。 학교까지는 버스로 갑니다.
今度は飛行機で来ました。 이번에는 비행기로 왔습니다.
ボールペンで書いてください。 볼펜으로 써 주세요.

5 재료를 나타냄 ●●●
米で酒を作ります。 쌀로 술을 만듭니다.
豆腐は豆で作ります。 두부는 콩으로 만듭니다.
この手袋は革でできている。 이 장갑은 가죽으로 되어 있다.

Pattern 7 _105

Key 5 조사를 묻는 문제는 매달 2~3문제가 출제된다.

PART 7에서 출제되는 「に」의 용법 ★★

1 존재하는 장소를 나타냄 ●●●

教室の中に椅子や机などがあります。 교실 안에 의자랑 책상 등이 있습니다.

庭にたくさんの花があります。 정원에 많은 꽃이 있습니다.

父は会社にいます。 아버지는 회사에 있습니다.

2 때를 나타냄 ●●●

毎日7時半に家を出ます。 매일 7시 반에 집을 나갑니다.

8月に結婚(けっこん)することになった。 8월에 결혼하게 되었다.

午後3時に駅の前で会いましょう。 오후 3시에 역 앞에서 만납시다.

3 동작의 목적을 나타냄 ●●●

ご飯を食べにレストランへ行った。 밥을 먹으러 레스토랑에 갔다.

本を買いに本屋へ行く。 책을 사러 서점에 간다.

明日釣りに行きませんか。 내일 낚시하러 가지 않을래요?

4 사람 뒤에 결합해서 대상을 나타냄 ●●●

彼女に手紙を送(おく)った。 여자친구에게 편지를 보냈다.

その話は黒田さんに聞いた。 그 이야기는 쿠로다 씨에게 들었다.

遅刻して先生に叱(しか)られた。 지각해서 선생님에게 야단맞았다.

✱ 「に」와 호응하는 단어들 ●●●●●

~に住(す)む ~에서 살다   ~に勤(つと)める ~에서 근무하다   ~になる ~이 되다
~に会(あ)う ~를 만나다   ~に気をつける ~를 조심하다   ~に迷(まよ)う ~를 헤매다
~に乗(の)る ~를 타다   ~に気(き)づく ~를 깨닫다   ~に曲(ま)がる ~로 돌다
~に似(に)る ~를 닮다   ~に憧(あこが)れる ~를 동경하다   ~に向(む)かう ~를 향하다

PART 7에서 출제되는 「が」의 용법 ★★

1. **주격조사로 사용되어 주어를 받음**

   机の上に本が あります。 책상 위에 책이 있습니다.
   鈴木さんが 教えてくれました。 스즈키 씨가 가르쳐 주었습니다.
   私が 言うことを 忘れないでほしい。 내가 말하는 것을 잊지 말아줬으면 한다.

2. **접속조사로 사용되어 두 문장을 연결함**

   すみませんが、もう一度話してくださいませんか。
   죄송하지만, 한 번 더 말해 주시지 않겠습니까?
   今日は天気がよかったが、明日は曇るそうだ。
   오늘은 날씨가 좋았지만, 내일은 흐리다고 한다.
   白いシャツを探していますが、ありますか。 하얀 셔츠를 찾고 있습니다만, 있습니까?

✱ **「が」와 호응하는 단어들**

   ~が上手だ ~를 잘한다   ~が得意だ ~를 잘한다
   ~ができる ~를 할 수 있다   ~が下手だ ~를 못한다
   ~が苦手だ ~를 못한다   ~がほしい ~를 원한다
   ~が好きだ ~를 좋아한다   ~が嫌いだ ~를 싫어한다
   ~が分かる ~를 안다   ~が聞こえる ~이 들린다
   ~が見える ~이 보인다

5 조사를 묻는 문제는 매달 2~3문제가 출제된다.

PART 7에서 출제되는 「か」의 용법 ★

1 불확실함을 나타냄 ●●○

道が分からないから、誰かに聞いてみよう。 길을 모르니까, 누군가에게 물어보자.

次(つぎ)の会議はいつか知っていますか。 다음 회의는 언제인지 알고 있습니까?

どっちにするか迷(まよ)っています。 어느 쪽으로 할지 망설이고 있습니다.

2 둘 중 하나를 선택함 ●●●

質問(しつもん)がありましたら、私か田中さんに聞いてください。

질문이 있으면, 저 또는 다나카 씨에게 물으세요.

月曜日か火曜日にうかがいます。 월요일이나 화요일에 찾아뵙겠습니다.

行くのか行かないのか早く言いなさい。 갈 건지 가지 않을 건지 빨리 말해라.

3 「~かどうか ~인지 아닌지」라는 형태로 사용됨 ●●●

弟は就職(しゅうしょく)するかどうか悩(なや)んでいます。 남동생은 취직할지 말지 고민하고 있습니다.

行くかどうかまだ分かりません。 갈지 가지 않을지 아직 모릅니다.

設定(せってい)が正しいかどうか調(しら)べてみます。 설정이 올바른지 올바르지 않은지 조사해 보겠습니다.

PART 7에서 출제되는 「も」의 용법 ★

1 강조를 나타냄 ●●○

ビールを3本も飲んだ。 맥주를 3병이나 마셨다.

どういうことか5人も欠席(けっせき)した。 어찌된 일인지 5명이나 결석했다.

雨が一週間(いっしゅうかん)も降っている。 비가 1주일이나 내리고 있다.

2 의문사와 결합하여 부정문을 만듦 ●●●

カバンの中には何もありません。 가방 안에는 아무것도 없습니다.

朝から何も食べていません。 아침부터 아무것도 먹지 않았습니다.

夏休みの間(あいだ)、どこへも行きませんでした。 여름 방학 동안에, 아무데도 가지 않았습니다.

PART 7에서 출제되는「と」의 용법 ★

1 공동작용의 대상을 나타냄 ●●●
   友だちと一緒に食事をした。 친구와 함께 식사를 했다.
   私と一緒にスキーに行きませんか。 저와 함께 스키를 타러 가지 않겠습니까?
   彼女と3年間付き合って、結婚した。 여자친구와 3년간 사귀고, 결혼했다.

2 사고 내용이나 말을 인용함 ●●
   来月からバス代が上がると言いました。 다음 달부터 버스요금이 인상된다고 말했습니다.
   今日はいい天気だと言う。 오늘은 날씨가 좋다고 한다.
   このところは試験に出ると思います。 이 부분은 시험에 나올거라고 생각합니다.

3 「~と~とどちら ~와 ~중 어느 쪽」의 형태로 쓰여 두 개의 비교를 나타냄 ●●
   コーラとジュースとどちらが好きですか。 콜라와 쥬스 중 어느 쪽을 좋아합니까?
   地下鉄とバスとどちらが便利ですか。 지하철과 버스 중 어느 쪽이 편리합니까?
   アメリカと韓国とどちらが住みやすいですか。 미국과 한국 중 어느 쪽이 살기 쉽습니까?

PART 7에서 출제되는「を」의 용법 ★

1 떠나는 대상을 나타냄 ●●●
   机の上に所持品を置いたまま席を離れないで下さい。
   책상 위에 소지품을 놓은 채로 자리를 떠나지 마세요.
   今朝は8時に家を出ました。 오늘 아침에는 8시에 집을 나갔습니다.
   やっとバスを降りることができた。 겨우 버스를 내릴 수 있었다.

2 통과하는 장소를 나타냄 ●●
   鳥が空を飛んでいる。 새가 하늘을 날고 있다.
   人々が山を登っている。 사람들이 산을 오르고 있다.
   兄は橋を渡っています。 형은 다리를 건너고 있습니다.

Key 5 조사를 묻는 문제는 매달 2~3문제가 출제된다.

PART 7에서 출제되는 「や」의 용법 ★

1 「~や~など ~와 ~등」의 형태로 쓰여 나열할 대상의 일부를 나열함 ●●●

テーブルの上にノートや本などがあります。 테이블 위에 노트와 책 등이 있습니다.
冷蔵庫(れいぞうこ)の中に牛乳(ぎゅうにゅう)やチーズなどがあります。 냉장고 안에 우유와 치즈 등이 있습니다.
棚(たな)にはコップやお皿(さら)などが置いてある。 선반에는 컵과 접시 등이 놓여 있다.

PART 7에서 출제되는 「から」의 용법 ★★

1 시간과 장소의 기점을 나타냄 ●●●

明日から夏休みが始まる。 내일부터 여름방학이 시작된다.
3時から運動場(うんどうじょう)で卒業式(そつぎょうしき)を行います。 3시부터 운동장에서 졸업식을 거행합니다.
ソウルからプサンまでどのくらいかかりますか。 서울에서 부산까지 어느 정도 걸립니까?

2 원인을 나타냄 ●●●

ささいなことから喧嘩(けんか)になってしまった。 사소한 일 때문에 싸움이 나 버렸다.
不注意(ふちゅうい)から事故(じこ)が起ってしまった。 부주의 때문에 사고가 일어나 버렸다.
家庭(かてい)の不和(ふわ)から子供が非行(ひこう)に走る。 가정의 불화 때문에 아이가 비행에 치닫는다.

3 접속 조사로 사용되어 이유 · 원인을 나타냄 ●●●

風邪を引いたから、出かけない方がいいよ。

감기에 걸렸기 때문에, 외출하지 않는 편이 좋아.

雨が降っているから、傘を持っていきなさい。

비가 내리고 있으니까, 우산을 가지고 가라.

地下鉄は便利だから、大勢(おおぜい)の人に利用(りよう)されています。

지하철은 편리하기 때문에, 많은 사람에게 이용되고 있습니다.

PART 7에서 출제되는 「より」의 용법 ★

1. 비교의 기준을 나타냄 ●●
   母より父の方が背が高い。 어머니보다 아버지 쪽이 키가 크다.
   今年の夏は去年より暑い。 올 여름은 작년보다 덥다.
   バスより飛行機の方が速い。 버스보다 비행기 쪽이 빠르다.

2. 기점을 나타냄(から와 바꾸어 쓸 수 있음) ●
   3時より会議を始めます。 3시부터 회의를 시작하겠습니다.
   この製品は外国より輸入されました。 이 제품은 외국에서 수입되었습니다.
   日本より参りました。 일본에서 왔습니다.

PART 7에서 출제되는 「すら」의 용법 ★

1. 어떤 사항을 강조적으로 제시함 ●●
   そんなことは子供ですら知っている。 그런 것은 아이조차 알고 있다.
   彼女は親にすら見離された。 그녀는 부모에게조차 버림받았다.
   あの元気な木村さんですら風邪を引いている。 그 건강한 기무라 씨조차 감기에 걸려 있다.

2. 「~すら~ない ~조차 ~않다」의 형태로 쓰여서 강조를 나타냄 ●●
   重い病気にかかって立つことすらできない。 심한 병에 걸려서 일어서는 것조차 할 수 없다.
   仕事が忙しくて週末にすら休むことができない。 일이 바빠서 주말조차 쉴 수가 없다.
   親にすら話せないことがあるものだ。 부모에게조차 말할 수 없는 것이 있는 법이다.

✱ 1, 2번 용법 모두 「さえ」와 바꾸어 쓸 수 있음

Key 5 조사를 묻는 문제는 매달 2~3문제가 출제된다.

PART 7에서 출제되는 「でも」의 용법 ★

1 어떤 사항을 가볍게 예시함 ●●●

時間がありましたら、コーヒーでも飲みませんか。

시간이 있으면, 커피라도 마시지 않겠습니까?

よろしかったら、僕でも手伝いましょうか。 괜찮다면, 저라도 도울까요?

こんな日には散歩にでも行きたいですね。 이런 날에는 산책이라도 가고 싶군요.

2 의문사에 붙어서 전부를 포괄하는 의미를 가짐 ●●

いつでも遊びに来てください。 언제라도 놀러 와 주세요.

誰でもそんな簡単なことはできるよ。 누구라도 그런 간단한 것은 할 수 있어.

あなたと一緒ならどこでも行けます。 당신과 함께라면 어디라도 갈 수 있습니다.

PART 7에서 출제되는 「だけ」의 용법 ★★

1 어떤 사항을 한정함 ●●●

本を一冊だけ借りました。 책을 한 권만 빌렸습니다.

ここだけの話ですが、木村さんは彼女にふられたそうです。

여기서만의 이야기입니다만, 기무라 씨는 여자 친구에게 차였다고 합니다.

真実はあの男だけが知っている。 진실은 그 남자만이 알고 있다.

PART 7에서 출제되는 「しか」의 용법 ★★

1 뒤에 부정을 수반하여, 어떤 사항을 한정함 ●●

教室には学生が一人しかいません。 교실에는 학생이 한 명밖에 없습니다.

お金がないから、歩いて行くしかありません。 돈이 없으니까, 걸어갈 수밖에 없습니다.

会社までは電車で10分しかかからない。 회사까지는 전철로 10분밖에 걸리지 않는다.

PART 7에서 출제되는 「ほど」의 용법 ★★

1 수량을 나타내는 말에 붙어서 어림수를 나타냄 ●●●

今日は3時間ほど勉強をしました。 오늘은 3시간 정도 공부를 했습니다.

駅に着いて10分ほど待っていたら、母が来た。

역에 도착해서 10분 정도 기다리고 있었더니, 어머니가 왔다.
発表会には200人ほど集まった。 발표회에는 200명 정도 모였다.

2 「~ほど~ない ~만큼 ~않다」의 형태로 쓰여서 비교를 나타냄 ●●

今年の冬は昨年ほど寒くなかった。 올 겨울은 작년만큼 춥지 않았다.

彼女ほど美しい人はいないと思う。 그녀만큼 아름다운 사람은 없다고 생각한다.

彼ほど頭がきれる人はいないだろう。 그만큼 머리가 좋은 사람은 없을 것이다.

PART 7에서 출제되는 「くらい」의 용법 ★

1 수량을 나타내는 말에 붙어서 어림수를 나타냄 ●●●

もう1000円くらいあれば、服が買える。 1000엔 더 있으면, 옷을 살 수 있다.

箱にミカンが十個くらい入っている。 상자에 귤이 10개정도 들어 있다.

学校までバスに乗って15分くらいかかる。 학교까지 버스를 타고 15분 정도 걸린다.

✽ 「ほど」의 1번 용법과 바꾸어 쓸 수 있음

基礎からこつこつ 11

PatternStudy 7

문제1 4개의 보기 중, 조사가 잘못되어 있는 보기를 찾고, 올바르게 고쳐보세요.

1 ⓐ 激しい雨でずぶぬれになってしまいました。
  ⓑ 普通は電車で行きますが、今日はバスに乗って行きました。
  ⓒ 田中さんは卒業してからずっとデパートに働いています。
  ⓓ 夕食は自分で作って食べますが、忙しい時はラーメンで済ませます。

2 ⓐ 裏庭ではいろんな花が咲き乱れていてとてもきれいです。
  ⓑ 出かけてもいい。ただし、8時までには必ず帰るように。
  ⓒ ソウル駅の前に「ブックオフ」という店ができたそうです。いっしょに見に行きませんか。
  ⓓ 数学が上手だと先生に褒められて以来、数学が好きになった。

3 ⓐ あんなに嫌っていた母のはずなのに、最近の私は母を似ていると言われることが多くなった。
  ⓑ 毎回参加できるかどうか分からないが、勉強会に参加しようと思っている。
  ⓒ 明日は朝6時より会議があるから、酒を飲まずに早く寝るつもりだ。
  ⓓ その事実は私と彼だけが知っているはずなのに、なぜ君が知っているのだ。

문제2 올바른 것을 골라 보세요.

1 人手不足で、夏休み(ⓐはおろか/ ⓑどころか)日曜日(ⓐさえ/ ⓑすら/ ⓒしか)休めないところも多いようだ。

2 子供の頃からこの町(ⓐに/ ⓑで)住んでいるが、商売を始めた(ⓐの/ ⓑもの/ ⓒこと)は最近のことである。

3 前から気に(ⓐさわる/ ⓑかかる)症状があるのですが、受診する(ⓐか/ ⓑが)どうか迷っています。

4 家は持ち家と賃貸(ⓐの/ ⓑで/ ⓒと)どちらが得でしょうか。

5 この小説は読めば読む(ⓐさえ/ ⓑほど/ ⓒばかり/ ⓓくらい)面白くなります。

基礎からこつこつ 11

정답과 해설

문제1 1 ⓒ デパートに働く → デパートで働く

ずぶぬれ 흠뻑 젖음 ＝びしょぬれ　済ませる 때우다

2 ⓐ 裏庭では → 裏庭には

裏庭 뒤뜰　咲き乱れる (꽃이) 어우러져 만발하다　褒められる 칭찬받다　〜て以来 〜한 이래

3 ⓐ 母を似ている → 母に似ている

参加 참가　勉強会 공부모임

문제2 1 ⓐ/ⓑ 둘 다 가능, ⓐ/ⓑ 둘 다 가능

일손부족으로 여름방학은커녕 일요일조차 쉴 수 없는 곳도 많은 것 같다.

人手不足 일손부족　〜はおろか 〜는커녕 ＝〜どころか

2 ⓐ, ⓐ 아이 시절부터 이 마을에서 살고 있지만, 장사를 시작한 때는 최근이다.

町 마을　商売 장사　最近 최근

3 ⓑ, ⓐ 전부터 걱정되는 증상이 있습니다만, 진찰을 받을지 말지 망설이고 있습니다.

気に障る 비위에 거슬리다　気にかかる 걱정되다　症状 증상　受診 진찰을 받음　迷う 망설이다

4 ⓒ 집은 자택과 임대 중 어느 쪽이 득일까요?

持ち家 자택　賃貸 임대　得だ 득이다

5 ⓑ 이 소설은 읽으면 읽을수록 재미있어집니다.

〜ば〜ほど 〜하면 〜할수록

연습문제 5

1. 友達に銀行＿＿＿＿＿＿働いている彼女を紹介してもらった。
   (A) に　　　　(B) から　　　　(C) が　　　　(D) で

2. 私は毎朝6時半＿＿＿＿＿＿起きて散歩に行きます。
   (A) に　　　　(B) から　　　　(C) で　　　　(D) まで

3. タクシーに乗っていった＿＿＿＿＿＿、間に合わなかった。
   (A) し　　　　(B) が　　　　(C) ので　　　　(D) か

4. 今回の出張は一人＿＿＿＿＿＿行くことになりました。
   (A) で　　　　(B) を　　　　(C) に　　　　(D) しか

5. テーブルの上＿＿＿＿＿＿コップと皿が置いてあります。
   (A) で　　　　(B) に　　　　(C) へ　　　　(D) の

6. 隣の部屋から赤ちゃんの泣き声＿＿＿＿＿＿聞こえる。
   (A) が　　　　(B) を　　　　(C) か　　　　(D) など

7. 週末はどこ＿＿＿＿＿＿へ行きましたか。
   (A) に　　　　(B) で　　　　(C) か　　　　(D) を

8. 激しい雨＿＿＿＿＿＿試合は中止になりました。
   (A) に　　　　(B) で　　　　(C) すら　　　　(D) か

9. 駅前まで散歩＿＿＿＿＿＿行ったついでに、電池を買ってきた。
   (A) を　　　　(B) と　　　　(C) で　　　　(D) に

10. 何度読んでも意味＿＿＿＿＿＿分からず、結局は時間とお金の無駄になってしまった。
    (A) を　　　　(B) が　　　　(C) へ　　　　(D) と

PatternStudy 7

11 部屋の掃除をしたが、捨てる物は何＿＿＿＿＿＿なかった。
(A) でも　　　(B) か　　　(C) すら　　　(D) も

12 仕事がたまっているから、3時＿＿＿＿＿＿9時まで残業してください。
(A) から　　　(B) こそ　　　(C) だに　　　(D) さえ

13 中村さん＿＿＿＿＿＿本とノートを買ってくれました。
(A) に　　　(B) が　　　(C) と　　　(D) で

14 今年の夏は去年の夏＿＿＿＿＿＿暑くありませんでした。
(A) ほど　　　(B) ばかり　　　(C) くらい　　　(D) だけ

15 鈴木さんは仕事中に何もしないでタバコ＿＿＿＿＿＿吸っています。
(A) さえ　　　(B) ばかり　　　(C) ほど　　　(D) くらい

16 「あなた＿＿＿＿＿＿できないことがたくさんあります」という激励の言葉が私を立ち直らせた。
(A) ばかり　　　(B) しか　　　(C) だけ　　　(D) すら

17 サッカーを見るのとするの＿＿＿＿＿＿どちらが好きですか。
(A) で　　　(B) を　　　(C) は　　　(D) と

18 高橋さんは毎日この公園＿＿＿＿＿＿走っているそうです。
(A) から　　　(B) へ　　　(C) を　　　(D) ごろ

19 いじめの被害者は親に＿＿＿＿＿＿話せないことがあるはずだ。
(A) だけ　　　(B) やら　　　(C) だの　　　(D) すら

20 どこ＿＿＿＿＿＿いいから、雰囲気のいい店を紹介してください。
(A) へも　　　(B) にも　　　(C) でも　　　(D) かも

연습문제 5

21 息子が入院しているか_____問い合わせても答えてくれなかった。
 (A) どうか   (B) ないか   (C) だれか   (D) どれか

22 橋を渡ったらすぐに、右_____曲がってください。
 (A) を   (B) で   (C) から   (D) に

23 さっきから窓の外_____騒々しい音が聞こえる。
 (A) で   (B) から   (C) に   (D) を

24 新しくできた漫画百貨店は子供ばかり_____大人にまでも脚光を浴びている。
 (A) も   (B) に   (C) か   (D) で

25 休日_____はテレビでも見ながらのんびりしたいものだ。
 (A) ほど   (B) くらい   (C) から   (D) まで

Key 6 관용표현을 묻는 문제는 매달 1~2문제가 출제된다.

PART 7에서 까다롭기로 유명한 부분이 관용표현을 묻는 문제이다. 겨우 1~2문제가 출제되는 데에 비해, 숙지해야 할 내용이 매우 많기 때문이다. 한 가지 다행인 것은「신체에 관련된 관용구」가 주로 출제되니, 이 부분을 우선적으로 공부하고 나서 일반 관용구를 살펴보면 좀 더 효율적으로 공부할 수 있다.

반드시 숙지해야 하는 신체 관용구 60 ★★★

01 顎で使う 거만한 태도로 사람을 부리다
02 足が出る 적자가 나다
03 足を引っ張る 남의 성공을 방해하다
04 汗をかく 땀을 흘리다
05 手に汗を握る (긴장하여) 손에 땀을 쥐다
06 頭が切れる 머리가 좋다
07 頭を抱える 고민하다
08 頭を擡げる (어떤 현상이) 일어나다, 대두하다
09 息を殺す 숨을 죽이다
10 息を吹き返す 되살아나다, 소생하다
11 腕を振るう 솜씨를 발휘하다
12 顔が広い 발이 넓다, 교제 범위가 넓다
13 顔に泥を塗る 얼굴에 먹칠을 하다
14 顔を曇らせる 우울한 얼굴을 하다, 침울한 표정을 짓다
15 顔を潰す 체면을 손상시키다
16 肩の荷が降りる 어깨의 짐이 내려가다, 걱정이 사라져 편해지다
17 肩を落とす 낙담하다
18 体を壊す 건강을 해치다
19 気が置けない 허물없다
20 気が利く 세세한 데까지 신경을 쓰다
21 気が気でない 걱정이 되어 마음을 놓지 못하다, 안절부절못하다

Key 6 관용표현을 묻는 문제는 매달 1~2문제가 출제된다.

22 気が進まない 마음이 내키지 않다
23 気が弱い 소심하다
24 気を配る 배려하다
25 気を使う 주의하다, 신경을 쓰다
26 気を付ける 조심하다, 주의하다
27 肝に銘ずる 명심하다, 마음에 새기다
28 口が滑る 입을 잘못 놀리다
29 口を尖らす 입을 삐죽 내밀다
30 開いた口が塞がらない 벌어진 입이 다물어지지 않는다
31 首を傾げる 고개를 갸웃하다, 의아해하다
32 首を長くする 학수고대하다
33 腰が抜ける 기겁을 하고 놀라다
34 話の腰を折る 말허리를 꺾다, 상대방의 말을 도중에 차단하다
35 舌を巻く 혀를 내두르다
36 親の脛をかじる 부모에게 의지하여 살다
37 力を入れる 힘을 쏟다
38 手が付けられない 어찌할 도리가 없다
39 手に負えない 감당할 수 없다
40 手に付かない (일이) 손에 잡히지 않다
41 手も足も出ない 어찌해 볼 도리가 없다
42 手を組む 협력하다
43 歯が立たない 당해낼 수 없다
44 歯を食いしばる 이를 악물다
45 腹が立つ 화가 나다
46 腹を割る 본심을 털어놓다
47 頬が落ちる 기막히게 맛있다
48 骨を折る 애를 쓰다, 수고하다

PatternStudy 7

49 眉をひそめる 눈살을 찌푸리다
50 身を粉にする 몸이 가루가 되도록 열심히 일하다
51 耳に胼胝ができる 귀에 못이 박히다
52 耳に残る (음성, 소리가) 기억에 남다
53 耳を傾ける 귀를 기울이다
54 胸がすっとする 가슴이 후련해지다
55 胸を張る 가슴을 펴다, 자신만만한 태도를 취하다
56 胸を膨らます (기대나 기쁨으로) 가슴이 부풀다
57 目がない 매우 좋아하다
58 目が回る 매우 바쁘다
59 目から鱗が落ちる 지금까지 몰랐던 것을 갑자기 깨닫다
60 目をつぶる 묵인하다, 못 본 체하다

필수예문

*汗をかく 땀을 흘리다
よく身体を動かして汗をかいています。
➡ 자주 몸을 움직여서 땀을 흘리고 있습니다.

*手に汗を握る (긴장하여) 손에 땀을 쥐다
決勝戦は手に汗を握るほど素晴らしい試合だった。
➡ 결승전은 손에 땀을 쥘 정도로 훌륭한 시합이었다.

*腕を振るう 솜씨를 발휘하다
あなただけのお花を腕を振るってお作りいたします。
➡ 당신만의 꽃(다발)을 솜씨를 발휘해서 만들겠습니다.

*顔に泥を塗る 얼굴에 먹칠을 하다
どうやら私は、お世話になった方の顔に泥を塗ってしまったようだ。
➡ 아무래도 나는 신세를 졌던 분의 얼굴에 먹칠을 해버린 것 같다.

6 관용표현을 묻는 문제는 매달 1~2문제가 출제된다.

顔を曇らせる 우울한 얼굴을 하다, 침울한 표정을 짓다

彼らは「家族を失い、絶望している」と言い、顔を曇らせた。

➡ 그들은 「가족을 잃고, 절망하고 있다」고 말하고, 침울한 표정을 지었다.

肩の荷が降りる 어깨의 짐이 내려가다, 걱정이 사라져 편해지다

誰にも話せなかったことを話せただけで、肩の荷が降りた感じがした。

➡ 누구에게도 말할 수 없었던 것을 말할 수 있었던 것만으로, 어깨의 짐이 내려간 느낌이 들었다.

体を壊す 건강을 해치다

ゲームばかりしている若者たちはパソコンのせいで体を壊している。

➡ 게임만 하고 있는 젊은이들은 컴퓨터 탓으로 건강을 해치고 있다.

気が利く 세세한 데까지 신경을 쓰다

気が利く人は、友達を待たせないように10分ぐらい前から自分が先に行って待っている人だ。

➡ 세세한 데까지 신경을 쓰는 사람은 친구를 기다리게 하지 않도록, 10분 정도 전부터 자신이 먼저 가서 기다리고 있는 사람이다.

気が弱い 소심하다

友だちの木村は臆病で、気が弱い。

➡ 친구인 기무라는 겁쟁이이고, 소심하다.

口が滑る 입을 잘못 놀리다

会議でつい口が滑って、きついことを言ってしまった。

➡ 회의에서 그만 입을 잘못 놀려서, 심한 말을 해 버렸다.

開いた口が塞がらない 벌어진 입이 다물어지지 않는다

彼女の図図しい態度に開いた口が塞がらなかった。

➡ 그녀의 뻔뻔한 태도에 벌어진 입이 다물어지지 않았다.

話の腰を折る 말허리를 꺾다, 상대방의 말을 도중에 차단하다

相槌は頻繁すぎると、相手の話の腰を折ることになります。

➡ 맞장구는 너무 빈번하면, 상대방의 말허리를 꺾게 됩니다.

歯が立たない 당해낼 수 없다

いくら努力しても彼には歯が立たない。

➡ 아무리 노력해도 그에게는 당해낼 수 없다.

PatternStudy 7

※ **眉をひそめる** 눈살을 찌푸리다
　彼は非常に不機嫌そうに眉をひそめている。
　➡ 그는 매우 불쾌한 듯이 눈살을 찌푸리고 있다.

※ **耳に残る** (음성, 소리가) 기억에 남다
　あの人の爽やかな声は未だに耳に残っている。
　➡ 그 사람의 산뜻한 목소리는 아직까지도 기억에 남아 있다.

※ **耳を傾ける** 귀를 기울이다
　親は子供の話に耳を傾けなければならない。
　➡ 부모는 아이의 이야기에 귀를 기울여야 한다.

※ **目から鱗が落ちる** 지금까지 몰랐던 것을 갑자기 깨닫다
　この本を読んだ時は目から鱗が落ちたようだった。
　➡ 이 책을 읽었을 때에는 지금까지 몰랐던 것을 갑자기 깨달은 것 같았다.

※ **目をつぶる** 묵인하다, 못 본 체하다
　政府はいつまでこうした惨状に目をつぶっているつもりなのか。
　➡ 정부는 언제까지 이러한 참상을 묵인하고 있을 작정인가?

반드시 숙지해야 하는 일반 관용구 100 ★★

001 **相槌を打つ** 맞장구를 치다
002 **赤恥を掻く** 큰 망신을 당하다
003 **朝飯前** 식은 죽 먹기
004 **足下に付け込む** 약점을 이용하다
005 **呆気に取られる** 어안이 벙벙하다
006 **虻蜂とらず** 이것저것 탐내다가 하나도 못 얻는다
007 **油を売る** 농땡이 피우다
008 **板に付く** 제격이다, 익숙하다
009 **一目置く** 고수로 인정하다, 경의를 표하다
010 **一矢を報いる** 반격을 시작하다

Key 6 관용표현을 묻는 문제는 매달 1~2문제가 출제된다.

011 芋を洗うよう 매우 혼잡한 모양
012 裏目に出る 예상과 어긋나다
013 裏を掻く 의표를 찌르다
014 往生際が悪い 깨끗이 체념하지 못하다
015 大目玉を食う 호된 꾸지람을 듣다
016 奥の手を出す 비장의 수단을 쓰다
017 おくびにも出さない 내색도 하지 않다
018 お茶を濁す 얼버무리다
019 お鉢が回る 순번이 돌아오다
020 折紙を付ける 확실히 보증하다
021 快哉を叫ぶ 쾌재를 부르다
022 風上に置けない (성품이나 행동이 비열하여) 축에도 못 낀다
023 風邪を引く 감기에 걸리다
024 肩身が狭い 주눅들다
025 合点が行かない 납득이 가지 않는다
026 軌道に乗る 궤도에 오르다
027 脚光を浴びる 각광을 받다
028 工夫を凝らす 머리를 짜내다, 궁리하다
029 釘を刺す 못을 박다
030 口車に乗る 감언이설에 속다
031 口火を切る 불을 댕기다, 개시하다
032 愚痴を溢す 푸념을 하다
033 軍配が上がる 승부에 이기다
034 群を抜く 출중하다, 빼어나다
035 けじめを付ける 구분을 명확히 하다
036 桁が違う 수준이 틀리다
037 けりが付く 결말이 나다

PatternStudy 7

038 甲乙を付けがたい 우열을 가리기 어렵다

039 匙を投げる 포기하다

040 地団駄を踏む 발을 동동 구르다

041 鎬を削る 맹렬히 싸우다

042 自腹を切る 자비 부담하다

043 終止符(＝ピリオド)を打つ 종지부를 찍다

044 捨て鉢になる 자포자기하다

045 図に乗る 우쭐거리다

046 隅に置けない 얕볼 수 없다, 보통내기가 아니다

047 是が非でも 무슨 일이 있어도, 꼭

048 世話を焼く 보살펴주다

049 そっぽを向く 외면하다

050 反りが合わない 마음이 맞지 않다

051 台無しになる 엉망이 되다

052 高飛車に出る 고자세로 나오다

053 立て板に水 거침없이 말을 잘하다

054 棚上げにする 보류하다

055 駄目を押す 재차 확인하다

056 辻褄が合わない 이치에 맞지 않다

057 てこ入れをする 특별한 지원을 하다

058 止めを刺す 결정타를 먹이다

059 途方に暮れる 어찌할 바를 모르다

060 取り付く島がない 의지할 데가 없다, 말을 붙여볼 수 없다

061 ないがしろにする 업신여기다, 소홀히 하다

062 泣きべそを掻く 울상을 짓다

063 波に乗る 물결을 타다, 시류에 편승하다

064 二足の草鞋を履く 두 가지의 일을 겸하다

Key 6 관용표현을 묻는 문제는 매달 1~2문제가 출제된다.

065 煮ても焼いても食えない 이럴 수도 저럴 수도 없다
066 二の足を踏む 망설이다
067 二の舞を演ずる 전철을 밟다
068 濡衣を着せられる 누명을 쓰다
069 猫の手も借りたい 몹시 바쁘다
070 猫の額 매우 좁음
071 根に持つ 원한을 마음속 깊이 간직하다, 앙심을 품다
072 根も葉もない 아무 근거도 없다
073 白紙に戻す 백지로 돌리다
074 拍車をかける 박차를 가하다
075 羽目を外す 흥겨운 나머지 도를 지나치다
076 引っ込みが付かない 도중에 물러날 수가 없다
077 顰蹙を買う 빈축을 사다
078 二つ返事 쾌히 승낙하다
079 本腰を入れる 본격적으로 착수하다
080 負けず嫌い 유달리 지기 싫어함
081 的を射る 정곡을 찌르다
082 まんまと騙される 감쪽같이 속다
083 見栄を張る 허세를 부리다
084 右に出る者がない 능가하는 사람이 없다
085 水の泡になる 물거품이 되다
086 耳よりな話 귀가 솔깃해지는 이야기
087 見るに見かねる 차마 볼 수 없다
088 虫がいい 뻔뻔스럽다
089 目処が付く 목표가 서다, 전망이 서다
090 目鼻が付く 윤곽이 잡히다
091 物心が付く 철이 들다

092 焼き餅を焼く 질투를 하다
093 役に立つ 도움이 되다
094 野次を飛ばす 큰 소리로 야유하다
095 山が外れる 예상이 빗나가다
096 油断も隙もない 조금도 빈틈이 없다
097 要領がいい 요령이 좋다
098 横車を押す 억지를 쓰다
099 埒が明かない 결말이 나지 않다, 진척이 안 되다
100 脇目も振らず 한눈도 팔지 않고

중요 관용구 예문

朝飯前 식은 죽 먹기

そんな簡単なこと、朝飯前だ。

➡ 그런 간단한 일, 식은 죽 먹기다.

油を売る 농땡이 피우다

もうすぐ締め切りなので、油を売っている暇はない。

➡ 이제 곧 마감 일이어서, 농땡이를 피우고 있을 틈은 없다.

一目置く 고수로 인정하다, 경의를 표하다

彼の大胆な発言にはいつも一目置いた。

➡ 그의 대담한 발언에는 항상 경의를 표했다.

芋を洗うよう 매우 혼잡한 모양

遊園地は芋を洗うような混雑だった。

➡ 유원지는 매우 혼잡했다.

往生際が悪い 깨끗이 체념하지 못 하다

往生際が悪い首相は、周りの反対を押しきって靖国神社に行って参拝した。

➡ 깨끗이 체념하지 못한 수상은, 주위의 반대를 무릅쓰고 야스쿠니 신사에 가서 참배했다.

Key 6 관용표현을 묻는 문제는 매달 1~2문제가 출제된다.

＊おくびにも出さない 내색도 하지 않다
今はにこにこして言えるけど、当時はそんなことをおくびにも出さなかった。
➡ 지금은 싱글벙글하고 말할 수 있지만, 당시는 그런 일을 내색도 하지 않았다.

＊お茶を濁す 얼버무리다
社長は肝心なことになると、お茶を濁してしまう。
➡ 사장은 중요한 일이 되면, 얼버무려 버린다.

＊風上に置けない (성품이나 행동이 비열하여) 축에도 못 낀다
あの人は公務員の風上に置けない人だ。
➡ 저 사람은 공무원의 축에도 못 끼는 사람이다.

＊風邪を引く 감기에 걸리다
ひどい風邪を引いて会社を休むしかなかった。
➡ 심한 감기에 걸려서 회사를 쉴 수밖에 없었다.

＊軌道に乗る 궤도에 오르다
研究が軌道に乗っているときは、食事をするのも忘れてしまう。
➡ 연구가 궤도에 올라 있을 때는, 밥을 먹는 것도 잊어버린다.

＊脚光を浴びる 각광을 받다
スポーツの中で、特にサッカーは世界中の人々から脚光を浴びている。
➡ 스포츠 중에서, 특히 축구는 전세계의 사람들로부터 각광을 받고 있다.

＊工夫を凝らす 머리를 짜내다, 궁리하다
山田さんは牛が健康に育つように工夫を凝らしています。
➡ 야마다 씨는 소가 건강하게 자라도록 궁리를 하고 있습니다.

＊軍配が上がる 승부에 이기다
機械と人間の対決で人間に軍配が上がった。
➡ 기계와 인간의 대결에서 인간이 이겼다.

＊けじめを付ける 구분을 명확히 하다
仕事上では公私のけじめをつける必要があります。
➡ 업무상에서는 공과 사의 구분을 명확히 할 필요가 있습니다.

PatternStudy 7

* **鎬を削る** 맹렬히 싸우다
  あらゆる分野でメーカーが研究開発に鎬を削っている。
  ➡ 온갖 분야에서 제조사가 연구개발에 격전을 벌이고 있다.

* **終止符(=ピリオド)を打つ** 종지부를 찍다
  今度こそ、終わらない戦争に終止符を打ちましょう。
  ➡ 이번이야말로, 끝나지 않는 전쟁에 종지부를 찍읍시다.

* **図に乗る** 우쭐거리다
  はっきり言って、今のアメリカは完全に図に乗っている。
  ➡ 확실히 말해서, 지금의 미국은 완전히 우쭐거리고 있다.

* **隅に置けない** 얕볼 수 없다, 보통내기가 아니다
  日本文化についての彼の知識は隅に置けない。
  ➡ 일본문화에 관한 그의 지식은 얕볼 수 없다.

* **反りが合わない** 마음이 맞지 않다
  一緒に働いている同僚と反りが合わなくて心配です。
  ➡ 함께 일하고 있는 동료와 마음이 맞지 않아서 걱정입니다.

* **止めを刺す** 결정타를 먹이다
  ゆとり教育制度は学校崩壊にとどめを刺した主要な原因だと思う。
  ➡ 여유교육제도는 학교붕괴에 결정타를 먹인 중요한 원인이라고 생각한다.

* **ないがしろにする** 업신여기다, 소홀히 하다
  管理費のコスト削減は安全をないがしろにしているからではないか。
  ➡ 관리비의 비용삭감은 안전을 소홀히 하고 있기 때문이 아닐까?

* **波に乗る** 물결을 타다, 시류에 편승하다
  ２年連続で最高利益を記録するなど、会社全体が好調の波に乗っているようだ。
  ➡ 2년 연속으로 최고 이익을 기록하는 등, 회사 전체가 호조의 물결을 타고 있는 것 같다.

* **二足の草鞋を履く** 두 가지의 일을 겸하다
  私が教師と学生の二足の草鞋を履いているわけは、学ぶことが楽しいからだ。
  ➡ 내가 교사와 학생을 겸하고 있는 이유는, 배우는 것이 즐겁기 때문이다.

6 관용표현을 묻는 문제는 매달 1~2문제가 출제된다.

二の足を踏む 망설이다
何をするにも二の足を踏んでいては、何も始められない。
➡ 무엇을 하는 데도 망설이고 있어서는, 아무것도 시작할 수 없다.

濡衣を着せられる 누명을 쓰다
殺人の濡衣を着せられた彼を助けるために、必死に手がかりを探している。
➡ 살인 누명을 쓴 그를 돕기 위하여, 필사적으로 단서를 찾고 있다.

根に持つ 원한을 마음속 깊이 간직하다, 앙심을 품다
世の中には根に持つタイプの人が多いと思う。
➡ 세상에는 앙심을 품는 타입의 사람이 많다고 생각한다.

拍車をかける 박차를 가하다
子どもたちの非行に拍車をかけているのが、家族の崩壊である。
➡ 아이들의 비행에 박차를 가하고 있는 것이 가족의 붕괴이다.

本腰を入れる 본격적으로 착수하다
40才を迎えた頃、本腰を入れて創業を考え始めた。
➡ 40세에 접어들었을 즈음, 본격적으로 창업을 생각하기 시작했다.

的を射る 정곡을 찌르다
正に的を射た意見で、反論の余地がない。
➡ 확실히 정곡을 찌른 의견으로, 반론의 여지가 없다.

まんまと騙される 감쪽같이 속다
まんまと騙されていたと思うと、本当に頭に来て許せない。
➡ 감쪽같이 속고 있었다고 생각하면, 정말로 화가 나서 용서할 수 없다.

右に出る者がない 능가하는 사람이 없다
スポーツにかけては吉村さんの右に出るものがない。
➡ 스포츠에 있어서는 요시무라 씨를 능가하는 사람이 없다.

耳よりな話 귀가 솔깃해지는 이야기
このサイトは簡単にもうけられる耳寄りな話を紹介しています。
➡ 이 사이트는 간단하게 돈을 벌 수 있는 귀가 솔깃한 이야기를 소개하고 있습니다.

PatternStudy 7

* **見るに見かねる** 차마 볼 수 없다
  病気になったネコを見るに見かねてペット病院へ連れていった。
  ➡ 병에 걸린 고양이를 차마 볼 수 없어서 동물병원에 데리고 갔다.

* **虫がいい** 뻔뻔스럽다
  勉強はちっともしないでいい成績を狙うなんて、虫のいい話だ。
  ➡ 공부는 전혀 하지 않고 좋은 성적을 노리다니, 뻔뻔스러운 이야기다.

* **役に立つ** 도움이 되다
  この参考書はいい成績をとるのに役に立つそうだ。
  ➡ 이 참고서는 좋은 성적을 받는 데에 도움이 된다고 한다.

* **埒が明かない** 결말이 나지 않다, 진척이 안 되다
  このままでは、どんなに議論しようが埒が明かない。
  ➡ 이대로는, 아무리 토론하더라도 결말이 나지 않는다.

* **脇目も振らず** 한눈도 팔지 않고
  私は人生という険しく長い坂を脇目も振らず一生懸命に登ってきた。
  ➡ 나는 인생이라는 험하고 긴 언덕을 한눈도 팔지 않고 열심히 올라왔다.

基礎からこつこつ 12(1)

PatternStudy 7

문제1 질문의 내용에 알맞은 것을 보기에서 골라보세요.

〈보기〉
ⓐ 足を引っ張る　ⓑ 手に汗を握る　ⓒ 腕を振るう　ⓓ 顔に泥を塗る
ⓔ 肩の荷が降りる　ⓕ 気が置けない　ⓖ 気が気でない　ⓗ 肝に銘ずる
ⓘ 口が滑る　ⓙ 開いた口が塞がらない

1-1　恥をかかせる。
　2　能力を十分に発揮する。
　3　危険な場面や緊迫した場面を見てはらはらするさま。
　4　仲間の成功・前進などの邪魔をする。
　5　言ってはいけないことを、うっかり言ってしまう。
　6　気づかいする必要がない。
　7　あきれ返ってものが言えない。
　8　心に深く刻みつける。
　9　責任や負担がなくなり気が楽になる。
　10　心配で落ち着かない。

〈보기〉
ⓐ 首を長くする　ⓑ 話の腰を折る　ⓒ 親の脛をかじる
ⓓ 手につかない　ⓔ 手も足も出ない　ⓕ 歯が立たない
ⓖ 頬が落ちるよう　ⓗ 目から鱗が落ちる　ⓘ 目をつぶる

2-1　他の事が気になって集中できない。
　2　口をはさんで、相手の話をさえぎる。
　3　自分の力が弱くて、対抗することができない。
　4　物事が早く実現することを待ちこがれること。
　5　あることがきっかけとなって、物事の実態が分かるようになる。
　6　欠点や過失を見ないふりをしてとがめない。
　7　非常に美味であることの形容。
　8　自分の力を遥かに超えていて、どうすることもできない。
　9　子が経済的に自立できなくて、親の扶養を受けている。

基礎からこつこつ 12 [1]

정답과 해설

문제1 1-1 ⓓ 창피를 당하게 하다.
恥(はじ) 창피

2 ⓒ 능력을 충분히 발휘하다.
能力(のうりょく) 능력　発揮(はっき) 발휘

3 ⓑ 위험한 장면이나 긴박한 장면을 보고 조마조마하는 모습.
危険(きけん) 위험　場面(ばめん) 장면　緊迫(きんぱく) 긴박　はらはら 조마조마

4 ⓐ 친구의 성공·전진 등의 방해를 하다.
仲間(なかま) 동료　前進(ぜんしん) 전진　邪魔(じゃま)をする 방해하다

5 ⓘ 말해서는 안 되는 것을 무심코 말해 버리다.

6 ⓕ 마음 쓸 필요가 없다.　気(き)づかい 마음을 씀, 배려

7 ⓙ 어이가 없어서 말이 안 나오다.　呆(あき)れ返(かえ)る 어이가 없다

8 ⓗ 가슴에 깊게 새기다.　刻(きざ)みつける 마음에 깊이 새기다

9 ⓔ 책임이나 부담이 없어져서 마음이 편해지다.
責任(せきにん) 책임　負担(ふたん) 부담　気(き)が楽(らく)になる 마음이 편해지다

10 ⓖ 걱정이 돼서 진정되지 않는다.　落(お)ち着(つ)く 안정되다, 진정되다

2-1 ⓓ 다른 일이 걱정되어서 집중할 수 없다.　気(き)になる 걱정되다　集中(しゅうちゅう) 집중

2 ⓑ 말참견하여 상대의 이야기를 가로막다.　口(くち)を挟(はさ)む 말참견하다　遮(さえぎ)る 차단하다

3 ⓕ 자신의 힘이 약해서 대항할 수가 없다.

4 ⓐ 일이 빨리 실현되는 것을 애타게 기다리는 것.
物事(ものごと) 사물, 세상사　待(ま)ちこがれる 애타게 기다리다

5 ⓗ 어떠한 일이 계기가 되어서 일의 실태를 알 수 있게 되다.　きっかけ 계기　実態(じったい) 실태

6 ⓘ 결점이나 과실을 보지 않은 척하고 나무라지 않다.
欠点(けってん) 결점　過失(かしつ) 과실　~ふりをする ~한 척 하다　咎(とが)める 나무라다

7 ⓖ 매우 맛있음을 형용함.　美味(びみ) 맛있음

8 ⓔ 자신의 힘을 훨씬 초월해 있어서, 어찌할 수도 없다.　遥(はる)かに 훨씬　超(こ)える 초월하다

9 ⓒ 아이가 경제적으로 자립할 수 없어서 부모의 부양을 받고 있다.　自立(じりつ) 자립　扶養(ふよう) 부양

基礎からこつこつ 12 [2]

PatternStudy 7

문제2 적절한 것을 골라보세요.

1 相手の攻撃に反撃を加えて、わずかでも仕返しをする。→ (ⓐ一矢/ ⓑ一弾)を報いる
2 物事が期待や希望とは反対の結果になる。→ (ⓐ裏目/ ⓑ表目/ ⓒ外目)に出る
3 追いつめられて諦める時が悪い。→ (ⓐ土壇場/ ⓑ正念場/ ⓒ往生際)が悪い
4 いいかげんにその場をごまかす。→ (ⓐ跡/ ⓑお茶/ ⓒ水)を濁す
5 鑑定して品質や価値を保証する。→ (ⓐ太鼓判/ ⓑ入れ墨/ ⓒ折り紙)をつける
6 卑劣な人間をののしっていう語。→ (ⓐ気/ ⓑ隅/ ⓒ風上/ ⓓ棚)に置けない
7 世間から注目される。→ 脚光を(ⓐ被せる/ ⓑ浴びる/ ⓒ差し込む/ ⓓ受ける)
8 多くの中で特に優れている。→ 群を(ⓐ優れる/ ⓑ抜きん出る/ ⓒ抜く)
9 思うようにならないため、やけになる。→ 捨て(ⓐごみ/ ⓑ鉢/ ⓒ器/ ⓓくそ)になる
10 思いのほかに技量があって侮り難い。→ (ⓐ隅/ ⓑ端/ ⓒ右)に置けない
11 すらすらとよく話すさま。→ (ⓐ焼け石/ ⓑ立て板/ ⓒ寝耳/ ⓓ油)に水
12 問題の解決・処理を延期する。→ (ⓐ打ち上げ/ ⓑ取り上げ/ ⓒ棚上げ)にする
13 どうにも手に負えない。→ 煮ても(ⓐ焼いても/ ⓑ炒めても/ ⓒゆでても)食えない
14 前の人と同じ失敗をする。→ 二の舞を(ⓐ踏む/ ⓑ演ずる/ ⓒ踏み出す/ ⓓ食う)
15 いつまでも恨みに思って忘れないでいる。→ (ⓐ葉/ ⓑ幹/ ⓒ根/ ⓓ底)に持つ
16 的確に要点をとらえる。→ 的を(ⓐ射る/ ⓑ当てる/ ⓒ突く/ ⓓ打つ)
17 見て放っておけない。→ 見るに(ⓐ見にくい/ ⓑ見かねる/ ⓒ見がたい)
18 自分の都合ばかり考え、身勝手である。→ (ⓐ虫/ ⓑ話/ ⓒ都合/ ⓓ馬)がいい
19 大声で野次る。→ 野次を(ⓐ送る/ ⓑ飛ばす/ ⓒ届ける/ ⓓ走らせる)
20 試験などの予想が当たらない。→ 山が(ⓐ逃れる/ ⓑ合わない/ ⓒ外れる)

문제3 빈칸에 공통으로 들어가야 할 동사는 무엇인가요?

1 人の話に合わせてあいづちを_____。/ 高校生活にピリオドを_____。
2 簡単な足し算を間違えて赤恥を_____。/ 試合に負けて泣きべそを_____。
3 仕事もすっかり板に_____ようになった。/ いつになったらけりが_____だろう。
   工事完成の目鼻が_____。/ 物心が_____前に両親を失ってしまった。
4 嘘をついたことがばれて大目玉を_____。/ 若いというわけでいつも割りを_____。
5 業者の口車に_____ことだけは避けたい。/ 人間は物事がうまくいくと図に_____
   ものだ。

基礎からこつこつ 12 [2]

정답과 해설

문제2

1 ⓐ 상대의 공격에 반격을 가해서, 조금이라도 복수를 하다. 相手 상대 攻撃 공격 反撃 반격 加える 가하다 仕返し 복수 一矢を報いる 반격을 가하다

2 ⓐ 일이 기대나 희망과는 반대의 결과가 되다. 裏目に出る 예상과 어긋나다 外目 남이 보는 눈

3 ⓒ 막다른 곳까지 몰려서 포기할 때가 좋지 않다. 追いつめる 몰아넣다 諦める 포기하다 往生際が悪い 깨끗이 체념하지 못하다 土壇場 막판 正念場 가장 중요한 고비

4 ⓑ 적당하게 그 자리를 얼버무리다. いいかげんに 적당히 ごまかす 속이다 お茶を濁す 얼버무리다

5 ⓒ 감정해서 품질이나 가치를 보증하다. 折り紙をつける 보증하다 鑑定 감정 品質 품질 価値 가치

6 ⓒ 비열한 인간을 비난하며 하는 말. 卑劣だ 비열하다 罵る 비난하다, 욕하다 風上に置けない (성품이나 행동이 비열하여) 축에도 못 낀다 隅に置けない 얕볼 수 없다

7 ⓑ 세간으로부터 주목을 받다. 脚光を浴びる 각광을 받다 被せる 씌우다 差し込む 꽂다, 끼워 넣다

8 ⓒ 많은 것 중에 특히 뛰어나다. 群を抜く 빼어나다 優れる 뛰어나다 抜きん出る 뛰어나다

9 ⓑ 생각대로 되지 않아서, 자포자기를 하다. やけになる 자포자기를 하다 = 捨て鉢になる 器 그릇

10 ⓐ 뜻밖에 기량이 있어서 깔보기 어렵다. 技量 기량 侮る 깔보다 隅に置けない 얕볼 수 없다

11 ⓑ 술술 잘 이야기하는 모습. すらすら 술술 立て板に水 거침없이 말을 잘하다 焼け石に水 언 발에 오줌누기 寝耳に水 아닌 밤중에 홍두깨 油 기름

12 ⓒ 문제의 해결·처리를 연기하다. 解決 해결 処理 처리 延期 연기 棚上げにする 보류하다 打ち上げ 쏘아올림 取り上げ (신청, 의견 등을) 채택함, 문제삼음

13 ⓐ 도저히 감당할 수 없다. 手に負えない 감당할 수 없다 煮ても焼いても食えない 이럴 수도 저럴 수도 없다

14 ⓑ 앞 사람과 같은 실수를 하다. 二の舞を演じる 전철을 밟다 踏む 밟다 踏み出す 착수하다

15 ⓒ 언제까지나 원한을 품고 잊지 않고 있다. 恨み 원한 根に持つ 앙심을 품다 幹 줄기 底 바닥

16 ⓐ 정확히 요점을 파악하다. 的確だ 정확하다 とらえる 파악하다 的を射る 정곡을 찌르다 突く 찌르다

17 ⓑ 보고 내려둘 수 없다. 放っておく 내버려두다 見るに見かねる 차마 볼 수 없다

18 ⓐ 자신의 사정만 생각하고, 제멋대로다. 身勝手だ 제멋대로다 虫がいい 뻔뻔스럽다

19 ⓑ 큰 목소리로 야유하다. 大声 큰 목소리 野次る 야유하다 野次を飛ばす 야유하다

20 ⓒ 시험 등의 예상이 들어맞지 않다. 山が外れる 예상이 빗나가다 逃れる 벗어나다, 면하다

문제3

1 打つ 남의 이야기에 맞추어서 맞장구를 치다. / 고등학교 생활에 종지부를 찍다. 相づちを打つ 맞장구를 치다 ピリオドを打つ 종지부를 찍다

2 かく 간단한 덧셈을 틀려서 망신을 당하다. / 시합에 져서 울상을 짓다. 足し算 덧셈 赤恥をかく 망신을 당하다 泣きべそをかく 울상을 짓다

3 つく 일도 완전히 능숙해지게 되었나. / 언제가 되면 결말이 날 것인가? 공사완성의 윤곽이 잡히다. / 철이 들기 전에 부모님을 잃어버렸다. 板につく 능숙해지다 けりがつく 결말이 나다 目鼻がつく 윤곽이 잡히다 物心がつく 철이 들다 両親 부모님 失う 잃다

4 食う 거짓말을 한 것이 들통나서 심한 꾸중을 듣다. / 젊다는 이유로 항상 손해를 본다. ばれる 들통나다 大目玉を食う 심한 꾸중을 듣다 割りを食う 손해를 보다

5 乗る 업자의 감언이설에 속는 것만큼은 피하고 싶다. / 인간은 일이 잘 되어 가면 우쭐거리는 법이다. 業者 업자 口車に乗る 감언이설에 속다 人間 인간 図に乗る 우쭐거리다

연습문제 6

1. 死に物狂いで努力して新しい技術を身に_____。
   (A) なった　　(B) しみた　　(C) あまった　　(D) つけた

2. 事故にあわないように、十分気を_____ください。
   (A) 助けて　　(B) つけて　　(C) かけて　　(D) おいて

3. マンガに目が_____彼女は時間さえあればマンガを読んでいる。
   (A) 回る　　(B) 利く　　(C) ない　　(D) 光る

4. そのような_____も葉もない意見には、賛成しかねます。
   (A) 枝　　(B) 幹　　(C) 柱　　(D) 根

5. _____目で見れば、今の方法があなたの場合には有効なのかもしれません。
   (A) 多い　　(B) 大きい　　(C) 長い　　(D) 白い

6. 周りがみんな頭が_____人たちなので、仕事がしやすいです。
   (A) 優れる　　(B) 速い　　(C) 高い　　(D) 切れる

7. そんなに無理したら、近いうちに体を_____しまいますよ。
   (A) 落として　　(B) 崩して　　(C) 壊して　　(D) 潰して

8. カラオケが好きな理由は、気が_____友達と気兼ねなしに思い切り歌えるからだ。
   (A) 気でない　　(B) 進まない　　(C) 置けない　　(D) 要らない

9. 私が写真を撮っている姿を_____見かねて、横にいる人が心配そうに声をかけてくる時があります。
   (A) 見るのに　　(B) 見るに　　(C) 見に　　(D) 見ようと

10. 彼とは赤の_____だから、別れてしまえば関わることはない。
    (A) 知人　　(B) 素人　　(C) 他人　　(D) 仲人

PatternStudy 7

11 まだ小さい子供なのに、その見事な演技に大人たちは_____を巻いた。
(A) 息 　　　　(B) 口 　　　　(C) 舌 　　　　(D) 尾

12 3年前に信じていた人に裏切られたことを考えると、_____が立ってなりません。
(A) 腹 　　　　(B) 頭 　　　　(C) 裏 　　　　(D) 毛

13 会社を辞めて、新しい職を探すのに本当に骨を_____。
(A) 折った 　　(B) 負った 　　(C) 折れた 　　(D) 埋めた

14 現場に落ちていた髪の毛から、犯人の足が_____。
(A) でた 　　　(B) ついた 　　(C) かいた 　　(D) とたれた

15 長かった大学の試験が終わり、やっと_____の荷が下りました。
(A) 頭 　　　　(B) 肩 　　　　(C) 背 　　　　(D) 心

16 やっと入れた会社だったが、全く自分と合わなくて、やめようと_____を決めた。
(A) 胸 　　　　(B) 腹 　　　　(C) 頭 　　　　(D) 手

17 みんな首を_____待っているから、早く遊びに来てください。
(A) 長くして 　(B) 突き出して (C) 突っ込んで (D) 縦にふって

18 真夜中に知らない人に名前を呼ばれて、_____が抜けた。
(A) 心臓 　　　(B) 胸 　　　　(C) 尻 　　　　(D) 腰

19 ちゃんと勉強したのに、この試験はとても難しくて_____が立たない。
(A) 頭 　　　　(B) 顔 　　　　(C) 歯 　　　　(D) 首

20 私の言い訳を聞いていた彼は何も言わずに_____をひそめていた。
(A) 眉 　　　　(B) 顔 　　　　(C) 眼差し 　　(D) 目

연습문제 6

21 「JPT完全征服」というサイトに出会い、目から_____が落ちたようです。
　　(A) まぶた　　(B) なみだ　　(C) うろこ　　(D) ふけ

22 やることなすこと_____に出てしまい、やる気を無くしてしまった。
　　(A) 焦げ目　　(B) 一目　　(C) 分け目　　(D) 裏目

23 何よりも彼の_____が悪い所が気に入らない。
　　(A) 往生際　　(B) 不手際　　(C) 不渡り　　(D) 地獄耳

24 すでに大差がついていたゲームだったが、最善をつくして_____を報いた。
　　(A) 一死　　(B) 一弾　　(C) 一発　　(D) 一矢

25 外国人の足元に_____遠回りして不当な料金を要求するタクシー運転手は決して許せない。
　　(A) 付け込んで　　(B) 駆け込んで　　(C) 打ち込んで　　(D) 飛び込んで

イ형용사를 묻는 문제는 매달 1~2문제가 출제된다.

「4개의 イ형용사를 주고 문맥에 적절한 イ형용사 찾기, 과거형의 올바른 형태, なる에 접속할 때의 형태, イ형용사의 명사형을 묻는 문제」가 출제된다. 가끔씩 166~170번 사이에 출제되기도 하나 전체적으로 난이도는 낮은 편이다.

반드시 숙지해야 할 イ형용사 ★★

明(あか)るい 밝다, 명랑하다
呆気(あっけ)ない 싱겁다
危(あや)うい 위험하다
慌(あわ)ただしい 분주하다, 어수선하다
卑(いや)しい 천하다, 저속하다
うっとうしい 울적하고 답답하다
得難(えがた)い 얻기 어렵다
大(おお)きい 크다
遅(おそ)い 늦다
夥(おびただ)しい 엄청나다
面白(おもしろ)い 재미있다
辛(から)い 맵다
厳(きび)しい 엄하다, 힘들다
詳(くわ)しい 자세하다, 정통하다
険(けわ)しい 험하다, 험악하다
細(こま)かい 가늘다
図々(ずうずう)しい 뻔뻔하다
素晴(すば)らしい 훌륭하다
騒々(そうぞう)しい 시끄럽다
高(たか)い 높다, 비싸다
だらしない 칠칠치 못하다
つまらない 재미없다, 시시하다

浅(あさ)い 얕다, 정도가 낮다
あつかましい 뻔뻔하다
怪(あや)しい 괴상하다, 수상하다
勇(いさ)ましい 용감하다
薄(うす)い 얇다, 엷다, 적다
羨(うらや)ましい 부럽다
偉(えら)い 훌륭하다, 위대하다
おかしい 웃기다, 이상하다
おっかない 무섭다
おぼつかない 불안하다
悲(かな)しい 슬프다
汚(きたな)い 더럽다
くだらない 시시하다
暗(くら)い 어둡다
心強(こころづよ)い 마음 든든하다
怖(こわ)い 무섭다
凄(すさ)まじい 굉장히다, 무시무시하다
鋭(するど)い 날카롭다, 예리하다
そそっかしい 덜렁대다
楽(たの)しい 즐겁다
だるい 나른하다
手軽(てがる)い 손쉽다

新(あたら)しい 새롭다
危(あぶ)ない 위험하다
荒(あら)い 거칠다, 헤프다
著(いちじる)しい 현저하다
疑(うたが)わしい 의심스럽다
嬉(うれ)しい 기쁘다
おいしい 맛있다
惜(お)しい 아깝다
大人(おとな)しい 얌전하다
重(おも)い 무겁다, (정도가) 심하다
軽(かる)い 가볍다
きつい 심하다, 꼭 끼다
悔(くや)しい 분하다
苦(くる)しい 괴롭다
好(この)ましい 바람직하다
渋(しぶ)い 떫다, 떨떠름하다
素早(すばや)い 민첩하다
狭(せま)い 좁다
耐(た)えがたい 참기 어렵다
容易(たやす)い 쉽다, 용이하다
近(ちか)い 가깝다
遠(とお)い 멀다

Key 7 イ형용사를 묻는 문제는 매달 1~2문제가 출제된다.

懐かしい 그립다
苦い 쓰다
恥ずかしい 부끄럽다
華々しい 화려하다
相応しい 어울리다
見苦しい 보기 흉하다
難しい 어렵다
珍しい 진귀하다
優しい 친절하다
弱い 약하다

馴れ馴れしい 허물없다
鈍い 둔하다
果てしない 끝없다
広い 넓다
太い 굵다
見窄らしい 초라하다, 볼품 없다
空しい 허무하다
脆い 무르다, 약하다
安い 싸다, 편안하다
若い 젊다

生臭い 비린내가 나다
儚い 덧없다, 허무하다
甚だしい 매우 심하다
深い 깊다
古い 낡다
みっともない 보기 흉하다
目覚ましい 눈부시다
喧しい 시끄럽다
ややこしい 까다롭다
煩わしい 번거롭다, 귀찮다

필수 예문

※明るい 밝다, 명랑하다
就職活動では、明るくて積極的な性格の方が有利だ。
➡ 취직활동에서는 명랑하고 적극적인 성격이 유리하다.

※あつかましい 뻔뻔하다
彼女の態度にあつかましいところはなかった。
➡ 그녀의 태도에 뻔뻔한 점은 없었다.

※怪しい 괴상하다, 수상하다
家の前を怪しい男がうろうろしています。
➡ 집 앞을 수상한 남자가 어슬렁거리고 있습니다.

※慌ただしい 분주하다, 어수선하다
本を読む暇がないほど、慌ただしい日々を送っています。
➡ 책을 읽을 틈이 없을 정도, 분주한 나날을 보내고 있습니다.

※著しい 현저하다
組織の活動が、有害か有益かを問わず環境に著しい影響を与えている。
➡ 조직의 활동이, 유해한지 유익한지를 불문하고 환경에 현저한 영향을 주고 있다.

Pattern Study 7

* **卑しい** 천하다, 비열하다

  お金が欲しいと公言することは何か卑しいことを言っているかのように、捉えられることが多いようだ。

  ⇒ 돈을 가지고 싶다고 공언하는 것은 왠지 저속한 것을 말하고 있는 것처럼, 인식되는 경우가 많은 것 같다.

* **薄い** 얇다, 엷다, 적다

  対戦相手を見たら、決勝進出への望みは薄いと誰もが思った。

  ⇒ 대전 상대를 보았더니, 결승 진출에의 가능성은 적다고 모두가 생각했다.

* **疑わしい** 의심스럽다

  彼が浮気しているのではないかと疑わしい時、どうしますか。

  ⇒ 남자친구가 바람을 피우고 있는 것은 아닐까하고 의심스러울 때, 어떻게 합니까?

* **得難い** 얻기 어렵다

  「得難い経験をさせてもらった」と前向きに考えましょう。

  ⇒「얻기 어려운 경험을 했다」고 긍정적으로 생각합시다.

* **惜しい** 아깝다

  父の遺体の前で、友だちは涙を流しながら、惜しい人を亡くしたと言ってくれた。

  ⇒ 아버지의 시신 앞에서, 친구는 눈물을 흘리면서, 아까운 사람을 잃었다고 말해 주었다.

* **おっかない** 무섭다

  見るからにおっかない顔の警察官が私を見つめていた。

  ⇒ 보기만 해도 무서운 얼굴의 경찰관이 나를 바라보고 있었디.

* **夥しい** 엄청나다

  10年にわたり、戦争が続き、夥しい数の人々が難民となることを余儀なくされた。

  ⇒ 10년에 걸쳐 전쟁이 계속되어, 엄청난 수의 사람들이 어쩔 수 없이 난민이 되었다.

* **厳しい** 엄하다, 힘들다

  韓国での就職は非常に厳しい状況となっております。

  ⇒ 한국에서의 취직은 매우 힘든 상황이 되어 있습니다.

* **くだらない** 시시하다

  友だちはくだらない話をだらだらとしている。

  ⇒ 친구는 시시한 이야기를 지루하게 하고 있다.

Key 7 イ형용사를 묻는 문제는 매달 1~2문제가 출제된다.

＊詳(くわ)しい 자세하다, 정통하다
島(しま)の歴史(れきし)に詳しいおじいさんに聞いたところ、10年前には誰も住んでいなかったという。
➡ 섬의 역사에 정통한 할아버지에게 물어봤더니, 10년 전에는 아무도 살고 있지 않았다고 한다.

＊渋(しぶ)い 떫다, 떨떠름하다
面接(めんせつ)を受(う)ける時は、どんな質問(しつもん)にも渋い顔(かお)をせず、笑顔(えがお)で対応(たいおう)すべきだ。
➡ 면접을 볼 때에는 어떠한 질문에도 떨떠름한 표정을 짓지 않고, 웃는 얼굴로 대응해야 한다.

＊図々(ずうずう)しい 뻔뻔하다
山田さんは平気(へいき)な顔で他人(たにん)に迷惑(めいわく)をかける図々しい人だ。
➡ 야마다 씨는 태연한 얼굴로 타인에게 폐를 끼치는 뻔뻔한 사람이다.

＊凄(すさ)まじい 굉장하다, 무시무시하다
2001年9月11日、ニューヨークの貿易(ぼうえき)センタービルに航空機(こうくうき)が突(つ)っ込(こ)んだ凄まじい事件(じけん)が起(お)こった。
➡ 2001년 9월 11일, 뉴욕의 무역센터 빌딩에 항공기가 돌진한 무시무시한 사건이 일어났다.

＊鋭(するど)い 날카롭다, 예리하다
子供の鋭い観察力(かんさつりょく)に親(おや)はしばしば驚(おどろ)く。
➡ 아이의 예리한 관찰력에 부모는 자주 놀란다.

＊騒々(そうぞう)しい 시끄럽다
電話のベルが騒々しく鳴(な)っている。
➡ 전화벨이 시끄럽게 울리고 있다.

＊そそっかしい 덜렁대다
彼らは正反対(せいはんたい)の性格(せいかく)なんですが、共(とも)にそそっかしいところが似(に)ている。
➡ 그들은 정반대의 성격이지만, 함께 덜렁대는 점이 닮아 있다.

＊だらしない 칠칠치 못하다
兄は無職(むしょく)だし、だらしないので父にいつも心配(しんぱい)をかけている。
➡ 형은 직장이 없고, 칠칠치 못하기 때문에 아버지에게 항상 걱정을 끼치고 있다.

＊だるい 나른하다
最近(さいきん)疲(つか)れがたまっているのか、毎日(まいにち)体がだるい。
➡ 최근 피로가 쌓여있는 것인지, 매일 몸이 나른하다.

PatternStudy 7

*つまらない 재미없다, 시시하다
面白い本とつまらない本の差はどこにあるだろうか。
➡ 재미있는 책과 재미없는 책의 차이점은 어디에 있는 것일까?

生臭い 비린내가 나다
電車の中で魚の生臭いにおいがして我慢できなかった。
➡ 전철 안에서 생선의 비릿한 냄새가 나서 참을 수 없었다.

相応しい 어울리다
自己中心な人は自分に相応しい人とつき合えない。
➡ 자기중심인 사람은 자신에게 어울리는 사람과 사귈 수 없다.

*みっともない 보기 흉하다
酒に酔っぱらった未成年が路上で寝ているなんて本当にみっともない。
➡ 술에 취한 미성년자가 길바닥에서 자고 있다니 정말로 꼴불견이다.

珍しい 진귀하다
それは今まで見たことのない珍しい花だ。
➡ 그것은 지금까지 본 적이 없는 진귀한 꽃이다.

喧しい 시끄럽다
セミの喧しい鳴き声は聞くに耐えない。
➡ 매미의 시끄러운 울음소리는 차마 들을 수가 없다.

*ややこしい 까다롭다
今回の試験で個人的には最後の問題がややこしかったと思う。
➡ 이번 시험에서 개인적으로는 마지막 문제가 까다로웠다고 생각한다.

煩わしい 번거롭다, 귀찮다
長時間の検査が煩わしくて病院に行こうとしない人が多い。
➡ 장시간의 검사가 귀찮아서 병원에 가려고 하지 않는 사람이 많다.

基礎からこつこつ 13

PatternStudy 7

문제1 다음 보기 중, 뜻이 잘못되어 있는 것을 고르세요.

1 ⓐ 浅い 얕다　　ⓑ 呆気ない 싱겁다　　ⓒ あつかましい 용감하다　　ⓓ 危うい 위험하다
2 ⓐ 怪しい 수상하다　ⓑ 荒い 거칠다　　ⓒ 慌ただしい 분주하다　ⓓ 著しい 저술하다
3 ⓐ 卑しい 천하다　　ⓑ 薄い 얇다　　ⓒ 疑わしい 의심스럽다　ⓓ 得難い 얻기 쉽다
4 ⓐ 惜しい 아깝다　　ⓑ 大人しい 어른스럽다　ⓒ 夥しい 엄청나다　ⓓ 厳しい 엄하다
5 ⓐ くだらない 허무하다　ⓑ 悔しい 분하다　ⓒ 詳しい 자세하다　ⓓ 険しい 험하다
6 ⓐ 渋い 떫다　　ⓑ 図々しい 시끄럽다　ⓒ 凄まじい 무시무시하다　ⓓ 鋭い 날카롭다
7 ⓐ 騒々しい 조용하다　ⓑ そそっかしい 덜렁대다　ⓒ だらしない 칠칠치 못하다
8 ⓐ 手軽い 손쉽다　　ⓑ 懐かしい 그립다　ⓒ 生臭い 비린내가 나다　ⓓ 儚い 상쾌하다
9 ⓐ 甚だしい 화려하다　ⓑ 見苦しい 보기 흉하다　ⓒ 空しい 허무하다　ⓓ 太い 굵다
10 ⓐ 珍しい 진귀하다　ⓑ 喧しい 시끄럽다　ⓒ ややこしい 나른하다　ⓓ 煩わしい 귀찮다

문제2 적절한 것을 골라 보세요.

1 最近、私の右腕になってくれる(ⓐ根強い/ ⓑ心強い/ ⓒ辛抱強い)味方が増えました。
2 急な申し出(ⓐに/ ⓑにも/ ⓒでも)かかわらず、(ⓐするどい/ ⓑすさまじい/ ⓒすばやい)対応をいただきまして本当にありがとうございました。
3 (ⓐ麻酔/ ⓑ麻痺/ ⓒ陶酔)により、手術を(ⓐ受ける/ ⓒもらう)ことができ、(ⓐ得難い/ ⓑ耐え難い/ ⓒ手堅い)苦痛を取り除くことができます。
4 明るく生きていくのは言葉にするほど(ⓐうっとうしい/ ⓑたやすい)ことではありません。
5 (ⓐ眩しい/ ⓑ目覚しい/ ⓒ素早い)経済成長を遂げている中国が注目を浴びている。
6 年をとると、骨が(ⓐ脆く/ ⓑ薄く/ ⓒ堅く)なりがちなので、ちょっとしたことで骨折して(ⓐしまった/ ⓑしまう)恐れがある。
7 彼は体が小さいし、気も(ⓐ短い/ ⓑ若い/ ⓒ弱い)ので、みんな(ⓐが/ ⓑに/ ⓒを)いじめられています。
8 (ⓐかたい/ ⓑきつい)服を着ていると、(ⓐ疲れる/ ⓑ疲れ)やすくなるし、血の流れが悪くなって体に悪影響を(ⓐ及ぶ/ ⓑ及ぼす)。

基礎からこつこつ 13

정답과 해설

문제1
1. ⓒ 용감하다 → 뻔뻔하다
2. ⓓ 저술하다 → 현저하다
3. ⓓ 얻가 쉽다 → 얻기 어렵다
4. ⓑ 어른스럽다 → 얌전하다
5. ⓐ 허무하다 → 시시하다
6. ⓑ 사끄럽다 → 뻔뻔하다
7. ⓐ 조용하다 → 시끄럽다
8. ⓓ 상쾌하다 → 허무하다
9. ⓐ 화려하다 → 매우 심하다
10. ⓒ 나른하다 → 까다롭다

문제2
1. ⓑ 최근, 내 오른팔이 되어 줄 든든한 아군이 늘었습니다.
   右腕 오른팔, 심복   根強い 뿌리 깊다   心強い 든든하다   辛抱強い 참을성이 많다

2. ⓑ, ⓒ 급한 신청임에도 불구하고 재빠른 대응을 해 주셔서 정말 감사했습니다.
   申し出 신청   ～にもかかわらず ~임에도 불구하고   鋭い 날카롭다
   凄まじい 굉장하다, 무시무시하다   素早い 재빠르다

3. ⓐ, ⓐ, ⓑ 마취에 의해서, 수술을 받을 수 있고, 참기 어려운 고통을 제거할 수 있습니다.
   麻酔 마취   麻痺 마비   陶酔 도취   手術を受ける 수술을 받다   得難い 얻기 어렵다
   耐え難い 참기 어렵다   取り除く 제거하다

4. ⓑ 밝게 살아가는 것은 말하는 것만큼 쉬운 일이 아닙니다.
   鬱陶しい 우울하다   容易い 쉽다

5. ⓑ 눈부신 경제발전을 이룩하고 있는 중국이 주목을 받고 있다.
   眩しい (빛이 강하게 비치고 있어서) 눈부시다   目覚ましい (놀랄만큼 훌륭하여) 눈부시다
   遂げる 이룩하다   注目を浴びる 주목을 받다

6. ⓐ, ⓑ 나이를 먹으면 뼈가 약해지기 쉬워서, 사소한 일로 골절해 버릴 우려가 있다.
   脆い 무르다, 약하다   薄い 엷다, 얇다, 적다   堅い 견고하다   ちょっとしたこと 사소한 일
   骨折 골절   ～恐れがある ~할 우려가 있다

7. ⓒ, ⓑ 그는 몸이 작고, 소심하기 때문에 모두에게 괴롭힘을 당하고 있습니다.
   気が弱い 소심하다   いじめる 괴롭히다

8. ⓑ, ⓑ, ⓑ 꽉 끼는 옷을 입고 있으면 쉽게 피곤해지고, 피의 흐름이 나빠져서 몸에 악영향을 미친다.
   きつい 꽉 끼다   血 피   流れ 흐름   悪影響を及ぼす 악영향을 미치다

연습문제 7

1 軽いのが重いのより落下速度が＿＿＿＿＿＿なる。
　(A) 速く　　　　　(B) 強く　　　　　(C) 遅く　　　　　(D) 素早く

2 中村さんの料理はとても＿＿＿＿＿＿。
　(A) おいしかった　(B) おおきかった　(C) きたなかった　(D) にぶかった

3 私の先生は＿＿＿＿＿＿元気な人です。
　(A) 若くて　　　　(B) 惜しくて　　　(C) 弱くて　　　　(D) 辛くて

4 私の部屋はきれいで＿＿＿＿＿＿です。
　(A) 細い　　　　　(B) 広い　　　　　(C) 少ない　　　　(D) 幼い

5 さすが体格が＿＿＿＿＿＿だけに彼はどんな運動でもできる。
　(A) 太い　　　　　(B) すごい　　　　(C) いい　　　　　(D) まぶしい

6 映画館に入ってすぐは＿＿＿＿＿＿何も見えません。
　(A) 怖くて　　　　(B) 遅くて　　　　(C) 高くて　　　　(D) 暗くて

7 岩がごろごろしている＿＿＿＿＿＿山道だ。
　(A) 生臭い　　　　(B) 鋭い　　　　　(C) 儚い　　　　　(D) 険しい

8 小さい頃から少しずつ集めてきた漫画本が＿＿＿＿＿＿数に上った。
　(A) おびただしい　(B) はなはだしい　(C) はなばなしい　(D) にがにがしい

9 最近、妻の金遣いが＿＿＿＿＿＿と思っていたのだが、そうでもなかった。
　(A) 荒い　　　　　(B) 渋い　　　　　(C) 多い　　　　　(D) ひどい

10 気が＿＿＿＿＿＿中田さんがレースなんかに出るわけがない。
　(A) 重たい　　　　(B) 疑わしい　　　(C) 弱い　　　　　(D) 細い

PatternStudy 7

11　レポートを書くのは嫌だと＿＿＿＿＿＿＿顔をする人もいた。
　　(A) 渋い　　　　　(B) 偉い　　　　　(C) 図太い　　　　(D) 大きい

12　捜査に＿＿＿＿＿＿＿部分が多いから、詳しく調べる必要があると思う。
　　(A) しがない　　(B) うたがわしい　(C) みすぼらしい　(D) あつかましい

13　自分がどんなに＿＿＿＿＿＿＿格好をしているのか、知っていますか。
　　(A) みっともない　(B) うっとうしい　(C) 卑しい　　　　(D) 清々しい

14　他人に頼る受け身の姿勢では勝利は＿＿＿＿＿＿＿。
　　(A) 耐え難い　　(B) あり得る　　　(C) おぼつかない　(D) 容易い

15　1年前より体重が＿＿＿＿＿＿＿増えて心配している。
　　(A) 素早く　　　(B) 珍しく　　　　(C) 果てしなく　　(D) 著しく

16　自分のことしか考えない＿＿＿＿＿＿＿人に閉口した。
　　(A) ややこしい　(B) みぐるしい　　(C) ずうずうしい　(D) やかましい

17　外から聞こえてくる音があまりにも＿＿＿＿＿＿＿たまらない。
　　(A) はなはだしくて　(B) おびただしくて　(C) みっともなくて　(D) さわがしくて

18　そんな＿＿＿＿＿＿＿問題は、私たちがいくら考えてもどうにもならない。
　　(A) ややこしい　(B) あさましい　　(C) せちがらい　　(D) あわあわしい

19　引越しをしてからは、平日はもちろん週末もとても＿＿＿＿＿＿＿なりました。
　　(A) 慌ただしく　(B) 煩わしく　　　(C) 馴れ馴れしく　(D) 相応しく

20　彼女の＿＿＿＿＿＿＿看護ぶりに感動せざるをえなかった。
　　(A) 後ろめたい　(B) 甲斐甲斐しい　(C) 気遣わしい　　(D) とてつもない

8 ナ형용사를 묻는 문제는 두 달에 1문제가 출제된다.

「문맥에 적절한 ナ형용사 찾기, 중지법, 명사를 수식할 때의 올바른 형태」가 출제된다. 주로 문맥에 적절한 ナ형용사를 찾는 문제가 출제되므로, 아래에 정리되어 있는 어휘는 무조건 숙지해 놓아야 한다.

반드시 숙지해야 할 ナ형용사 ★

曖昧だ 애매하다
当たり前だ 당연하다
いろいろだ 여러 가지다
緩やかだ 완만하다
勝手だ 제멋대로다
貴重だ 귀중하다
きれいだ 깨끗하다, 아름답다
残念だ 유감이다
淑やかだ 정숙하다
丈夫だ 건강하다, 튼튼하다
深刻だ 심각하다
盛大だ 성대하다
大切だ 소중하다
月並みだ 진부하다
手頃だ 적당하다
賑やかだ 번화하다, 떠들썩하다
敏感だ 민감하다
不思議だ 이상하다
真面目だ 성실하다
有望だ 유망하다

明らかだ 명백하다
艶やかだ 화려하고 아름답다
厳かだ 엄숙하다
疎かだ 소홀하다
気軽だ 선선하다
気の毒だ 불쌍하다
元気だ 건강하다
幸せだ 행복하다
しなやかだ 나긋나긋하다, 부드럽다
純粋だ 순수하다
健やかだ 튼튼하다
贅沢だ 사치스럽다
大変だ 큰일이다, 힘들다
丁寧だ 정중하다
なだらかだ 완만하다, 순조롭다
華やかだ 화려하다
不安だ 불안하다
不愉快だ 불쾌하다
無駄だ 쓸데없다
立派だ 훌륭하다

鮮やかだ 선명하다, 훌륭하다
新ただ 새롭다
穏やかだ 온후하다
微かだ 희미하다
気楽だ 마음이 편하다
急だ 경사가 급하다, 갑작스럽다
強引だ 억지로 하다
静かだ 조용하다
上手だ 능숙하다
順調だ 순조롭다
速やかだ 신속하다
大事だ 중요하다
忠実だ 충실하다
適当だ 적당하다
滑らかだ 매끈매끈하다
遥かだ 아득하다
不機嫌だ 기분이 좋지 않다
膨大だ 방대하다
有害だ 유해하다

필수예문

* **曖昧だ** 애매하다
  旅行に誘われ、曖昧な返事をしていたら、申し込まれてしまった。
  ➡ 여행 권유를 받아서 애매한 답변을 했더니, 신청되어 버렸다.

* **明らかだ** 명백하다
  これで事件を起こした犯人は彼だということが明らかになった。
  ➡ 이걸로 사건을 일으킨 범인은 그라는 것이 명백해졌다.

* **鮮やかだ** 선명하다, 훌륭하다
  水蒸気の水滴が大きいと虹は鮮やかに見えるそうだ。
  ➡ 수증기의 물방울이 크면 무지개는 선명하게 보인다고 한다.

* **緩やかだ** 완만하다
  道路は緩やかなカーブを描いている。
  ➡ 도로는 완만한 커브를 그리고 있다.

* **微かだ** 희미하다
  壁の隙間から、微かに光が差し込んでいる。
  ➡ 벽의 틈으로부터, 희미하게 빛이 들어오고 있다.

* **強引だ** 억지로 하다
  高い商品を強引に買わされたことがあります。
  ➡ 비싼 상품을 억지로 사게 되었던 적이 있습니다.

* **しなやかだ** 나긋나긋하다, 부드럽다
  田中さんのしなやかな声が大好きだ。
  ➡ 다나카 씨의 나긋나긋한 목소리를 매우 좋아한다.

* **順調だ** 순조롭다
  医者に診てもらったおかげで順調に回復しています。
  ➡ 의사에게 진찰 받은 덕택에 순조롭게 회복하고 있습니다.

Key 8 ナ형용사를 묻는 문제는 1년에 5문제가 출제된다.

健やかだ 튼튼하다
子どもの健やかな成長を見守りながら、生活できるよう、地域の環境づくりに力を注ぎましょう。
➡ 아이의 건강한 성장을 지켜보면서 생활할 수 있도록, 지역 환경 만들기에 힘을 쏟읍시다.

速やかだ 신속하다
速やかに対応した甲斐があって、被害はあまりなかった。
➡ 신속하게 대응한 보람이 있어서, 피해는 그다지 없었다.

大切だ 소중하다
大切なものを守るために、私たちは戦っているのだ。
➡ 소중한 것을 지키기 위해서, 우리들은 싸우고 있는 것이다.

忠実だ 충실하다
従来の液晶では実現が難しかった微妙な色も忠実に再現できるようになった。
➡ 종래의 액정에서는 실현이 어려웠던 미묘한 색도 충실하게 재현할 수 있게 되었다.

不機嫌だ 기분이 좋지 않다
自分が不機嫌だと、周りの人も嫌な気持になる。
➡ 자신이 기분이 좋지 않으면, 주위의 사람도 기분이 불쾌해진다.

不思議だ 이상하다
不思議なことに誰かに動かされているかのように、自分の意思とは反対に決断してしまう。
➡ 이상하게도 누군가에게 움직여지고 있는 것 같이, 자신의 의사와는 반대로 결단해 버린다.

真面目だ 성실하다
うちの社長は親切で、真面目な人だ。
➡ 우리 사장님은 친절하고 성실한 사람이다.

MEMO

基礎からこつこつ 14

PatternStudy 7

문제1 다음 보기 중, 뜻이 잘못되어 있는 것을 고르세요.

1. ⓐ 鮮やかだ 선명하다　ⓑ 艶やかだ 신속하다　ⓒ 厳かだ 엄숙하다　ⓓ 穏やかだ 온후하다
2. ⓐ 緩やかだ 완만하다　ⓑ 微かだ 희미하다　ⓒ 勝手だ 당연하다　ⓓ 気の毒だ 불쌍하다
3. ⓐ 強引だ 강인하다　ⓑ 淑やかだ 정숙하다　ⓒ しなやかだ 부드럽다　ⓓ 健やかだ 건강하다
4. ⓐ 速やかだ 신속하다　ⓑ 贅沢だ 사치스럽다　ⓒ 月並みだ 뛰어나다　ⓓ 手頃だ 적당하다
5. ⓐ 滑らかだ 매끈하다　ⓑ 華やかだ 화려하다　ⓒ 遥かだ 한가롭다　ⓓ 真面目だ 성실하다

문제2 적절한 것을 골라 보세요.

1. (ⓐ曖昧/ ⓑ深刻/ ⓒ適当)な態度は誤解を(ⓐ生じ/ ⓑ生じさせ/ ⓒ生じされ)やすいので、(ⓐはっきり/ ⓑてっきり/ ⓒまるっきり)拒否の姿勢を示したほうがいい。
2. 次から次へと(ⓐ新たな/ ⓑ不思議な)侵入手口が登場していて警察は(ⓐ頭/ ⓑ胸/ ⓒ心)を悩ましている。
3. ゲームや漫画に(ⓐはまる/ ⓑ陥る)と、勉強が(ⓐ疎か/ ⓑ愚か)になりやすい。
4. 20歳以上の方であれば、どなた(ⓐでも/ ⓑにも)対象となり、(ⓐ気楽/ ⓑ手軽)に参加できます。
5. 山道や(ⓐ急な/ ⓑ急に)坂を歩きますので、動きやすい服装でお(ⓐ越し/ ⓑ越して)ください。
6. (ⓐ大勢/ ⓑ多く/ ⓒたくさん)の人が参加して式典はそれ(ⓐきり/ ⓑなり)に(ⓐ膨大に/ ⓑ盛大に)行われた。
7. 先生はとても親切で、(ⓐ丁寧/ ⓑ手頃/ ⓒ大切)に話を聞いてくださった。
8. 根回ししておいたおかげで会談は(ⓐしなやか/ ⓑおごそか/ ⓒなだらか)に進んだ。
9. 効率を高めるため、(ⓐ駄目/ ⓑ無駄/ ⓒ敏感)なことを早く止め、他の方法に切り替えなければならない。
10. 広い世界でこんな(ⓐ勝手/ ⓑ立派/ ⓒ退屈)な先生に会えて感謝しています。

基礎からこつこつ 14

정답과 해설

문제1
1. ⓑ 신속하다 → 화려하고 아름답다
2. ⓒ 당연하다 → 제멋대로다
3. ⓐ 강인하다 → 억지로 하다
4. ⓒ 뛰어나다 → 진부하다
5. ⓒ 한가롭다 → 아득하다

문제2
1. ⓐ, ⓑ, ⓐ 애매한 태도는 오해를 발생시키기 쉬우니까, 확실히 거부의 자세를 보이는 편이 좋다.
   曖昧(あいまい)だ 애매하다　深刻(しんこく)だ 심각하다　適当(てきとう)だ 적당하다　誤解(ごかい) 오해　生(しょう)じる 발생하다
   はっきり 확실히　てっきり 틀림없이　まるっきり (부정과 호응하여) 전혀 ~않다
   拒否(きょひ) 거부　姿勢(しせい) 자세　示(しめ)す 보이다

2. ⓐ, ⓐ 잇달아서 새로운 침입 수법이 등장하고 있어서, 경찰은 골치를 앓고 있다.
   次(つぎ)から次(つぎ)へと 잇달아서　新(あら)ただ 새롭다　不思議(ふしぎ)だ 이상하다, 희한하다　侵入(しんにゅう) 침입
   手口(てぐち) 수법　登場(とうじょう) 등장　頭(あたま)を悩(なや)ます 골치를 앓다

3. ⓐ, ⓐ 게임이나 만화에 빠지면, 공부가 소홀해지기 쉽다.
   漫画(まんが) 만화　はまる 빠지다, 열중하다　陥(おちい)る (좋지 않은 상태에) 빠지다　疎(おろそ)かだ 소홀하다
   愚(おろ)かだ 어리석다

4. ⓐ, ⓐ 20세 이상의 분이면 누구라도 대상이 되고, 마음 편하게 참가할 수 있습니다.
   対象(たいしょう) 대상　気楽(きらく)だ 마음 편하다　手軽(てがる)だ 간편하다, 손쉽다

5. ⓐ, ⓐ 산길이나 경사가 급한 언덕을 걸으니까, 움직이기 쉬운 복장으로 오세요.
   山道(やまみち) 산길　急(きゅう)な坂(さか) 경사가 급한 언덕　服装(ふくそう) 복장

6. ⓐ/ⓑ/ⓒ 모두 가능, ⓑ, ⓑ 많은 사람이 참가해서 식전은 그 나름대로 성대하게 행해졌다.
   大勢(おおぜい)の人(ひと) 많은 사람 ＝たくさんの人　＝多(おお)くの人　式典(しきてん) 식전　膨大(ぼうだい)だ 방대하다
   盛大(せいだい)だ 성대하다

7. ⓐ 선생님은 매우 친절하고, 세심하게 이야기를 들어주셨다.
   丁寧(ていねい)だ 정중하다, 세심하다　手頃(てごろ)だ 적당하다

8. ⓒ 사전교섭을 해 둔 덕택에 회담은 순조롭게 진행되었다.
   根回(ねまわ)し 사전교섭　会談(かいだん) 회담　しなやかだ 나긋나긋하다, 부드럽다　厳(おごそ)かだ 엄숙하다
   なだらかだ 경사가 완만하다, 순조롭다

9. ⓑ 효율을 높이기 위해, 쓸데없는 일을 빨리 그만두고, 다른 방법으로 바꾸어야 한다.
   効率(こうりつ)を高(たか)める 효율을 높이다　駄目(だめ)だ 소용없다　無駄(むだ)だ 쓸데없다　敏感(びんかん)だ 민감하다
   切(き)り替(か)える 바꾸다

10. ⓑ 넓은 세계에서 이런 훌륭한 선생님을 만날 수 있어서 감사하고 있습니다.
    勝手(かって)だ 제멋대로다　立派(りっぱ)だ 훌륭하다　退屈(たいくつ)だ 따분하다　感謝(かんしゃ) 감사

Pattern 7 _153

연습문제 8

1. 彼女は_____顔でせっせと仕事をしている。
   (A) まじめ　　(B) まじめの　　(C) まじめな　　(D) まじめだった

2. 子供にとって一番_____ことは、健やかに育つことだ。
   (A) 呑気な　　(B) 大事な　　(C) 素直な　　(D) 粗末な

3. 赤い服が_____見えます。
   (A) 健やかに　　(B) 速やかに　　(C) 鮮やかに　　(D) 円やかに

4. 子供が車に引かれて亡くなってしまったのは、非常に_____なことだ。
   (A) 懸念　　(B) 心配　　(C) 残念　　(D) 無念

5. 本をたくさん入れることができる_____なかばんがほしいです。
   (A) 丈夫　　(B) 大丈夫　　(C) 膨大　　(D) 肝心

6. 耳を澄せば、波の音が_____聞こえます。
   (A) 密かに　　(B) 長閑に　　(C) 微かに　　(D) 麗らかに

7. この品物でこの品質なら値段は_____です。
   (A) 手頃　　(B) 手近　　(C) 手口　　(D) 手短

8. 美しい女性が舞台で_____舞う姿は本当に素晴らしかった。
   (A) 微かに　　(B) 淑やかに　　(C) 艶やかに　　(D) 気障に

9. こんな_____な送別会をしていただいて嬉しいかぎりです。
   (A) 盛大　　(B) 莫大　　(C) 膨大　　(D) 過大

10. 将来のことを考えると、どうやって生きていくか_____になります。
    (A) 安全　　(B) 不安　　(C) 否定　　(D) 器用

11 人の物を＿＿＿＿＿＿使ってはいけません。
　(A) 余計に　　　(B) 無駄に　　　(C) 気楽に　　　(D) 勝手に

12 食生活を＿＿＿＿＿＿すると病気になりやすいです。
　(A) 疎かに　　　(B) 軽やかに　　(C) やたらに　　(D) 強引に

13 田中さんはやさしくて＿＿＿＿＿＿な人なので、女性たちに人気がある。
　(A) 順調　　　　(B) 純粋　　　　(C) 潔白　　　　(D) 明確

14 高気圧の勢力が強まって＿＿＿＿＿＿日が多くなりました。
　(A) 雨勝ちな　　(B) 緩やかな　　(C) 穏やかな　　(D) おぼろげな

15 この映画は原作の小説を＿＿＿＿＿＿に再現している。
　(A) 忠実　　　　(B) 痛切　　　　(C) 微妙　　　　(D) 不精

16 感謝の意を示しつつも＿＿＿＿＿＿お断りする場合には何と言えばいいのでしょうか。
　(A) 我武者羅に　(B) 不思議に　　(C) 生真面目に　(D) 丁寧に

17 難問にぶつかって中村さんに頼んだら＿＿＿＿＿＿引き受けてくれた。
　(A) 気軽に　　　(B) 気楽に　　　(C) 気ままに　　(D) 気兼ねなく

18 バス停から家までの道は＿＿＿＿＿＿坂になっているので、歩きやすい。
　(A) なだらかな　(B) なめらかな　(C) きゅうな　　(D) おごそかな

19 会社が潰れるのは火を見るより＿＿＿＿＿＿だ。
　(A) 当たり前　　(B) 明るみ　　　(C) 明らか　　　(D) 当然

20 ある広告会社が新入社員を募集したところ、当初の予想を＿＿＿＿＿＿上回る人が集まったそうだ。
　(A) 無理矢理に　(B) 遮二無二　　(C) 遥かに　　　(D) きらびやかに

Key 9 접속사를 묻는 문제는 매달 1문제가 출제된다.

4개의 접속사를 주고, 문맥에 알맞은 한 개의 접속사를 찾는 유형이다.「첨가접속사, 역접 접속사, 선택접속사」에서 대부분 출제되니 적어도 이 부분만큼은 확실히 공부해 놓도록 하자.

시험에 자주 출제되는 접속사 ★★

1 첨가 접속사 ●●●●●

その上(うえ) 게다가, 또한 ●●●●○

駅前(えきまえ)のレストランはまずい。その上高(たか)い。

역 앞의 레스토랑은 맛이 없다. 게다가 비싸다.

しかも 게다가 ●●●○○

田中(たなか)さんは頭(あたま)がいい。しかも運動(うんどう)も得意(とくい)だ。

다나카 씨는 머리가 좋다. 게다가 운동도 잘한다.

それに 게다가 ●●●●●

あの店(みせ)のサービスは最低(さいてい)だ。それに料理(りょうり)もまずい。

저 가게의 서비스는 최하다. 게다가 요리도 맛없다.

かつ 게다가, 또한 ●●●●○

彼女(かのじょ)は私(わたし)の友(とも)だちであり、かつライバルでもある。

그녀는 내 친구이고, 또한 라이벌이기도 하다.

なお 또한 ●●●○○

今回(こんかい)の会議(かいぎ)はこれでお開(ひら)きにします。なお、次(つぎ)の会議は来月上旬(らいげつじょうじゅん)になる予定(よてい)です。

이번 회의는 이것으로 끝내겠습니다. 또한, 다음 회의는 다음 달 상순이 될 예정입니다.

そして 그리고 ●●●●●

太陽(たいよう)が沈(しず)んだ。そして寒(さむ)くなってきた。

해가 졌다. 그리고 추워졌다.

それから 또한 ●●●●●

ご飯(はん)を食べた。それから歯(は)を磨(みが)いた。

밥을 먹었다. 그리고 나서 이를 닦았다.

2 역접 접속사 ●●●●

しかし 그러나 ≒ しかしながら ●●●
山に登るのは大変だ。しかし、最後まで諦めないつもりだ。

산에 오르는 것은 힘들다. 하지만 마지막까지 포기하지 않을 생각이다.

でも 하지만 ●●●
薬を飲んでぐっすり寝た。でも、一向に治らない。

약을 먹고 푹 잤다. 하지만, 전혀 낫지 않는다.

けれども 그러나 ●●
本屋で1時間も待った。けれども、妹は姿を現さなかった。

서점에서 1시간이나 기다렸다. 그러나, 여동생은 모습을 나타내지 않았다.

ところが 그러나, 그런데 ●●●●
天気予報では雪が降ると言っていた。ところが、降らなかった。

일기예보에서는 눈이 내린다고 말했다. 그러나, 내리지 않았다.

3 선택 접속사 ●●●

もしくは 혹은 ●●●●
この駐車場は職員もしくはその家族に限って利用できます。

이 주차장은 직원 혹은 그 가족에 한하여 이용할 수 있습니다.

または 혹은 ●●●●●
ペンまたは鉛筆で答えを記入してください。

펜 혹은 연필로 답을 기입해 주세요.

あるいは 혹은 ●●●●●
式場まではバスあるいは電車でいけばいいです。

식장까지는 버스 혹은 전철로 가면 됩니다.

それとも 그렇지 않으면 ●●
飲み物はコーラにしますか。それともビールにしますか。

음료수는 콜라로 하겠습니까? 그렇지 않으면 맥주로 하겠습니까?

9 접속사를 묻는 문제는 매달 1문제가 출제된다.

ないしは　내지는, 혹은 ●●●●●

バターないしはチーズを入れて炒めてください。

버터 혹은 치즈를 넣고 볶아 주세요.

4 원인, 결과 접속사 ●●●●●

だから　그러니까, 그래서 ≒ **ですから** ●●●●●

電車の事故があった。だから、試験を受けられなくなってしまった。

전철 사고가 있었다. 그래서 시험을 치를 수 없게 되어 버렸다.

それで　그래서 ●●●●●

足にひどい怪我をした。それで歩くことができない。

다리에 심한 부상을 당했다. 그래서 걸을 수 없다.

すると　그러자, 그랬더니 ●●●●●

ドアを開けた。すると、知らない人が立っていた。

문을 열었다. 그랬더니, 모르는 사람이 서 있었다.

したがって　따라서, 그러므로 ●●●●●

この辺は地価が安い。したがって工場が集まっている。

이 근처는 땅값이 싸다. 따라서 공장이 모여 있다.

なぜなら　왜냐하면 ●●●●●

この頃、階段を利用している。なぜなら、太り気味だから。

요즘 계단을 이용하고 있다. 왜냐하면 살찌는 경향이 있기 때문이다.

ゆえに　그런 이유로 ●●●●●

外国人であるゆえに差別されることがある。

외국인인 이유로 차별당하는 경우가 있다.

5 화제 전환 접속사 ●●●●●

さて　그건 그렇고, 한편 ●●●●●

それは面白いですね。さて、今度の試験はいつ受けるんですか。

그건 재미있네요. 그건 그렇고, 이번 시험은 언제 보시나요?

PatternStudy 7

ところで 그런데 ●●●●●

おかげさまで元気です。ところで、仕事はうまくいっていますか。

덕분에 건강합니다. 그런데, 일은 잘 돼 가고 있습니까?

6 병렬접속사 ●●●●●

および 및, 또 ●●●●●

代理人が申請をする場合、この欄に代理人の氏名および連絡先を記載してください。

대리인이 신청할 경우, 이 난에 대리인의 이름 및 연락처를 기재해 주세요.

ならびに 및, 또 ●●●●●

用紙に住所、電話番号ならびに氏名を書いてください。

용지에 주소, 전화번호 및 성명을 적어 주세요.

7 한정접속사 ●●●●●

ただし 단, 다만 ●●●●●

診察時間は夜7時までです。ただし、急患の場合はこの限りではありません。

진찰 시간은 밤 7시까지입니다. 단, 급한 환자인 경우에는 이에 해당되지 않습니다.

もっとも 그렇다고는 해도, 단 ●●●●●

男性にはこの仕事はできない。もっとも例外はあるが。

남자에게는 이 일은 할 수 없다. 그렇다고는 해도 예외는 있지만.

Pattern 7 _159

基礎からこつこつ 15

PatternStudy 7

문제1 4개의 접속사 중, 성질이 다른 것 하나를 찾아보세요.

1　ⓐ それで　　　ⓑ それに　　　ⓒ その上　　　ⓓ しかも
2　ⓐ しかしながら　ⓑ でも　　　　ⓒ けれども　　ⓓ ところで
3　ⓐ もしくは　　ⓑ および　　　ⓒ または　　　ⓓ ないしは
4　ⓐ ですから　　ⓑ ただし　　　ⓒ それで　　　ⓓ したがって

문제2 적절한 접속사를 골라보세요.

1　妻は料理がうまい。(ⓐさて/ ⓑそれに/ ⓒならびに)性格もいい。
2　駅前のレストランで1時間も父を待った。(ⓐなお/ ⓑけれども/ ⓒしたがって)、父は来なかった。
3　日本まで飛行機で行きますか。(ⓐかつ/ ⓑそれとも/ ⓒなお)フェリーで行きますか。
4　就職(ⓐないしは/ ⓑすなわち/ ⓒ要するに)留学のために、英語力を向上させたいと思っている学生が増えている。
5　目覚まし時計が鳴らなかった。(ⓐしかも/ ⓑだから/ ⓒすると)、遅刻してしまった。
6　窓を開けた。(ⓐおよび/ ⓑあるいは/ ⓒすると)涼しい風が入ってきた。
7　あの男は子供を3人も殺した。(ⓐしたがって/ ⓑそれに/ ⓒつまり)、人殺しなのだ。
8　今日はここまでにします。(ⓐそれで/ ⓑただし/ ⓒところで)、この頃鈴木君が見えませんが、その理由を知っていますか。
9　解答用紙に名前(ⓐおよび/ ⓑしかし/ ⓒつまり)住民登録番号をお書きください。
10　営業時間は夜12時までです。(ⓐそのうえ/ ⓑただし/ ⓒそれとも)、18才未満の方は10時以降の立ち入りを禁止いたします。

基礎からこつこつ 15

정답과 해설

문제1
1　ⓐ 나머지 3개는 모두 첨가 접속사
2　ⓓ 나머지 3개는 모두 역접 접속사
3　ⓑ 나머지 3개는 모두 선택 접속사
4　ⓑ 나머지 3개는 모두 원인, 결과 접속사

문제2
1　ⓑ 아내는 요리를 잘한다. 게다가 성격도 좋다.
　　妻 아내　性格 성격
2　ⓑ 역 앞 레스토랑에서 1시간이나 아버지를 기다렸다. 하지만 아버지는 오지 않았다.
3　ⓑ 일본까지 비행기로 갑니까? 그렇지 않으면 배로 갑니까?
　　飛行機 비행기　フェリー 페리, 배
4　ⓐ 취직 내지는 유학을 위해서 영어실력을 향상시키고 싶다고 생각하는 학생이 늘고 있다.
　　就職 취직　英語力 영어실력　向上 향상　すなわち 즉　要するに 결국
5　ⓑ 알람시계가 울리지 않았다. 그래서 지각해 버렸다.
　　目覚まし時計 알람시계　鳴る 울리다　遅刻 지각
6　ⓒ 창을 열었다. 그러자 시원한 바람이 들어왔다.
　　涼しい 시원하다
7　ⓒ 저 남자는 아이를 3명이나 살해했다. 즉, 살인자인 것이다.
　　殺す 살해하다　人殺し 살인자　つまり 결국, 즉
8　ⓒ 오늘은 여기까지 하겠습니다. 그건 그렇고, 요즘 스즈키 군이 보이지 않는데, 그 이유를 알고 있습니까?
9　ⓐ 해답용지에 이름 및 주민등록번호를 쓰세요.
　　解答用紙 해답용지　住民登録番号 주민등록번호
10　ⓑ 영업시간은 밤 12시까지입니다. 단, 18세 미만인 분은 10시 이후의 출입을 금합니다.
　　営業時間 영업시간　未満 미만　以降 이후　立ち入り 출입　禁止 금지

연습문제 9

1. 彼は性格が悪いです。＿＿＿＿＿＿欲張りです。
   (A) しかし　　(B) それなら　　(C) その上　　(D) ですから

2. 昨日友達と映画を見に行った。＿＿＿＿＿＿夕食をとった。
   (A) つまり　　(B) それで　　(C) その上　　(D) それから

3. 卒業式に行きたかった。＿＿＿＿＿＿朝寝坊をしてしまって行けなかった。
   (A) それで　　(B) それに　　(C) ところで　　(D) でも

4. 電車よりバスの方が速い。＿＿＿＿＿＿料金も安い。
   (A) および　　(B) すなわち　　(C) だから　　(D) それに

5. 待ち合わせの場所で2時間も待った。＿＿＿＿＿＿彼女は姿を現さなかった。
   (A) そして　　(B) それで　　(C) けれども　　(D) ところで

6. バスの窓から外を見た。＿＿＿＿＿＿きれいな海が見えた。
   (A) さて　　(B) ならびに　　(C) ただし　　(D) すると

7. この機械は使いやすい。＿＿＿＿＿＿値段が高すぎる。
   (A) しかしながら　　(B) かつ　　(C) ところで　　(D) および

8. 彼女はきれいだし、＿＿＿＿＿＿ピアノも上手だ。
   (A) あるいは　　(B) そこで　　(C) しかも　　(D) しかしながら

9. 明日から旅行に行きます。＿＿＿＿＿＿2、3日の短いものなんですが。
   (A) もっとも　　(B) なお　　(C) しかし　　(D) それで

10. 家の周りは静かな方ですか、＿＿＿＿＿＿騒々しい方ですか。
    (A) もっとも　　(B) それとも　　(C) ゆえに　　(D) なぜなら

11 問題集に名前_____受験番号を必ず書いてください。
　(A) ならびに　　(B) ところが　　(C) つまり　　(D) それでは

12 山登りに行った。_____雨に降られてしまった。
　(A) ところが　　(B) さて　　(C) それなら　　(D) ただし

13 お金で愛は買えない。_____お金は万能ではないわけだ。
　(A) つまり　　(B) なぜなら　　(C) かつ　　(D) ならびに

14 風邪を引いてしまった。_____学校を休むわけにはいかない。
　(A) でも　　(B) あるいは　　(C) すると　　(D) それとも

15 今日は航海をしないほうがいい。_____いつもと違って波が荒いから。
　(A) ないしは　　(B) なぜなら　　(C) それから　　(D) ゆえに

16 会議はこれで終わります。_____田中さんが最近見えませんね。
　(A) ゆえに　　(B) ところで　　(C) あるいは　　(D) なお

17 必ず黒_____青のペンを買ってきてください。
　(A) もしくは　　(B) したがって　　(C) それに　　(D) ようするに

18 旅行に行くつもりですか。_____フランスに行った方がいいですよ。
　(A) すなわち　　(B) だけど　　(C) それとも　　(D) それなら

19 体の具合が悪いんです。_____早退させてください。
　(A) だから　　(B) それで　　(C) そのために　　(D) ないしは

20 子供はとてもかわいいです。_____憎たらしい子もいますが。
　(A) ないしは　　(B) それに　　(C) なぜなら　　(D) もっとも

Key 10 의성어·의태어를 묻는 문제는 매달 1문제가 출제된다.

4개의 의성어나 의태어를 주고 문맥에 알맞은 것을 찾는 유형이다. 관용표현과 마찬가지로 출제범위가 넓기 때문에, 수험자들이 매우 까다롭게 여기는 부분이고 난이도도 제법 높다. 수험자들이 의성어, 의태어를 어렵게 여기는 이유는 어휘의 생김새는 비슷한데 의미가 전혀 다른 경우가 많고, 하나의 어휘가 여러 가지의 의미를 가지고 있기 때문이다. 의성어, 의태어를 머릿속에 오랫동안 간직하고 싶다면, 단독으로 숙지하지 말고, 「ぐっすり寝る(푹 자다)」「うっかり忘れる(깜빡 잊다)」「星がきらきらと輝いている(별이 반짝반짝 빛나고 있다)」처럼 호응하는 어휘와 세트로 숙지하는 것이 좋다.

시험에 자주 출제되는 의성어·의태어 70 ★★

01 **あたふた** 침착성을 잃고 당황하는 모양, 허둥지둥
02 **いらいら** 일이 생각대로 되지 않아서 초조해 하는 모양
03 **うきうき** 신이 나서 마음이 들뜬 모양, 들떠서, 신나서
04 **うとうと** 조는 모양, 꾸벅꾸벅
05 **うろうろ** 목적 없이 이리저리 헤매는 모양, 어슬렁어슬렁
06 **うんざり** 몹시 싫증이 나는 모양, 지긋지긋하게, 진절머리나게
07 **おどおど** 공포, 긴장, 불안 등으로 침착하지 못한 모양, 흠칫흠칫
08 **かちかち** 몹시 딱딱한 모양, 꽁꽁
09 **がつがつ** 배가 고파서 음식을 게걸스럽게 먹는 모양
10 **がやがや** 시끄럽게 떠드는 모양, 왁자지껄
11 **からから** 바싹 말라 물기가 없는 모양, 바싹
12 **がらがら** 속이 비어 있는 모양, 텅텅
13 **ぎざぎざ** 톱날처럼 깔쭉깔쭉한 모양
14 **ぎっしり** 빈틈없이 차 있는 모양, 가득, 빽빽이
15 **きっぱり** 단호하게 태도를 취하는 모양, 딱 잘라, 단호히
16 **きらきら** 계속해서 반짝이는 모양, 반짝반짝
17 **ぎらぎら** (태양이) 강하게 빛나는 모양, 쨍쨍

PatternStudy 7

18 **ぎりぎり** 시간에 여유가 없는 모양, 빠듯함, 아슬아슬
19 **ぐずぐず** 결단이나 행동이 느린 모양, 꾸물꾸물, 우물쭈물
20 **くたくた** 몹시 피곤하여 녹초가 된 모양, 기진맥진
21 **ぐつぐつ** 잘 끓는 모양, 팔팔, 보글보글
22 **ぐっすり** 깊은 잠을 자는 모양, 푹
23 **くどくど** 같은 말을 지겹도록 되풀이하는 모양, 장황하게
24 **くよくよ** 사소한 일을 한없이 걱정하여 고민하는 모양, 끙끙
25 **ぐらぐら** ①몹시 흔들리는 모양, 흔들흔들 ②물이 끓는 모양, 부글부글
26 **ごくごく** 액체를 세차게 들이키는 모양, 벌컥벌컥
27 **さっさと** 동작이 재빠른 모양, 후딱후딱
28 **ざっと** 행동을 대강 하는 모양, 대강, 대충
29 **さらさら** ①물기나 찰기가 없는 모양, 바슬바슬 ②막힘없이 나아가는 모양, 술술
30 **ざらざら** 거칠고 매끄럽지 못한 모양, 까칠까칠
31 **しっかり** 생각 등이 견실한 모양, 착실히, 빈틈없이
32 **じめじめ** 불쾌하도록 습기나 수분이 많은 모양, 구질구질, 눅눅히
33 **じりじり** 어떤 목표를 향해 조금씩 나아가는 모양, 한발 한발
34 **じろじろ** 실례가 될 정도로 염치없이 쳐다보는 모양, 빤히
35 **すやすや** 편안히 자는 모양, 새근새근
36 **すらすら** 거침없이 순조롭게 진행되는 모양, 술술, 척척
37 **ずるずる** 오래 끄는 모양, 질질
38 **せっせと** 부지런히 일하는 모양, 부지런히, 열심히
39 **ぞくぞく** 추위나 무서움으로 한기를 느끼는 모양, 오싹오싹
40 **そろそろ** 어떤일이 일어나는 시기에 접어드는 모양, 슬슬
41 **だらだら** ①액체가 방울져 떨어지는 모양, 뚝뚝, 줄줄
②무의미하게 게으름을 피우며 시간을 보내는 모양
42 **つるつる** 표면이 매끈한 모양, 반들반들
43 **てきぱき** 일을 재빨리 능숙하게 처리해 나가는 모양, 척척

Key 10 의성어, 의태어를 묻는 문제는 매달 1문제가 출제된다.

44 **どきどき** 심장이 몹시 두근거리는 모양, 두근두근
45 **どさどさ** 묵직한 것이 연달아 떨어지는 모양, 털썩털썩
46 **どしどし** 쉴 사이 없이 계속되는 모양, 연달아
47 **どろどろ** ①물체가 걸쭉하게 녹아 있는 모양 ②진흙투성이인 모양
48 **とんとん** ①일이 순조롭게 진행되는 모양, 척척, 술술 ②가볍게 두드리는 소리, 똑똑
49 **ぬるぬる** 기름기로 미끄러운 모양, 미끈미끈
50 **ねばねば** 끈끈하거나 차져서 잘 들러붙는 모양, 끈적끈적
51 **のろのろ** 동작이 느린 모양, 느릿느릿
52 **のんびり** 한가롭고 평온한 모양, 유유히, 한가로이
53 **ばったり** 뜻밖에 마주치는 모양, 딱
54 **はらはら** 몹시 걱정되어 조바심 내는 모양, 조마조마
55 **ぱらぱら** ①(비, 우박 등이) 떨어지는 모양, 후드득후드득 ②책장을 넘기는 모양, 훌훌
56 **ぴったり** 빈틈없이 꼭 맞는 모양, 꼭, 딱, 꽉
57 **ぶつぶつ** 작은 목소리로 중얼거리며 불평하는 모양, 중얼중얼, 투덜투덜
58 **ふらふら** 걸음이 흔들리는 모양, 휘청휘청
59 **ぶらぶら** 하는일없이 놀고 지내는 모양, 빈둥빈둥
60 **ぺこぺこ** ①배가 몹시 고픈 모양 ②머리를 연방 숙이며 굽실거리는 모양, 굽실굽실
61 **べたべた** 끈끈하게 들러붙는 모양, 끈적끈적
62 **へとへと** 몹시 피곤하여 기진맥진한 모양
63 **ぺらぺら** 외국어를 유창하게 말하는 모양, 술술
64 **ぼつぼつ** ①일이 서서히 진행되는 모양, 슬슬 ②작은 점들이 여기 저기 흩어져 있는 모양, 점점이
65 **ぽっかり** ①가볍게 뜨는 모양, 두둥실 ②구멍이 뚫려있는 모양, 뻥, 쩍
66 **まごまご** 어찌할 줄을 몰라 허둥대는 모양, 우물쭈물
67 **めきめき** 두드러지게 성장하는 모양, 부쩍부쩍
68 **もぐもぐ** 입을 다물고 씹는 모양, 우물우물
69 **もじもじ** 수줍어하여 머뭇거리는 모양, 머뭇머뭇
70 **わくわく** 기쁨, 기대 등으로 마음이 설레는 모양, 두근두근

필수예문

- **うとうと** 조는 모양, 꾸벅꾸벅
  うとうとしている間に試合は終わってしまった。
  ➡ 꾸벅꾸벅하고 있는 동안에 시합은 끝나 버렸다.

- **うろうろ** 목적없이 이리저리 헤매는 모양, 어슬렁어슬렁
  家の周りを大きな犬がうろうろしていて外に出られない。
  ➡ 집 주위를 커다란 개가 어슬렁거리고 있어서 밖에 나갈 수 없다.

- **うんざり** 몹시 싫증이 나는 모양, 지긋지긋하게, 진절머리나게
  毎日同じことを繰り返すのはもううんざりだ。
  ➡ 매일 같은 것을 반복하는 것은 이제 지긋지긋하다.

- **かちかち** 몹시 딱딱한 모양, 꽁꽁
  道路がかちかちに凍っていて、歩きにくい。
  ➡ 도로가 꽁꽁 얼어 있어서, 걷기 어렵다.

- **がつがつ** 배가 고파서 음식을 게걸스럽게 먹는 모양
  犬は与えられたチョコレートをがつがつと食べた。
  ➡ 개는 주어진 초콜릿을 게걸스럽게 먹었다.

- **がらがら** 속이 비어있는 모양, 텅텅
  バスが停まっていて、車内に入ったらがらがらだった。
  ➡ 버스가 정차해 있어서 차 안으로 들어갔더니 텅텅 비어 있었다.

- **きっぱり** 단호하게 태도를 취하는 모양, 딱 잘라, 단호히
  無理なことを頼まれたら、きっぱり断った方がいい。
  ➡ 무리한 일을 부탁 받았다면, 단호히 거절하는 편이 좋다.

- **きらきら** 계속해서 반짝이는 모양, 반짝반짝
  山は太陽の光を受けて、赤くきらきらと輝いている。
  ➡ 산은 태양 빛을 받아서, 붉게 반짝반짝 빛나고 있다.

10 의성어, 의태어를 묻는 문제는 매달 1문제가 출제된다.

＊ぐずぐず 결단이나 행동이 느린 모양, 꾸물꾸물, 우물쭈물
　早く準備してください。ぐずぐずしていると遅刻しますよ。
　➡ 빨리 준비하세요. 우물쭈물하고 있으면 지각해요.

＊ぐっすり 깊은 잠을 자는 모양, 푹
　朝、目が覚めたとき、ちっともぐっすり寝たという感じがしなかった。
　➡ 아침에 잠에서 깨었을 때, 전혀 푹 잤다는 느낌이 들지 않았다.

＊くどくど 같은 말을 지겹도록 되풀이하는 모양, 장황하게
　彼女はつまらない事をくどくどと言うのが好きな人だ。
　➡ 그녀는 시시한 일을 장황하게 말하는 것을 좋아하는 사람이다.

＊くよくよ 사소한 일을 한없이 걱정하여 고민하는 모양, 끙끙
　こんなことのためにくよくよするのは時間がもったいないじゃないか。
　➡ 이런 것 때문에 끙끙 고민하는 것은 시간이 아깝지 않아?

＊ざっと 행동을 대강하는 모양, 대강, 대충
　ざっと目を通しただけですが、一言感想を申し上げます。
　➡ 대강 훑어본 것뿐입니다만, 한마디 감상을 말하겠습니다.

＊じめじめ 불쾌하도록 습기나 수분이 많은 모양, 구질구질, 눅눅히
　暑くてじめじめしている時は、家から出たくありません。
　➡ 덥고 눅눅한 때에는, 집에서 나가고 싶지 않습니다.

＊じろじろ 실례가 될 정도로 염치없이 쳐다보는 모양, 빤히
　人の顔をじろじろ見るのは、場合によっては失礼になります。
　➡ 남의 얼굴을 빤히 보는 것은, 경우에 따라서는 실례가 됩니다.

＊せっせと 부지런히 일하는 모양, 부지런히, 열심히
　部長はアリのようにせっせと働いている。
　➡ 부장님은 개미처럼 부지런히 일하고 있다.

＊つるつる 표면이 매끈한 모양, 반들반들
　お風呂に入った後は、肌がつるつるになる。
　➡ 목욕을 한 후에는 피부가 반들반들해진다.

＊どろどろ ①물체가 걸쭉하게 녹아 있는 모양 ②진흙투성이인 모양

①どろどろになっているアイスクリームは食べる気にならない。

➡ 걸쭉하게 녹아 있는 아이스크림은 먹을 기분이 안 난다.

②どろどろの靴でこのドアから入られたら、家中が汚くなるだろう。

➡ 진흙투성이인 신발로 이 문으로 들어온다면, 집 전체가 더러워질 것이다.

＊のんびり 한가롭고 평온한 모양, 유유히, 한가로이

結婚して子供を生んで、のんびりと暮しています。

➡ 결혼해서 아이를 낳고, 한가로이 살고 있습니다.

＊ぴったり 빈틈없이 꼭 맞는 모양, 꼭, 딱, 꽉

文章を正確に書いたり、会話の中でぴったりした表現を使うために利用したいのがこの本である。

➡ 문장을 정확히 쓰거나, 회화 중에 딱 맞는 표현을 쓰기 위해 이용하고 싶은 것이 이 책이다.

＊ふらふら 걸음이 흔들리는 모양, 휘청휘청

10キロも走っていたら、足がふらふらになった。

➡ 10Km나 달렸더니, 다리가 휘청휘청해졌다.

＊ぺらぺら 외국어를 유창하게 말하는 모양, 술술

妹は日本語だけではなく、英語もぺらぺらだ。

➡ 여동생은 일본어뿐만 아니라, 영어도 유창하다.

＊ぽっかり ①가볍게 뜨는 모양, 두둥실 ②구멍이 뚫려 있는 모양, 뻥, 쩍

①夜空に真ん丸い月がぽっかり浮かんでいる。

➡ 밤하늘에 둥근 달이 두둥실 떠 있다.

②いつも寂しくて心に穴がぽっかりと空いているようだ。

➡ 항상 쓸쓸해서 마음에 구멍이 뻥 뚫려 있는 것 같다.

＊もじもじ 수줍어하여 머뭇거리는 모양, 머뭇머뭇

英語を何年も学んだのに、いざ会話しようとすると、もじもじしてしまう。

➡ 영어를 몇년이나 배웠는데, 막상 회화를 하려고 하면 머뭇머뭇해 버린다.

基礎からこつこつ 16

PatternStudy 7

문제1 4개의 보기중 알맞은 것을 고르세요.

1 慌てて行動するさま。「―(と)帰る」
　ⓐ うとうと　　ⓑ あたふた　　ⓒ おどおど　　ⓓ かちかち

2 自分の思うとおりに進まなくて、焦って心が落ち着かないさま。「席が空くのを―と待つ」
　ⓐ いらいら　　ⓑ からから　　ⓒ ぎっしり　　ⓓ ぎらぎら

3 心が弾んで落ち着いていられないさま。「デートで―している」
　ⓐ ぎりぎり　　ⓑ ぐずぐず　　ⓒ ぐっすり　　ⓓ うきうき

4 当てもなく歩くさま。「怪しい男が―している」
　ⓐ くどくど　　ⓑ さっさと　　ⓒ うろうろ　　ⓓ ぐらぐら

5 すっかり飽きて嫌になるさま。「上司の小言に―する」
　ⓐ うんざり　　ⓑ ざっと　　ⓒ さらさら　　ⓓ ざらざら

6 たくさんの人が騒がしく声を立てるさま。「授業中なのに生徒たちは―している」
　ⓐ がやがや　　ⓑ しっかり　　ⓒ じろじろ　　ⓓ すらすら

7 言動や態度が断固としていて明快であるさま。「―(と)断る」
　ⓐ せっせと　　ⓑ ねばねば　　ⓒ のろのろ　　ⓓ きっぱり

8 美しく光るさま。「星が―(と)光る」「―している砂」
　ⓐ ぞくぞく　　ⓑ きらきら　　ⓒ だらだら　　ⓓ ばったり

9 物がよく煮立つ音。「―(と)煮える」
　ⓐ ぐつぐつ　　ⓑ てきぱき　　ⓒ どさどさ　　ⓓ はらはら

10 疲れ・病気などで力の抜けたさま。「残業続きで―(と)する」
　ⓐ どしどし　　ⓑ ぱらぱら　　ⓒ ぐったり　　ⓓ ぴったり

11 心配しても仕方のないことに心を悩ますさま。「つまらないことに―するな」
　ⓐ どろどろ　　ⓑ とんとん　　ⓒ くよくよ　　ⓓ ふらふら

12 飲み物を勢いよく大量に続けざまに飲み込む音。「―(と)水を飲む」
　ⓐ ぬるぬる　　ⓑ ごくごく　　ⓒ ぶつぶつ　　ⓓ べたべた

13 湿気が多く、不快な感じのするさま。「―(と)した気候」
　ⓐ じめじめ　　ⓑ すやすや　　ⓒ へとへと　　ⓓ ぼつぼつ

14 ある方向に、ゆっくりとではあるが確実に動いていくさま。「―(と)値上がりする」
　ⓐ のんびり　　ⓑ ぽっかり　　ⓒ じりじり　　ⓓ めきめき

15 外国語を流暢に話すさま。「日本語が―だ」
　ⓐ もぐもぐ　　ⓑ わくわく　　ⓒ ぺらぺら　　ⓓ じめじめ

基礎からこつこつ 16

정답과 해설

문제1 1 ⓑ 허둥거리며 행동하는 모양.「허둥지둥 돌아가다」
慌(あわ)てる 당황하다, 허둥거리다 駆(か)けつける 달려가다

2 ⓐ 자신의 생각대로 진행되지 않아, 초조해서 마음이 안정되지 않는 모양.「자리가 비는 것을 안절부절 못하며 기다리다」
焦(あせ)る 초조해하다 落(お)ち着(つ)く 안정되다, (색조가) 차분하다

3 ⓓ 마음이 들떠서 차분하게 있을 수 없는 모양.「데이트로 들떠 있다」
心(こころ)が弾(はず)む 마음이 들뜨다

4 ⓒ 정처 없이 걷는 모양.「수상한 남자가 어슬렁어슬렁하고 있다」
当(あ)てもなく 정처없이 怪(あや)しい 이상하다, 수상하다

5 ⓐ 완전히 질려서 싫어지는 모양.「상사의 잔소리에 진절머리 나다」
飽(あ)きる 질리다 嫌(いや)になる 싫어지다 上司(じょうし) 상사 小言(こごと) 잔소리

6 ⓐ 많은 사람이 시끄럽게 소리를 내는 모양.「수업중인데도 학생들은 와글와글하고 있다」
騒(さわ)がしい 시끄럽다 声(こえ)を立(た)てる 소리를 내다 生徒(せいと) 학생

7 ⓓ 언동이나 태도가 단호하고 명쾌한 모양.「딱 잘라 거절하다」
言動(げんどう) 언동 態度(たいど) 태도 断固(だんこ) 단호 明快(めいかい) 명쾌 断(ことわ)る 거절하다

8 ⓑ 아름답게 빛나는 모양.「별이 반짝반짝 빛나다」「반짝반짝하고 있는 모래」
光(ひか)る 빛나다 砂(すな) 모래

9 ⓐ 어떠한 것이 잘 끓어오르는 소리.「부글부글 끓다」
煮立(にた)つ 끓어오르다 煮(に)える 삶아지다, 끓다

10 ⓒ 피로·병 등으로 힘이 빠진 모양.「잔업의 연속으로 녹초가 되다」
病気(びょうき) 병 抜(ぬ)ける 빠지다 残業(ざんぎょう) 잔업

11 ⓒ 걱정해도 어쩔 수 없는 일에 마음을 괴롭히는 모양.「하찮은 일에 끙끙 앓지 마라」
心(こころ)を悩(なや)ます 마음을 괴롭히다 つまらない 시시하다, 하찮다

12 ⓑ 음료수를 기세 좋게 대량으로 잇달아서 삼키는 소리.「벌컥벌컥 물을 마시다」
勢(いきお)い 기세 大量(たいりょう) 대량 続(つづ)けざまに 잇달아서 飲(の)み込(こ)む 삼키다, 이해하다

13 ⓐ 습기가 많아서 불쾌한 느낌이 나는 모양.「눅눅한 기후」
湿気(しっけ) 습기 不快(ふかい)だ 불쾌하다 気候(きこう) 기후

14 ⓒ 어떤 방향으로 느긋하지만 확실히 움직여가는 모양.「조금씩 인상하다」
確実(かくじつ)だ 확실하다 動(うご)く 움직이다 値上(ねあ)がり 값이 오름

15 ⓒ 외국어를 유창하게 말하는 모양.「일본어를 술술 말한다」
外国語(がいこくご) 외국어 流暢(りゅうちょう)だ 유창하다

연습문제 10

1. もうこんな時間ですから＿＿＿＿＿帰りましょう。
   (A) そろそろ　　　(B) のろのろ　　　(C) ぽっかり　　　(D) ふらふら

2. 足に＿＿＿＿＿合う靴を見つけることは大変なことだ。
   (A) ばったり　　　(B) ぴったり　　　(C) きっかり　　　(D) ぐっすり

3. 連休で5日間、うちで＿＿＿＿＿していたら、何もやりたくなくなった。
   (A) だらだら　　　(B) うずうず　　　(C) うろうろ　　　(D) へとへと

4. 仕事が大変で、地下鉄で＿＿＿＿＿寝た。
   (A) ぐっすり　　　(B) はっきり　　　(C) どっしり　　　(D) みっちり

5. 父はお酒を飲むと＿＿＿＿＿と同じことを言う。
   (A) ぐんぐん　　　(B) くどくど　　　(C) いきいき　　　(D) がやがや

6. 上原さんは仕事を＿＿＿＿＿と片付けるから皆から信頼されている。
   (A) てきぱき　　　(B) どしどし　　　(C) いそいそ　　　(D) いやいや

7. 太陽が＿＿＿＿＿照りつけている。
   (A) ぎらぎら　　　(B) きらきら　　　(C) ぴかぴか　　　(D) めらめら

8. 後ろから＿＿＿＿＿と私の悪口を言う声がした。
   (A) ぶつぶつ　　　(B) ぶらぶら　　　(C) ぶるぶる　　　(D) ぶくぶく

9. 乗り物から降りたら足が＿＿＿＿＿してうまく歩けなかった。
   (A) ふらふら　　　(B) ぴりぴり　　　(C) ぴりぴり　　　(D) ぐらぐら

10. ＿＿＿＿＿していても仕方がないから、早く元気を出してください。
    (A) うずうず　　　(B) もじもじ　　　(C) くよくよ　　　(D) ふらふら

PatternStudy 7

11 暑くて＿＿＿＿＿＿している時は家から出たくありません。
 (A) がたがた   (B) ふんわり   (C) べたべた   (D) じめじめ

12 激しい地震で家が＿＿＿＿＿＿と揺れている。
 (A) ひらひら   (B) はらはら   (C) ぐらぐら   (D) ゆらゆら

13 友だちに「教えてほしい」と頼んだが＿＿＿＿＿＿断られた。
 (A) てっきり   (B) きっぱり   (C) ぽっかり   (D) あっさり

14 怪しい男がうちの周りを＿＿＿＿＿＿していて、気持ち悪い。
 (A) のろのろ   (B) あたふた   (C) うろうろ   (D) おどおど

15 ひとりぼっちの夜はもう＿＿＿＿＿＿だ。早く結婚したい。
 (A) うんざり   (B) くよくよ   (C) ばったり   (D) だらだら

16 海へ行った時、誰もが波が＿＿＿＿＿＿と輝いているのを見たことがあるだろう。
 (A) ぴかぴか   (B) きらきら   (C) ぐらぐら   (D) ぱらぱら

17 手に汗を握るほど、＿＿＿＿＿＿した瞬間だった。
 (A) いらいら   (B) はらはら   (C) ぐったり   (D) じりじり

18 友だちに貸した本が＿＿＿＿＿＿になって返ってきた。
 (A) どたばた   (B) よれよれ   (C) ごちゃごちゃ   (D) ぼろぼろ

19 空に白い雲が＿＿＿＿＿＿と浮かんでいます。
 (A) あっさり   (B) ぽっかり   (C) きっちり   (D) ぼんやり

20 きれいな女性に＿＿＿＿＿＿話しかけられて気持ちよかった。
 (A) にこやかに   (B) にやにやと   (C) げらげらと   (D) しくしくと

11 경어표현을 묻는 문제는 매달 1문제가 출제된다.

「お + 동사ます형 + になる、お + 동사ます형 + する」 등의 「존경·겸양공식」을 묻는 유형과 「いらっしゃる、召し上がる、伺う」 등과 같이 「특수한 형태를 가지는 존경어·겸양어」를 묻는 2가지 유형으로 출제된다. 푸는 방법은 대상이 되는 주체가 「상대방 및 제3자」이면 존경어를, 「화자 및 화자와 관련된 사람」이라면 겸양어를 찾으면 된다. PART 7에서 묻는 경어문제는 범위가 한정되어 있으므로 아래에 정리되어 있는 내용만 숙지하면 충분하다.

PART 7에서 출제되는 존경 공식 2가지 ★★

1 「お + 동사ます형 + になる」, 「ご + 한자어 + になる」

社長が本をお読みになっている。 사장님이 책을 읽고 계시다.
事務室でお客さんがお待ちになっています。 사무실에서 손님이 기다리고 계십니다.
商品をご使用になったご感想をお聞かせてください。
상품을 사용하신 소감을 들려주십시오.
みなさんご乗車になりましたか。 모두 승차하셨습니까?

2 「お + 동사ます형 + ください(くださる)」, 「ご + 한자어 + ください(くださる)」

どうぞ、こちらにおかけください。 자, 이쪽에 앉으십시오.
少々、お待ちください。 잠시만 기다리십시오.
ご案内くださって誠にありがとうございます。 안내해 주셔서 진심으로 감사합니다.
電車をお降りの際は、足元にご注意ください。 전철을 내리실 때에는 발밑을 주의해 주십시오.

PART 7에서 출제되는 겸양 공식 2가지 ★★

1 「お + 동사ます형 + する(いたす)」, 「ご + 한자어 + する(いたす)」

これは社長からお聞きした話です。 이것은 사장님에게 들은 이야기입니다.
先生にお知らせした方がいい。 선생님에게 알리는 편이 좋다.
では、よろしくお願いいたします。 그럼, 잘 부탁드립니다.
会議の日程をご報告します。 회의 일정을 보고 드리겠습니다.
詳しい内容は後程ご連絡いたします。 자세한 내용은 나중에 연락 드리겠습니다.

2 「～(さ)せていただく」

今日をもちまして**閉店させていただきます**。 오늘로써 폐점하겠습니다.

明日から週末まで用事があるので、**休ませていただきたい**のですが。

내일부터 주말까지 볼 일이 있어서, 쉬고 싶습니다만.

在庫がなくなり次第、販売を**終了させていただきます**。

재고가 없어지는 대로, 판매를 종료하겠습니다.

반드시 알아야 할 특별한 형태를 가지는 존경·겸양어 ★★

보통어	존경어	겸양어
聞く		伺う、承る
尋ねる		伺う
食べる / 飲む	召し上がる	頂く、頂戴する
見る	ご覧になる	拝見する
借りる		拝借する
行く	いらっしゃる、おいでになる	参る、上がる
来る	いらっしゃる、おいでになる お越しになる、お見えになる	参る
いる	いらっしゃる、おいでになる	おる
言う	おっしゃる	申す、申し上げる
会う		お目にかかる
見せる		お目にかける
する	なさる、される	いたす
知る	ご存じ	存じる、存じ上げる

11 경어표현을 묻는 문제는 매달 1문제가 출제된다.

존경어·겸양어 예문

* 先生、ちょっと伺いたいことがあるんですが、よろしいでしょうか。
  ➡ 선생님, 조금 여쭙고 싶은 것이 있는데요, 괜찮을까요?

* 先生は何を召し上がりますか。
  ➡ 선생님은 무엇을 드시겠습니까?

* 今日の朝刊をご覧になりましたか。
  ➡ 오늘 조간신문을 보셨습니까?

* あなたの作品を拝見したいのですが。
  ➡ 당신의 작품을 보고 싶습니다만.

* 是非皆様のお知恵を拝借したいのですが。
  ➡ 꼭 여러분의 지혜를 빌리고 싶습니다만.

* 明日の音楽会にいらっしゃいますか。
  ➡ 내일 음악회에 오십니까?

* 明日、お宅へ参るつもりです。
  ➡ 내일, 댁에 갈 작정입니다.

* 社長、A社の部長がお見えになりました。
  ➡ 사장님, A사의 부장님이 오셨습니다.

* ただいま、鈴木は席を外しております。
  ➡ 지금, 스즈키는 자리를 비우고 있습니다.

* 先生は「頑張ってください」とおっしゃってくださいました。
  ➡ 선생님은「노력해 주세요」라고 말씀해 주셨습니다.

* また機会があったらお目にかかりたいです。
  ➡ 또 기회가 있다면 만나 뵙고 싶습니다.

* ご注文は何になさいますか。
  ➡ 주문은 무엇으로 하시겠습니까?

* 鈴木さんが転勤すること、ご存じですか。
  ➡ 스즈키 씨가 전근하는 것, 아십니까?

* 私の自慢の作品を、お目にかけます。
  ➡ 제가 자랑하는 작품을 보여드리겠습니다.

 **12** 가타카나를 묻는 문제는 1년에 3문제가 출제된다.

4개의 가타카나를 주고 문맥에 적절한 것을 찾는 유형이다.

반드시 숙지해야 할 동사

アイディア 아이디어	アップ 업, 인상	アナウンス 방송
アレルギー 알레르기	アンケート 앙케이트	アンバランス 불균형
インタビュー 인터뷰	インフレ 인플레이션	エネルギー 에너지
エリート 엘리트	エピソード 에피소드	エレガンス 우아함
エンジン 엔진	オーダー 주문	オーナー 소유주
カーテン 커튼	カジュアル 캐주얼	カタログ 카탈로그
カテゴリー 카테고리, 범주	カロリー 칼로리	ガソリンスタンド 주유소
カンニング 부정행위	ギャップ 차이	キャンセル 캔슬, 취소
キャリア 경력	クーラー 에어컨	グッズ 상품
ケース 상자, 경우	コーヒー 커피	コップ 컵
コピー 복사	コメント 논평	コンプレックス 열등감
サービス 서비스	ジーンズ 청바지	シャワー 샤워
ショック 충격	シンポジウム 공개토론회	スーパー 슈퍼
スカート 치마	スケジュール 일정	ストライキ 파업
ストレス 스트레스	スピーチ 연설	スピード 스피드
スマート 세련됨	スムーズ 원활함	セーター 스웨터
ターゲット 목표, 과녁	ダイエット 다이어트	タイミング 타이밍
タイムリー 시의 적절함	タレント 재능	チケット 표
チャンス 기회	データ 자료	テキスト 교과서
デザイン 디자인	テスト 시험	トップ 톱, 으뜸
デパート 백화점	トラブル 트러블	ナンセンス 난센스
ノック 노크	ニーズ 수요	ニュース 뉴스
バランス 균형	パーティー 파티	ピーク 절정
ヒーター 히터	ビール 맥주	ピッチ 피치, 속도
ビル 건물	ファックス 팩스	ファン 팬
フィクション 픽션, 허구	ブレーキ 브레이크	ベテラン 베테랑
ボイス 목소리	ポケット 주머니	ポリシー 정책, 방침
マスコミ 매스컴	マナー 매너	マニュアル 매뉴얼

Key 12 가타카나를 묻는 문제는 1년에 3문제가 출제된다.

メッセージ 메시지 メリット 이점 モラル 도덕, 윤리
ユーモア 유머 リアリズム 현실주의 リクエスト 요구, 요청
リサイクル 재활용 リサーチ 조사, 연구 リハビリ 사회복귀요법
ルーズ 느슨함 ルックス 용모 レシート 영수증
レポート 리포트 ローテーション 로테이션 ワンクッション 완충대
エスケープ 탈출 エピローグ 에필로그 アプローチ 접근

가타카나 예문

*アイディア 아이디어
売り上げを伸ばすいいアイディアはないでしょうか。
➡ 매상을 늘리는 좋은 아이디어는 없을까요?

*アナウンス 방송
アナウンスが流れたおかげで、息子を探すことができました。
➡ 방송이 흐른 덕택에, 아들을 찾을 수가 있었습니다.

*カテゴリー 카테고리
資料をカテゴリー別に分けてみたら、見やすくなりました。
➡ 자료를 범주별로 나누어 봤더니, 보기 쉬워졌습니다.

*カロリー 칼로리
ダイエットに成功するためには摂取カロリーを減らす必要がある。
➡ 다이어트에 성공하기 위해서는 섭취 칼로리를 줄일 필요가 있다.

*ギャップ 차이
理想と現実との間には大きなギャップがあるものだ。
➡ 이상과 현실과의 사이에는 커다란 차이가 있는 법이다.

*キャリア 경력
当社では様々な分野でキャリアを積んできた人材を探しています。
➡ 당사에서는 여러 분야에서 경력을 쌓아온 인재를 찾고 있습니다.

*ショック 충격
彼の作品を見てすごくショックを受けました。
➡ 그의 작품을 보고 굉장한 충격을 받았습니다.

*スムーズ 원활함
必死にアナウンサーの発音を真似したら、スムーズに言えるようになりました。
➡ 필사적으로 아나운서의 발음을 흉내냈더니, 원활하게 말할 수 있게 되었습니다.

*ターゲット 목표, 과녁
新製品のターゲットは若者に絞ってあります。
➡ 신제품의 목표는 젊은 사람으로 좁혀져 있습니다.

*ダイエット 다이어트
無理なダイエットは、痩せるどころか健康を損なうかもしれない。
➡ 무리한 다이어트는, 마르기는커녕 건강을 해칠지도 모른다.

*テキスト 교재
いろんなテキストを使って勉強したが、いい結果が出なくて挫折してしまいました。
➡ 여러 교재를 사용해서 공부했지만, 좋은 결과가 나오지 않아서 좌절해 버렸습니다.

*ナンセンス 난센스
あんなにきれいなのに、大金を払ってまで整形手術をするなんてナンセンスだとは思いませんか。
➡ 그렇게 예쁜데도, 큰 돈을 지불하면서까지 성형수술을 하다니 난센스라고는 생각하지 않나요?

*バランス 균형
食生活が変化したことによって、栄養のバランスが崩れてしまった。
➡ 식생활이 변화된 것에 의해서, 영양의 균형이 무너져 버렸다.

*メッセージ 메세지
電話がつながらなかったら、メッセージを残してください。
➡ 전화가 연결되지 않으면, 메시지를 남겨주세요.

*メリット 이점
インターンシップ制度は学生たちにさまざまなメリットをもたらしてくれます。
➡ 인턴쉽 제도는 학생들에게 여러 가지 이점을 가져다 줍니다.

*ルックス 용모
田村さんは理想が高くて、結婚相手はルックスがよくて、収入が多い人でないといけないそうだ。
➡ 다무라씨는 눈이 높아서, 결혼상대는 용모가 좋고, 수입이 많은 사람이 아니면 안 된다고 한다.

*ワンクッション 완충대
「ごみ箱」機能によって、ファイル削除に至るまでワンクッションが設けられています。
➡ 「휴지통」 기능에 의해서 파일 삭제에 이르기까지 완충대가 마련되어 있습니다.

基礎からこつこつ 17

PatternStudy 7

문제1 4개의 보기 중, 성질이 다른 것 하나를 고르세요.

1 ⓐ お会いする　　ⓑ ご案内いたす　　ⓒ ご乗車ください　　ⓓ 休ませていただく
2 ⓐ 帰らせていただく　ⓑ お願いいたす　　ⓒ お買いになる　　ⓓ お聞きする
3 ⓐ お送りする　　ⓑ お待ちになる　　ⓒ ご出発になる　　ⓓ おかけください
4 ⓐ 召し上がる　　ⓑ ご覧になる　　ⓒ 伺う　　ⓓ いらっしゃる
5 ⓐ 頂戴する　　ⓑ おいでになる　　ⓒ 拝見する　　ⓓ 参る
6 ⓐ 拝借する　　ⓑ 頂く　　ⓒ 申し上げる　　ⓓ お越しになる
7 ⓐ いたす　　ⓑ おっしゃる　　ⓒ お目にかかる　　ⓓ お目にかける

문제2 적절한 것은 어느 것일까요?

1 当施設外からの食べ物のお持ち込みは、ご(ⓐ遠慮/ ⓑ遠慮して)ください。
2 前向きに生きたいあなたの熱いメールを(ⓐお待ちになって/ ⓑお待ちして)おります。お(ⓐ寄り/ ⓑ寄せ)ください。
3 満席の場合には乗車定員の関係上、ご乗車(ⓐになれません/ ⓑできません)。
4 まっすぐな気持ちで国民のために(ⓐ働いて/ ⓑ働かせて/ ⓒ働かれて)いただきたいです。
5 昨夜お貸ししたビデオをもう(ⓐ拝見しましたか/ ⓑご覧になりましたか)。

문제3 적절한 것을 골라보세요.

1 絶妙な(ⓐターゲット/ ⓑタイミング/ ⓒコントロール)に攻撃を受け、(ⓐそっけなく/ ⓑあっけなく/ ⓒどことなく/ ⓓなんとなく)負けてしまった。
2 部長の許可がない(ⓐまでも/ ⓑかぎり)、急な(ⓐスイッチ/ ⓑスケジュール/ ⓒスピード/ ⓓダイヤ)の変更はできません。
3 さらに(ⓐピッチ/ ⓑビーチ/ ⓒピーク)を上げていますが、締め切りに間に合いそう(ⓐでは/ ⓑに/ ⓒも/ ⓓにも)ありません。
4 労働組合では、主張を(ⓐ瞬く/ ⓑ貫く/ ⓒ閃く)ため、(ⓐストライク/ ⓑストライキ/ ⓒリハビリ/ ⓓクレーム)を決行することにした。
5 (ⓐ率直/ ⓑ正直)に言えば、大学時代に(ⓐ単位/ ⓑ学点)をとるため、(ⓐカンニング/ ⓑリクエスト)をしたことがあります。

基礎からこつこつ 17

정답과 해설

문제1 1 ⓒ 존경공식 / ⓐ,ⓑ,ⓓ 겸양공식   2 ⓒ 존경공식 / ⓐ,ⓑ,ⓓ 겸양공식
3 ⓐ 겸양공식 / ⓑ,ⓒ,ⓓ 존경공식   4 ⓒ 겸양어 / ⓐ,ⓑ,ⓓ 존경어
5 ⓑ 존경어 / ⓐ,ⓒ,ⓓ 겸양어   6 ⓓ 존경어 / ⓐ,ⓑ,ⓒ 겸양어
7 ⓑ 존경어 / ⓐ,ⓒ,ⓓ 겸양어

문제2 1 ⓐ 당 시설 밖으로부터의 음식물 반입은 삼가 주세요.
　　持ち込み 반입　遠慮 삼감
2 ⓑ, ⓑ 적극적으로 살고 싶은 당신의 뜨거운 메일을 기다리고 있습니다. 보내주세요.
　　前向き 적극적이고 긍정적임　生きる 살다　寄る 접근하다, 들르다
　　寄せる 밀려오다, (편지 등) 보내다
3 ⓐ 만석의 경우에는 승차정원 관계상, 승차하실 수 없습니다.
　　満席 만석　乗車定員 승차정원　関係上 관계상
4 ⓑ 정직한 기분으로 국민을 위하여 일하고 싶습니다.
　　真直ぐだ 정직하다　国民 국민　働く 일하다
5 ⓑ 어젯밤에 빌려드린 비디오를 벌써 보셨나요?
　　拝見する 보다(見る의 겸양어)　ご覧になる 보시다(見る의 존경어)

문제3 1 ⓑ, ⓑ 절묘한 타이밍에 공격을 받아 어이없게 져버렸다.
　　絶妙だ 절묘하다　攻撃 공격　素っ気ない 쌀쌀맞다　呆気ない 어이없다
　　どことなく 어딘지 모르게　なんとなく 왠지
2 ⓑ, ⓑ 부장님의 허가가 없는 한, 갑작스런 스케줄의 변경은 불가능합니다.
　　許可 허가　~かぎり ~한　変更 변경
3 ⓐ, ⓑ/ⓒ/ⓓ 모두 가능, 더욱 더 속도를 올리고 있습니다만, 마감에 맞을 것 같지 않습니다.
　　さらに 더욱 더　ピッチを上げる 속도를 올리다　ビーチ 비치　ピーク 절정　締め切り 마감
4 ⓑ, ⓑ 노동조합에서는 주장을 관철하기 위해, 파업을 결행하기로 했다.
　　労働組合 노동조합　瞬く 눈을 깜빡이다　貫く 관통하다, 관철하다　閃く 번쩍이다
　　リハビリ 사회복귀요법　クレーム 클레임　決行 결행
5 ⓐ/ⓑ 모두 가능, ⓐ, ⓐ 솔직히 말하자면, 대학시절에 학점을 따기 위해 커닝을 한 적이 있습니다.
　　率直 솔직　正直 정직　単位をとる 학점을 따다　カンニング 커닝　リクエスト 요구

Pattern 7 _181

연습문제 11

1　この靴下は2足で500円で＿＿＿＿。
　(A) ございます　　　　　　　　(B) いらっしゃいます
　(C) うかがいます　　　　　　　(D) なります

2　先生は私の質問に分かりやすくお答え＿＿＿＿。
　(A) しました　　　　　　　　　(B) になりました
　(C) いただきました　　　　　　(D) いたしました

3　こちらの指定された座席にお＿＿＿＿ください。
　(A) かけて　　(B) かける　　(C) かけ　　(D) かけして

4　この赤い服を着ている男性を＿＿＿＿。
　(A) 存じますか　　　　　　　　(B) 存じておりますか
　(C) ご存じになりますか　　　　(D) ご存じですか

5　このお写真を友だちに見せたいのですが、＿＿＿＿よろしいでしょうか。
　(A) お借りになっても　　　　　(B) お借りできても
　(C) 拝借しても　　　　　　　　(D) お貸ししても

6　また機会がありましたら皆さんのところに＿＿＿＿。
　(A) うかがいます　　　　　　　(B) 拝見します
　(C) いらっしゃいます　　　　　(D) お目にかけます

7　お飲み物は何に＿＿＿＿。
　(A) 召し上がりますか　　　　　(B) 承りますか
　(C) 拝借しますか　　　　　　　(D) なさいますか

8　なるべく温かいうちに＿＿＿＿ください。
　(A) いただいて　　(B) 拝見して　　(C) 召し上がって　　(D) お召しになって

PatternStudy 7

9 社長がいらっしゃるまでここで＿＿＿＿＿＿いただいてもよろしいでしょうか。
   (A) 待って   (B) お待ちして   (C) お待ちになって   (D) 待たせて

10 体の具合が悪いので、＿＿＿＿＿＿いただきます。
   (A) 休んで   (B) 休まれて   (C) 休ませて   (D) 休ませられて

11 世界中から＿＿＿＿＿＿方々を暖かくお持て成しできるよう、手を打っておきました。
   (A) うかがう   (B) おいでになる   (C) お目にかかる   (D) うけたまわる

12 昨日の企画書を練り直してみたので＿＿＿＿＿＿。
   (A) 見ていただきたいのですが   (B) 見てさしあげたいのですが
   (C) 拝見していただきたいのですが   (D) ご覧になられてください

13 その質問について社長は何と＿＿＿＿＿＿。
   (A) 申し上げましたか   (B) いらっしゃいましたか
   (C) ご覧になりましたか   (D) おっしゃいましたか

14 プレゼントにしたので商品は＿＿＿＿＿＿いませんが、とても喜んでいただけました。
   (A) ご覧になって   (B) お目にかかって
   (C) お見えになって   (D) 拝見して

15 満席になりますと、ご乗車＿＿＿＿＿＿ので前もってご了承ください。
   (A) できません   (B) になりません   (C) くださいません   (D) になれません

16 この商品は＿＿＿＿＿＿がいいし、品質もいい。
   (A) サンプル   (B) デザイン   (C) プライド   (D) トレンド

17 あの赤い＿＿＿＿＿＿の3階で働いています。
   (A) ヒール   (B) ビール   (C) ビル   (D) ヒーロー

연습문제 11

18 いい_____がおありでしたら、何でもご提案ください。
   (A) インタビュー　　(B) アイディア　　(C) アイテム　　(D) アイドル

19 このサイトではいろんな記事が_____できます。
   (A) アップツーデート　　　　　　(B) ケット
   (C) ダウンロード　　　　　　　　(D) スクリプト

20 この商品は20代の独身女性を_____にして作られたものです。
   (A) ターゲット　　(B) サンプル　　(C) カテゴリー　　(D) ステータス

21 田中さんから2件の_____が届いている。
   (A) メッセージ　　(B) メリット　　(C) テナント　　(D) タレント

22 省_____を実現するため、新しいシステムを導入した。
   (A) エネルギー　　(B) エンジン　　(C) アイドル　　(D) アレルギー

23 彼と私の考え方には大きな_____がある。
   (A) シェア　　(B) ギャップ　　(C) アレンジ　　(D) リアリズム

24 15年間システムを運用していた_____社員が退職したため、そのシステムをどう利用するか困っている。
   (A) ユーモア　　(B) ベスト　　(C) スペシャリスト　　(D) ベテラン

25 どんな圧力がかけられても、_____は真実を報道する義務がある。
   (A) マスコミ　　(B) リハビリ　　(C) アナウンス　　(D) マスコット

26 通勤ラッシュの_____は過ぎたとはいえ、まだ車内は混雑している。
   (A) ペア　　(B) ピーク　　(C) クライアント　　(D) クライシス

27 記事の趣旨と合わない＿＿＿＿＿については削除させていただきます。
　　(A) メカニズム　　(B) リクエスト　　(C) コメント　　(D) アンケート

28 今のような時代に年功序列が通用するなんて＿＿＿＿＿だ。
　　(A) エレガンス　　(B) リアリズム　　(C) ナンセンス　　(D) アンバランス

29 社会の動向を直接把握し、＿＿＿＿＿な提案を行うことが重要だ。
　　(A) リハーサル　　(B) ルーズ　　(C) タイムリー　　(D) アプローチ

30 近所のスーパーが＿＿＿＿＿して記念セールを行うようだ。
　　(A) ディスプレー　　(B) チューニング　　(C) リニューアル　　(D) メンテナンス

13 사역·수동·사역수동형을 묻는 문제는 1년에 3문제가 출제된다.

「사역형, 수동형, 사역수동형」을 보기에 주고, 알맞은 것을 고르는 문제가 출제된다. 출제 빈도가 그다지 높지는 않지만 반드시 맞춰야 할 부분이다.

반드시 숙지해야 할 사역·수동·사역수동형 ★

*사역형 ～(さ)せる ～시키다, ～하게 하다

彼女はいつも周りの人たちを笑わせる。
➡ 그녀는 항상 주위 사람을 웃게 한다.

ちょっとした一言が友だちを怒らせてしまった。
➡ 대수롭지 않은 한마디가 친구를 화나게 해 버렸다.

未成年者に酒を飲ませると、罰せられます。
➡ 미성년자에게 술을 마시게 하면, 처벌받습니다.

野菜を冷蔵庫に入れたまま、腐らせてしまった。
➡ 야채를 냉장고에 넣은 채로, 썩게 해 버렸다.

夜遅くまで子供を外で遊ばせてはいけない。
➡ 밤늦게까지 아이를 밖에서 놀게 해서는 안 된다.

*수동형 ～(ら)れる ～하게 되다, ～함을 받다

子供の頃、母に叱られてよく泣いた。
➡ 아이 시절, 어머니에게 꾸지람을 들어서 자주 울었다.

誰からも愛される人になりたい。
➡ 누구에게나 사랑받는 사람이 되고 싶다.

先輩に酒を勧められたら、断りにくい。
➡ 선배가 술을 권하면, 거절하기 힘들다.

この頃、携帯電話は多くの人に使われています。
➡ 요즘, 휴대전화는 많은 사람에게 사용되고 있습니다.

辛い時に励まされた音楽があったら、教えてください。
➡ 괴로울 때에 격려를 받았던 음악이 있다면, 가르쳐 주세요.

PatternStudy 7

※ **피해수동형 〜(ら)れる** 〜하게 되다(화자가 피해의식을 느낌)

父に死なれて大学に行けなかった。

➡ 아버지가 돌아가셔서 대학에 갈 수 없었다.

友だちの家に入って行ったら、大きな犬に吠えられてびっくりした。

➡ 친구의 집에 들어갔더니, 커다란 개가 짖어서 놀랐다.

ちょっと外出しただけなのに、雨に降られてずぶ濡れになってしまった。

➡ 잠깐 외출한 것 뿐인데, 비가 와서 흠뻑 젖어버렸다.

夜12時に友だちに来られて、困ってしまった。

➡ 밤 12시에 친구가 와서, 난처했다.

同時に3人も休まれると通常の業務運営ができなくなります。

➡ 동시에 3명이나 쉬게 되면 통상의 업무 운영을 할 수 없게 됩니다.

※ **사역수동형 〜(さ)せられる** (하기 싫었음에도 불구하고 어쩔 수 없이) 〜하게 되다

단, 5단 동사(1그룹동사)인 경우에는「〜される」로 바꾸어 쓸 수 있음

突然残業させられて、彼女とのデートをキャンセルするしかなかった。

➡ 갑자기 잔업을 하게 되어서, 여자 친구와의 데이트를 취소할 수밖에 없었다.

子供は母に嫌いな魚を食べさせられた。

➡ 아이는 어머니에 의해서 싫어하는 생선을 (어쩔 수 없이) 먹게 되었다.

= 어머니는 아이에게 싫어하는 생선을 (억지로) 먹게 했다.

無理に商品を買わされた(=買わせられた)ことがあります。

➡ 무리하게 상품을 사게 되었던 적이 있습니다.

バスが来なくて1時間も待たされた(=待たせられた)。

➡ 버스가 오지 않아서 (어쩔 수 없이) 1시간이나 기다리게 되었다.

遅刻した生徒は運動場を走らされた(=走らせられた)。

➡ 지각한 학생은 운동장을 (어쩔 수 없이) 돌게 되었다.

14 수수표현을 묻는 문제는 1년에 3문제가 출제된다.

보기에「あげる、くれる、もらう」를 주고 적절한 것을 고르는 문제가 출제된다. 수수표현은 방향만 잘 잡으면 쉽게 풀 수 있는 문제이므로 절대 틀리는 일이 없도록 하자. 조심해야 할 것은 남에게 부탁할 때 쓰는 표현으로「〜てもらえますか(〜해 줄래요?)」「〜ていただけますか(〜해 주시겠어요?)」가 있는데, 오답보기에「〜もらいますか」「〜ていただきまあすか」가 등장하여 수험자들을 함청에 빠뜨린다는 것!

반드시 숙지해야 할 수수표현 ★

＊やる・〜てやる (자신보다 낮은 사람이나 동·식물에게) 주다·〜해 주다

私は妹にパンをやりました。 ➡ 나는 여동생에게 빵을 주었습니다.

私は花に水をやりました。 ➡ 나는 꽃에 물을 주었습니다.

毎朝犬に餌をやっています。 ➡ 매일 아침 개에게 먹이를 주고 있습니다.

弟を動物園に連れていってやった。 ➡ 남동생을 동물원에 데리고 가 주었다.

＊あげる・〜てあげる・さしあげる・〜てさしあげる

(내가 상대방에게, 제 3자가 제 3자에게) 주다·〜해 주다·드리다·〜해 드리다

私は友だちにお菓子をあげました。 ➡ 나는 친구에게 과자를 주었습니다.

彼は木村さんに何をあげたんですか。 ➡ 그는 기무라 씨에게 무엇을 주었습니까?

田中さんは木村さんに英語を教えてあげました。
➡ 다나카 씨는 기무라 씨에게 영어를 가르쳐 주었습니다.

私は先生にネクタイをさしあげました。 ➡ 나는 선생님께 넥타이를 드렸습니다.

彼女は先生にプレゼントをさしあげました。 ➡ 그녀는 선생님께 선물을 드렸습니다.

＊くれる・〜てくれる・くださる・〜てくださる

(상대방이 나 또는 나와 관련된 사람에게) 주다·〜해 주다·주시다·〜해 주시다

森田さんは私に本をくれました。 ➡ 모리타 씨는 내게 책을 주었습니다.

山田さんは兄にバナナをくれました。 ➡ 야마다 씨는 형에게 바나나를 주었습니다.

知らない人が郵便局へ行く道を教えてくれた。
➡ 모르는 사람이 우체국에 가는 길을 가르쳐 주었다.

あなたは私に愛を教えてくれた。 ➡ 당신은 내게 사랑을 가르쳐 주었다.

PatternStudy 7

先生は私にノートをくださった。 ➡ 선생님은 내게 노트를 주셨다.

社長は弟をレストランに連れていってくださいました。

➡ 사장님은 남동생을 레스토랑에 데리고 가 주셨습니다.

* もらう・〜てもらう・いただく・〜ていただく

(상대방에게 내가) 받다・〜해 받다・받다・〜해 받다

= (상대방이 내게) 주다・〜해 주다・주시다・〜해 주시다

その時計は誰からもらいましたか。

➡ 그 시계는 누구에게 받았습니까? = 그 시계는 누가 주었습니까?

毎月母に小遣いをもらいます。

➡ 매달, 어머니에게 용돈을 받습니다. = 매달, 어머니가 용돈을 줍니다.

田中さんに本を買ってもらいました。

➡ 다나카 씨에게 책을 사 받았습니다. = 다나카 씨가 책을 사 주었습니다.

知らない人に郵便局へ行く道を教えてもらった。

➡ 모르는 사람에게 우체국으로 가는 길을 가르쳐 받았다.

= 모르는 사람이 우체국으로 가는 길을 가르쳐 주었다.

校長先生から賞をいただきました。

➡ 교장선생님에게 상을 받았습니다. = 교장선생님이 상을 주셨습니다.

分らない問題を先生に教えていただきました。

➡ 모르는 문제를 선생님에게 가르쳐 받았습니다. = 모르는 문제를 선생님이 가르쳐 주셨습니다.

* 〜てもらえますか(〜てもらえませんか)・〜ていただけますか(〜ていただけませんか)

〜해 줄래요(〜해 주지 않을래요)?・〜해 주실래요(〜해 주시지 않을래요)?

この記事を読んでもらえますか。 ➡ 이 기사를 읽어 줄래요?

この問題の答えを教えてもらえませんか。 ➡ 이 문제의 정답을 가르쳐 주지 않을래요?

先生、間違っている部分を直していただけますか。 ➡ 선생님, 틀린 부분을 고쳐 주실래요?

申し訳ございませんが、席を移っていただけませんか。

➡ 죄송합니다만, 자리를 옮겨 주시지 않을래요?

基礎からこつこつ 18

PatternStudy 7

문제1 올바른 형태로 바꾸어 보세요.

1. 嫌いな魚を無理矢理に(食べる ➡   )お腹を壊してしまった。
2. 父に(死ぬ ➡   )、母と貧しい生活を送るしかなかった。
3. 部屋を散らかした子供は、仕方なく部屋を(掃除する ➡   )。
4. 私の尊敬する石田先生に(誉める ➡   )、とてもうれしいです。
5. 嘘をついた弟を殴って(泣く ➡   )しまった。
6. 昨夜、赤ちゃんに(泣く ➡   )うるさくて眠れなかった。
7. この本は大勢の受験者に(読む ➡   )います。
8. オリンピックは4年ごとに(催す ➡   )。
9. 冷蔵庫で野菜を(腐る ➡   )ことがしばしばあります。
10. 電車が来なくて2時間も(待つ ➡   )。

문제2 올바른 것을 찾아보세요.

1. 母は、毎朝花に水を(ⓐあげます/ ⓑくれます/ ⓒもらいます/ ⓓやります)。
2. ほしいものがあれば、何でも買って(ⓐくれます/ ⓑあげます/ ⓒいただきます)。
3. もうすぐできあがりますので、ちょっと待っていて(ⓐもらえますか/ ⓑもらいますか/ ⓒうかがいますか/ ⓓ存じ上げますか)。
4. 本人に真実を教えて(ⓐくれた/ ⓑあげた/ ⓒもらった)方がいいですよ。
5. 高橋さんは私の娘にチョコレートを(ⓐくれました/ ⓑあげました/ ⓒもらいました)。
6. 友だちは本屋までの行く道を教えて(ⓐもらった/ ⓑくれた/ ⓒやった/ ⓓくださった)。
7. 犬に餌を(ⓐさしあげて/ ⓑくれて/ ⓒやって/ ⓓもらって)から、会社へ行きます。
8. 理解できないところがあるので、もう少し詳しく説明して(ⓐいただきますか/ ⓑいただけますか/ ⓒさしあげますか/ ⓓいただけませんか)。
9. そちらのほうでしばらく待っていて(ⓐ申し上げますか/ ⓑいただけますか/ ⓒ頂戴しますか)。
10. 先生に英語が上手になる方法を教えて(ⓐあげました/ ⓑもらえました/ ⓒいただきました/ ⓓいただけました)。

基礎からこつこつ 18

정답과 해설

문제1
1 食べさせられて　싫어하는 생선을 억지로 먹게 되어 배탈이 나 버렸다.
　　無理矢理に 억지로, 강제로　お腹を壊す 배탈이 나다
2 死なれて　아버지가 돌아가셔서 어머니와 가난한 생활을 보낼 수밖에 없었다.
　　貧しい 가난하다　生活を送る 생활을 보내다
3 掃除させられた　방을 어지른 아이는 어쩔 수 없이 방청소를 하게 되었다.
　　散らかす 어지르다
4 誉められて　내가 존경하는 이시다 선생님에게 칭찬을 받아서 매우 기쁩니다.
　　尊敬 존경
5 泣かせて　거짓말을 한 동생을 때려서 울게 해 버렸다.
　　殴る 때리다
6 泣かれて　어젯밤에 아기가 울어서 시끄러워서 잘 수 없었다.
　　眠る 자다
7 読まれて　이 책은 많은 수험자에게 읽히고 있습니다.
　　受験者 수험자
8 催される　올림픽은 4년마다 개최된다.
　　～ごとに ～마다　催す 개최하다
9 腐らせる　냉장고에서 야채를 썩게 하는 경우가 자주 있습니다.
　　冷蔵庫 냉장고　腐る 썩다　しばしば 자주
10 待たされた　전철이 오지 않아서 (어쩔 수 없이) 2시간이나 기다리게 되었다.

문제2
1 ⓓ 어머니는 매일 아침 꽃에게 물을 줍니다.
2 ⓑ 가지고 싶은 것이 있으면, 뭐든지 사주겠습니다.
3 ⓐ 이제 곧 완성되니까, 조금 기다리고 있어 줄래요?
　　出来上がる 완성되다
4 ⓑ 본인에게 진실을 가르쳐 주는 편이 좋아요.
　　本人 본인　真実 진실
5 ⓐ 다카하시 씨는 내 딸에게 초콜릿을 주었습니다.
6 ⓑ 친구는 서점까지 가는 길을 가르쳐 주었다.
7 ⓒ 개에게 먹이를 주고 나서 회사에 갑니다.
8 ⓑ/ⓓ 둘 다 가능, 이해할 수 없는 부분이 있으니까, 조금 더 자세히 설명해 주시겠습니까?
　　詳しい 자세하다　説明 설명
9 ⓑ 그 쪽에서 잠시 기다리고 계셔 주시겠습니까?
　　頂戴する 받다, 먹다, 마시다(もらう、食べる、飲む의 겸양어)
10 ⓒ 선생님이 영어가 능숙해지는 방법을 가르쳐 주셨습니다.

연습문제 12

1. 私は弟を買い物に_____が、弟は「嫌だ」と言った。
   (A) 行かれた　　　(B) 行かされた　　　(C) 行った　　　(D) 行かせようとした

2. 雨に_____、カバンの中まで濡れてしまった。
   (A) 降らせられて　(B) 降られて　　　(C) 降って　　　(D) 降らせて

3. 弟は時間を守らないので父によく_____。
   (A) 怒る　　　　　(B) 怒られる　　　(C) 怒らせる　　(D) 怒らせられる

4. 仕事が忙しくて子供を_____からまた仕事をした。
   (A) 寝て　　　　　(B) 寝かせて　　　(C) 寝かれて　　(D) 寝させられる

5. 泥棒に_____現金とカードを盗まれてしまった。
   (A) 入って　　　　(B) 入らせて　　　(C) 入られて　　(D) 入らされて

6. 車を修理に出したが、一ヶ月も_____文句を言った。
   (A) 待って　　　　(B) 待たされて　　(C) 待たさせて　(D) 待たれて

7. 本を書くなら、大勢の人に_____名作を作ってほしい。
   (A) 愛する　　　　(B) 愛される　　　(C) 愛させる　　(D) 愛させられる

8. 明日試験なのに友だちに_____、ちっとも勉強できませんでした。
   (A) 来て　　　　　(B) 来させて　　　(C) 来られて　　(D) 来させられて

9. 小さい頃、母に_____人一倍の苦労をしてきました。
   (A) 死なされて　　(B) 死んで　　　　(C) 死なれて　　(D) 死なせて

10. 学校から帰ってきた子供を庭で_____。
    (A) 遊んだ　　　　(B) 遊ばせた　　　(C) 遊ばれた　　(D) 遊んでくれた

11 嫌いな魚を_____、吐きそうな気がする。
   (A) 食べさせられて (B) 食べられて (C) 食べさせて (D) 食べ終わって

12 食べ物を_____捨てるということは、絶対しないように心がけている。
   (A) 腐らせて (B) 腐って (C) 腐られて (D) 腐らせられて

13 父に_____一人でいた弟を慰めたら、ぽろりとひと粒の涙をこぼした。
   (A) 叱らせて (B) 叱って (C) 叱られて (D) 叱らないで

14 部屋だけでなくトイレ、窓ガラスなど2時間も無理矢理に_____腹が立った。
   (A) 掃除させて (B) 掃除されて (C) 掃除させられて (D) 掃除して

15 皆さん絶対に損は_____から、この本を買って読んでみてください。
   (A) できない (B) もたない (C) されない (D) させない

16 久しぶりに猫に餌を_____。
   (A) くれました (B) やられました (C) もらいました (D) やりました

17 鈴木さんは私にマンガの本を_____。
   (A) あげました (B) くれました (C) もらいました (D) やりました

18 ご飯を作って_____から、ちょっと待っていて。
   (A) あげる (B) くれる (C) もらう (D) いただく

19 ノートを買うお金がなくて、木村君に貸して_____。
   (A) もらった (B) ほしい (C) くれた (D) あげた

20 すみませんが、もう少しゆっくり言って_____。
   (A) もらいますか (B) くれましたか (C) もらえますか (D) やりますか

연습문제 12

21 鈴木さん＿＿＿たくさんのドレスが入った箱を届けてくれました。
　　(A) に　　　　　(B) が　　　　　(C) で　　　　　(D) を

22 先生に空港まで見送りに行って＿＿＿＿＿。
　　(A) いただきました　(B) くださいました　(C) さしあげました　(D) 申し上げました

23 道に迷っている人を見つけたので、駅までの道を教えて＿＿＿＿＿。
　　(A) あげた　　　(B) もらった　　(C) いただいた　(D) くれた

24 友達＿＿＿ホームページを作ってもらいました。
　　(A) に　　　　　(B) が　　　　　(C) の　　　　　(D) も

25 吉田さんが機械の使い方を教えて＿＿＿＿＿。
　　(A) もらいました　(B) あげました　(C) もらえました　(D) くれました

26 母は私の誕生日のプレゼントにネクタイを＿＿＿＿＿。
　　(A) くださいました　(B) くれました　(C) あげました　(D) さしあげました

27 友だちから本を貸して＿＿＿＿＿のはいいが、なかなか読む時間がない。
　　(A) もらった　　(B) くれた　　　(C) いただいた　(D) あげた

28 領収証が必要なのですが、製品と一緒に送って＿＿＿＿＿。
　　(A) もらいますか　(B) あげますか　(C) いただきますか　(D) いただけますか

29 紹介して＿＿＿＿＿方々、本当にありがとうございます。
　　(A) くれた　　　(B) もらった　　(C) さしあげた　(D) くださった

30 社長はトップの業績をあげた私の息子にボーナスを＿＿＿＿＿。
　　(A) あげました　(B) いただきました　(C) くださいました　(D) さしあげました

15 매달 2~3문제가 출제되는 기타 표현들

「세트로 숙지해야 하는 표현, 중지법의 し, 적절한 의문사 찾기, 일상 인사말의 답변 찾기, 문맥상 적절한 형태 집어넣기」 등이 출제된다.

세트로 숙지해야 하는 표현 ★★

～ないで ～하지 않고(부대상황, 수단을 나타냄)

ドアを閉めないで寝ました。(부대상황)
➡ 문을 닫지 않고 잤습니다.

包丁を使わないで料理をした。(수단)
➡ 부엌칼을 사용하지 않고 요리를 했다.

～なくて ～않아서, ～않았기 때문에(이유, 원인을 나타냄)

お金がなくて家まで歩いて帰った。(이유, 원인)
➡ 돈이 없어서 집까지 걸어서 돌아갔다.

～まで ～까지(계속)

3時まで日本語の勉強をした。
➡ 3시까지 (계속) 일본어 공부를 했다.

～までに 늦어도 ～까지(최종 기한)

3時までに来てください。
➡ 늦어도 3시까지 와 주세요.

～始める ～하기 시작하다 (「食べる」, 「読む」 등의 동작동사에 접속)

まだ読み始めたばかりなので、詳しい内容は分かりません。
➡ 아직 읽기 시작한지 얼마 안 되어서, 자세한 내용은 모르겠습니다.

～出す ～하기 시작하다 (「泣く」, 「笑う」 등의 감정, 생리를 나타내는 동사나 「鳴る」 따위의 소리의 발생을 나타내는 동사에 접속)

さっきまでにこにこしていた赤ちゃんが急に泣き出した。
➡ 조금 전까지 방긋방긋 웃고 있었던 아기가 갑자기 울기 시작했다.

Pattern 7 _195

Key 15 매달 2~3문제가 출제되는 기타 표현들

✽ **〜てくる** ①(과거에서 현재까지) ~ 해 오다 ②변화의 시작

① 私は 5 年前からずっと日本語を勉強してきました。
➡ 나는 5년 전부터 줄곧 일본어를 공부해 왔습니다.

② 雨が降ってきましたから、早く帰りましょう。
➡ 비가 내리니까, 빨리 돌아갑시다.

✽ **〜ていく** ①(현재부터 미래로) ~ 해 가다 ②변화

① これからもIT産業はますます発展していくでしょう。
➡ 앞으로도 IT산업은 점점 발전해 갈 것입니다.

② 日本語を勉強する人は多くなっていくだろう。
➡ 일본어를 공부하는 사람은 많아져 갈 것이다.

✽ **〜おかげで** ~덕분에(주로 좋은 뉘앙스를 띰)

先生のおかげで試験に受かりました。
➡ 선생님 덕분에 시험에 합격했습니다.

✽ **〜せいで** ~탓으로(좋지 않은 뉘앙스를 띰)

年のせいで物忘れが激しくなった。
➡ 나이 탓으로 건망증이 심해졌다.

✽ **〜わざわざ** 일부러, 특별히(좋은 뉘앙스를 띰)

わざわざお越しくださいまして、ありがとうございます。
➡ 일부러 와 주셔서, 감사합니다.

✽ **〜わざと** 고의로(좋지 않은 뉘앙스를 띰)

田中選手はわざとシュートを外した。
➡ 다나카 선수는 고의로 슛을 빗나가게 했다.

PatternStudy 7

* **〜ために** ~위해서(앞, 뒤 문장의 주어가 같고, 앞에 의지성 동사가 올 경우)
  英語(えいご)を勉強するために、参考書(さんこうしょ)を買った。
  ➡ 영어를 공부하기 위하여, 참고서를 샀다.

* **〜ように** ~하도록
  後(あと)で後悔(こうかい)しないように、ベストを尽(つ)くしなさい。
  ➡ 나중에 후회하지 않도록, 최선을 다해라.

중지법의 し

* **〜し** ~하고(두 문장을 병렬적으로 서술함)
  彼女はきれいだし、優(やさ)しいから男性(だんせい)に人気(にんき)があります。
  ➡ 그녀는 아름답고, 상냥하니까 남성에게 인기가 있습니다.
  あのレストランは味(あじ)もいいし、値段(ねだん)も安(やす)いからいつも混(こ)んでいます。
  ➡ 저 레스토랑은 맛도 좋고, 값도 싸니까 항상 붐비고 있습니다.

적절한 의문사 찾기

* **誰(だれ)** 누구
  「誰と大阪(おおさか)へ行きましたか。」「1人で行きました。」
  ➡ 「누구와 오사카에 갔었습니까?」「혼자서 갔습니다.」

* **どこ** 어디
  夏休(なつやす)みの間(あいだ)は、どこにも行きませんでした。
  ➡ 여름방학 동안에는, 어디에도 가지 않았습니다.

* **いつ** 언제
  「旅行はいつ行きますか。」「たぶん来週になりそうです。」
  ➡ 「여행은 언제 갑니까?」「아마 다음 주가 될 것 같습니다.」

15 매달 2~3문제가 출제되는 기타 표현들

* 何 무엇

  「カバンの中に何か入っていますか。」「いいえ、何も入っていません。」

  ➡ 「가방 안에 무언가 들어 있습니까?」「아니오, 아무것도 들어 있지 않습니다.」

* どれ 어느 것

  「どれがあなたのカバンですか。」「あの黒いのです。」

  ➡ 「어느 것이 당신 가방입니까?」「저 검은 것입니다.」

* いくら 얼마

  「韓国にこの荷物を送りたいのですが、いくらですか。」「航空便は3000円になります。」

  ➡ 「한국에 이 짐을 보내고 싶습니다만, 얼마입니까?」「항공편은 3000엔입니다.」

* いくつ 몇 개, 몇 살

  「おいくつですか。」「今年二十歳になりました。」

  ➡ 「몇 살입니까?」「올해 20살이 되었습니다.」

일상인사말과 답변 및 일상회화문

「ただいま。」「お帰りなさい。」
➡「다녀왔습니다.」「다녀오셨어요.」

「ありがとうございます。」「どういたしまして。」
➡「고맙습니다.」「천만에요.」

「行ってきます。」「行っていらっしゃい。」
➡「다녀오겠습니다.」「다녀오세요.」

「ごちそうさまでした。」「お粗末さまでした。」
➡「잘 먹었습니다.」「대접이 변변치 않았습니다.」

「お元気ですか。」「おかげさまで元気です。」
➡「건강하세요.」「덕분에 건강합니다.」

「そろそろおいとまします。」「まだいいじゃありませんか。」
➡「슬슬 물러가겠습니다.」「아직 괜찮지 않나요?」

「ビール2杯ください。」「かしこまりました。」
➡「맥주 2잔 주세요.」「알겠습니다.」

「会議はこれでお開きにします。」「次の日程はいつですか。」
➡「회의는 이걸로 끝내겠습니다.」「다음 일정은 언제입니까?」

基礎からこつこつ 19

PatternStudy 7

문제1 올바른 것을 골라보세요.

1 夜はあまりご飯を(ⓐ食べないで/ ⓑ食べなくて)寝ます。
2 子どもがなかなかご飯を(ⓐ食べないで/ ⓑ食べなくて)困っています。
3 トイレに行ってくる(ⓐまで/ ⓑまでに)ここでしばらく待っていてください。
4 痩せるため、汗をかく(ⓐまで/ ⓑまでに)運動をしています。
5 夜間の受付はしませんので、遅くとも17時(ⓐまで/ ⓑまでに)電話(ⓐもっとも/ ⓑまたは/ ⓒそして)インターネットで予約してください。
6 本屋を出ようとしたとき、雨が降って(ⓐだした/ ⓑいった/ ⓒきた/ ⓓしまった)。
7 私が漫画を読み(ⓐ出した/ ⓑ始めた/ ⓒ続けた)のは、小学校の頃でした。
8 まだ30代なのに首になってしまった。この先どうやって生きて(ⓐくれば/ ⓑいけば)いいのやら。
9 雨が降った(ⓐせいで/ ⓑおかげで)、空気がとても澄んでいます。
10 飛行機が遅れた(ⓐせいで/ ⓑおかげで)、免税店で買い物をする時間がなかった。
11 (ⓐわざと/ ⓑわざわざ)おいでいただいたのに、お待たせして申し訳ございません。
12 彼は黒田さんと対戦するために、予選の最終戦で(ⓐわざと/ ⓑわりと)負けた。
13 皆さん、暑さで体調を崩さない(ⓐために/ ⓑように)気をつけましょう。
14 簡単にできることは自分でする(ⓐために/ ⓑように)してください。
15 海外で就職する(ⓐために/ ⓑように)、日頃から外国語の勉強をしています。
16 この店の魚は新鮮だ(ⓐから/ ⓑで/ ⓒが/ ⓓし)、値段も安いです。
17 A:ごちそうさまでした。
　 B:(ⓐいただきます/ ⓑどういたしまして/ ⓒお粗末さまでした/ ⓓただいま)
18 家に帰った時、(ⓐ行ってきます/ ⓑただいま/ ⓒかしこまりました)と言います。
19 冬休みは寒くて、(ⓐどこでも/ ⓑどこへも/ ⓒどこかへ/ ⓓどこへの)出かけませんでした。
20 A:ポケットの中には、(ⓐ何が/ ⓑ何か/ ⓒ何を/ ⓓ何でも)入っていますか。
　 B:いいえ、入っていません。
21 A:(ⓐどこ/ ⓑどんな/ ⓒどなた/ ⓓどれ)があなたの本ですか。
　 B:あの黒くて一番厚いのです。
22 朝起きたら、喉が痛い(ⓐで/ ⓑが/ ⓒし)、腹も痛かった。
23 会議はこれで(ⓐお開けします/ ⓑおいとまします/ ⓒお開きにします)。
24 私を雇ってくれる会社は(ⓐどこへも/ ⓑどこでも/ ⓒどこにも)ありませんでした。

基礎からこつこつ 19

정답과 해설

문제1
1 ⓐ 밤에는 그다지 밥을 먹지 않고 잡니다.
2 ⓑ 아이가 좀처럼 밥을 먹지 않아서 곤란해 하고 있습니다.
3 ⓐ 화장실에 갔다 올 때까지 여기서 잠시 기다리고 있으세요.
4 ⓐ 마르기 위해, 땀을 흘릴 때까지 운동을 하고 있습니다.　痩せる 마르다　汗をかく 땀을 흘리다
5 ⓑ, ⓑ 야간 접수는 하지 않으니까, 늦어도 17시까지 전화 또는 인터넷으로 예약해주세요.
　　夜間 야간　受付 접수　もっとも 그렇다고는 하지만　または 또는, 혹은
6 ⓒ 서점을 나오려고 했을 때, 비가 내렸다.
7 ⓑ 내가 만화를 읽기 시작한 때는, 초등학교 무렵이었다.
　　～出す ～하기 시작하다　～始める ～하기 시작하다　～続ける 계속 ～하다
8 ⓑ 아직 30대인데 해고당해 버렸다. 앞으로 어떻게 해서 살아가면 좋을런지.
　　首になる 해고당하다　どうやって 어떻게 해서　～やら ～인지, ～는지
9 ⓑ 비가 내린 덕택에, 공기가 매우 맑습니다.　澄む 맑다
10 ⓐ 비행기가 늦은 탓에, 면세점에서 쇼핑을 할 시간이 없었다.　遅れる 늦다　免税店 면세점
11 ⓑ 일부러 와 주셨는데 기다리게 해서 죄송합니다.
　　わざと 고의로　わざわざ 일부러, 특별히　待たせる 기다리게 하다
12 ⓐ 그는 쿠로다 씨와 대전하기 위해서, 예선 최종전에서 고의로 졌다.
　　決勝戦 결승전　対戦 대전　予戦 예선　最終戦 최종전　わざと 고의로　わりと 비교적
13 ⓑ 여러분, 더위로 컨디션을 망치지 않도록 조심합시다.　体調を崩す 컨디션을 망치다
14 ⓑ 간단히 할 수 있는 일은 스스로 하도록 해 주세요.　簡単 간단
15 ⓐ 해외에서 취직하기 위해서, 평소부터 외국어 공부를 하고 있습니다.
16 ⓓ 이 가게의 생선은 신선하고, 값도 쌉니다.　新鮮だ 신선하다
17 ⓒ A : 잘 먹었습니다. B : 대접이 변변치 못했습니다.
18 ⓑ 집에 돌아왔을 때, 「다녀왔습니다」라고 말합니다.
19 ⓑ 겨울방학에는 추워서, 아무도 외출하지 않았습니다.
20 ⓑ A : 주머니 안에는 무언가 들어 있습니까?
　　B : 아니오, 안 들어 있습니다.
21 ⓓ A : 어느 것이 당신 책입니까?
　　B : 저 검고 가장 두꺼운 책입니다.
22 ⓒ 아침에 일어났더니 목이 아프고, 배도 아팠다.
　　体 몸　喉 목　腹 배　痛い 아프다
23 ⓒ 회의는 이것으로 마치겠습니다.　お開きにする 끝내다
24 ⓒ 저를 고용해 주는 회사는 아무데도 없었습니다.　雇う 고용하다

연습문제 13

1. そんな話はまだ＿＿＿＿＿＿＿＿＿＿＿。
   (A) 聞きました (B) 聞いていません
   (C) 聞くつもりです (D) 聞くはずがありません

2. 私は毎日＿＿＿＿＿＿＿＿＿＿＿に歯を磨きます。
   (A) 寝るあと (B) 寝たとき (C) 寝たまま (D) 寝るまえ

3. 車で来たので酒が＿＿＿＿＿＿＿＿＿＿＿のが残念だ。
   (A) 飲まない (B) 飲めない (C) 飲まされる (D) 飲まさせる

4. いくらダイエットが目的だとしても＿＿＿＿＿＿＿＿＿＿＿と体に良くない。
   (A) 走りぬく (B) 走りすぎる (C) 走りきる (D) 走りこむ

5. さっきから変な音がしますが、部屋の中に＿＿＿＿＿＿＿＿＿＿＿いますか。
   (A) いつか (B) どこか (C) だれか (D) どれか

6. 父は生前に遺言書を作成したと話していたが、＿＿＿＿＿＿＿＿＿＿＿見当たらない。
   (A) どこへも (B) どこでも (C) どこからも (D) どこにも

7. 私は風呂場のドアをしっかり＿＿＿＿＿＿＿＿＿＿＿出てしまった。
   (A) 閉めないで (B) 閉めなくて (C) 開けたまま (D) 閉めないと

8. 男性は結婚する＿＿＿＿＿＿＿＿＿＿＿、ある程度の経済的な能力を必要とする。
   (A) ように (B) ごとく (C) んがため (D) ために

9. どうか、することなすことうまくいきます＿＿＿＿＿＿＿＿＿＿＿。
   (A) ものを (B) こと (C) ように (D) ために

10. モニターをずっと見ていたら、目が疲れて＿＿＿＿＿＿＿＿＿＿＿。
    (A) いった (B) はじめた (C) きた (D) すぎた

PatternStudy 7

11 今年の天候からすると、米の収穫はあまり期待_____。
　(A) できそうだ　　　　　　　　　　　(B) できそうではない
　(C) できそうもない　　　　　　　　　(D) できるそうもない

12 娘がお嫁に行く日、父親はどこか_____だった。
　(A) 寂しい　　(B) 寂しさ　　(C) 寂しみ　　(D) 寂しげ

13 友達は新聞を見ていたら急に笑い_____。
　(A) はじめた　　(B) だした　　(C) つづけた　　(D) おわった

14 忙しい中_____こちらまで足を運んでくださり、心から感謝致しております。
　(A) わざわざ　　(B) わりと　　(C) わざと　　(D) やたらと

15 子供たちが帰ったあとは、とても散らかっていて_____台風が来たかのようだ。
　(A) またもや　　(B) あたかも　　(C) もはや　　(D) あながち

실전 모의고사 1회

1 私の誕生日に母がマフラーを買って_____。
   (A) くれた
   (B) もらった
   (C) あげた
   (D) くださった

2 田中さんは非常に_____人です。
   (A) 親切
   (B) 親切
   (C) 親切な
   (D) 親切に

3 昨日はちょうど9時に来ましたが、今日は1時間ほど_____なりました。
   (A) 遅い
   (B) 遅くて
   (C) 遅かった
   (D) 遅く

4 一般的にトウガラシはダイエットに効果があると_____いる。
   (A) 言って
   (B) 言われて
   (C) 言わせて
   (D) 言わせられて

5 母からもらった万年筆は_____に入れておきました。
   (A) 引き出し
   (B) 本棚
   (C) たんす
   (D) 冷蔵庫

PatternStudy 7

6 数学のことなら何＿＿＿＿＿ご質問ください。
  (A) なり
  (B) でも
  (C) にも
  (D) なら

7 子供の頃、ヨーロッパに＿＿＿＿＿ことがあります。
  (A) 住む
  (B) 住んでいる
  (C) 住んだ
  (D) 住んで

8 雨が＿＿＿＿＿ので、試合は続けられた。
  (A) おわった
  (B) とまった
  (C) やんだ
  (D) きえた

9 できるか＿＿＿＿＿分かりませんが、最善を尽くしてやってみます。
  (A) なにか
  (B) どうか
  (C) ないか
  (D) どうだったか

10 昨夜からお腹がちくちくしている。＿＿＿＿＿病院へ行って医師に診てもらった。
  (A) それから
  (B) それなら
  (C) それで
  (D) そのうえ

실전 모의고사 1회

11 彼は皆から＿＿＿＿＿＿信頼を受けている。
　(A) 太い
　(B) 厚い
　(C) 分厚い
　(D) 鈍い

12 この薬は8時間＿＿＿＿＿＿飲んでください。
　(A) おきに
　(B) あいだ
　(C) ことに
　(D) めに

13 先生から説明を聞いても＿＿＿＿＿＿分かりません。
　(A) めったに
　(B) さっぱり
　(C) ろくに
　(D) あまり

14 詳細につきましては後ほど説明＿＿＿＿＿＿いただきます。
　(A) して
　(B) されて
　(C) させて
　(D) させられて

15 明日は全国的に強い寒気が入るため、＿＿＿＿＿＿見込みです。
　(A) 冷え込む
　(B) 冷やす
　(C) 付け込む
　(D) 寒気立つ

16 店を＿＿＿＿＿＿とたんお客さんが入ってきた。
　(A) 開ける
　(B) 開けると
　(C) 開けた
　(D) 開け

17 出発時間まで余裕があったので、買い物をして＿＿＿＿＿＿を潰した。
　(A) 隙
　(B) 暇
　(C) 間
　(D) 穴

18 彼の発言は非常識極まりないと周囲のひんしゅくを＿＿＿＿＿＿。
　(A) もらった
　(B) 受けた
　(C) 買った
　(D) もたらした

19 日本の野球部員数は15万人を超え、20年前に調査を＿＿＿＿＿＿以来最も多いそうだ。
　(A) 始めた
　(B) 始める
　(C) 始めて
　(D) 始め

20 この計画は自然保護の＿＿＿＿＿＿から、改めて検討する必要があると思う。
　(A) 主題
　(B) 展開
　(C) 展望
　(D) 見地

실전 모의고사 1회

21 これは_____であり、実在の患者さんとは全く関係ありません。
　(A) ストライキ
　(B) サイエンス
　(C) イミテーション
　(D) フィクション

22 決勝戦は最後まで手に汗を_____試合だった。
　(A) 絞る
　(B) 掴む
　(C) 取る
　(D) 握る

23 秋葉原には家電製品やカメラの販売店が_____を連ねている。
　(A) 柱
　(B) 軒
　(C) 列
　(D) 肩

24 父に真実を言おうとしたが、思い直して言葉を_____。
　(A) 飲み込んだ
　(B) のめり込んだ
　(C) 吹き込んだ
　(D) 振り込んだ

25 いくら議論しても結論が出ないので、この問題は_____にします。
　(A) 棚上げ
　(B) 切り上げ
　(C) 打ち上げ
　(D) 取り上げ

PatternStudy 7

26　不況の影響で売り上げが＿＿＿＿＿＿落ちた。
　　(A) きっちり
　　(B) てっきり
　　(C) しじゅう
　　(D) がくんと

27　ベルが鳴る＿＿＿＿＿＿生徒たちはさっさと外に飛び出した。
　　(A) とたん
　　(B) そばから
　　(C) が最後
　　(D) やいなや

28　葉の縁は＿＿＿＿＿＿になっていて、その先端は尖っている。
　　(A) あべこべ
　　(B) でこぼこ
　　(C) ぎざぎざ
　　(D) ごくごく

29　スタッフを増やしたいと思っていても人件費を考えると、＿＿＿＿＿＿を踏んでしまいます。
　　(A) 二のわらじ
　　(B) 二の舞
　　(C) 二の句
　　(D) 二の足

30　アルプス山脈の美しい風景が＿＿＿＿＿＿に焼き付いている。
　　(A) 眼下
　　(B) 胸中
　　(C) 心底
　　(D) 脳裏

실전 모의고사 2회

1 駅前にできた＿＿＿＿＿＿建物はきれいで、広かった。
　(A) 古い
　(B) 太い
　(C) 新しい
　(D) 細かい

2 不可能なことを可能にする人は彼＿＿＿＿＿＿いません。
　(A) だけ
　(B) ばかり
　(C) しか
　(D) きり

3 これは高いですね。＿＿＿＿＿＿少し安いものはありませんか。
　(A) もっと
　(B) ちょっと
　(C) やっと
　(D) もう

4 休日には家族といっしょに＿＿＿＿＿＿に登ります。
　(A) 川
　(B) 海
　(C) 山
　(D) 森

5 ノートの字が＿＿＿＿＿＿すぎて読みづらいです。
　(A) 小さく
　(B) 小さ
　(C) 小さい
　(D) 小さかった

6 新しく発売されたビールは、既存のビール＿＿＿＿＿＿苦くありません。
   (A) ほど
   (B) だけ
   (C) くらい
   (D) しか

7 A：ご注文は何になさいますか。
   B：＿＿＿＿＿＿ビール2杯とジュース1杯ください。
   (A) とりあえず
   (B) とにかく
   (C) なるべく
   (D) まもなく

8 店の規模を縮小してでも運営は＿＿＿＿＿＿と思っています。
   (A) 続けそう
   (B) 続くとも
   (C) 続くなら
   (D) 続けよう

9 情報化のおかげで自宅にパソコン＿＿＿＿＿＿あれば商売ができる。
   (A) すら
   (B) さえ
   (C) だに
   (D) やら

10 この服はちょっと＿＿＿＿＿＿です。すこし大きなサイズをお願いします。
   (A) 少ない
   (B) 汚ない
   (C) きつい
   (D) 弱い

실전 모의고사 2회

11 今回頼まれたことは荷が重くて1人で絶対なし＿＿＿＿＿＿。
　(A) ない
　(B) えない
　(C) きれる
　(D) やすい

12 会社までバスに乗って行きますか。＿＿＿＿＿＿電車に乗って行きますか。
　(A) それなら
　(B) それとも
　(C) それから
　(D) それゆえ

13 高校の同窓会の二次会で、無理矢理歌を＿＿＿＿＿＿記憶がある。
　(A) 歌った
　(B) 歌わせた
　(C) 歌われた
　(D) 歌わされた

14 みなさんは毎日何回くらいお茶を＿＿＿＿＿＿。
　(A) 召し上がりますか
　(B) 頂戴しますか
　(C) お目にかけますか
　(D) 頂きますか

15 環境汚染は社会に＿＿＿＿＿＿な悪影響を及ぼしつつある。
　(A) 不安
　(B) 深刻
　(C) 有害
　(D) 不利

16 遅刻常習犯の彼のことだから、今日も遅刻するだろうと思っていたが、＿＿＿＿＿＿遅刻した。
 (A) 案外
 (B) くれぐれも
 (C) 案の定
 (D) 以ての外

17 怖い小川先生の前だと、＿＿＿＿＿＿してしまってろくに話せない。
 (A) 恐縮
 (B) 萎縮
 (C) 収縮
 (D) 圧縮

18 学校の規則を＿＿＿＿＿＿しまい、学校を辞めざるをえなくなった。
 (A) 砕けて
 (B) 裂けて
 (C) 脅かして
 (D) 破って

19 少年時代からの＿＿＿＿＿＿な努力が実り、弁護士になれた。
 (A) 上向き
 (B) 前向き
 (C) 仰向き
 (D) 直向き

20 足に怪我をしましたが、歩くのに＿＿＿＿＿＿はありません。
 (A) 差し入れ
 (B) 差し押え
 (C) 差し障り
 (D) 差し止め

실전 모의고사 2회

21 参考書がほしいと言ってくれたら貸してあげた_____、何も言わないから、全然分からなかった。
  (A) ことに
  (B) ものを
  (C) ところを
  (D) ばかりに

22 彼の勝手な主張はまったく理解に_____。
  (A) 苦しむ
  (B) 苦しい
  (C) 辛い
  (D) 苦い

23 重い荷物を持っている老人の姿を_____見かねて助けてあげた。
  (A) 見ように
  (B) 見て
  (C) 見るに
  (D) 見るからに

24 この製品は人とは_____違うおしゃれを楽しみたい方にぴったりです。
  (A) 一目
  (B) 一風
  (C) 一段
  (D) 一味

25 式場には同級生が_____押し寄せてきた。
  (A) どさどさ
  (B) くどくど
  (C) めきめき
  (D) わいわい

26 会社では地位の高い人だが、家庭では一人の父親で＿＿＿＿＿＿。
   (A) ほかならない
   (B) しかない
   (C) すぎない
   (D) やまない

27 野次を＿＿＿＿＿＿観客を殴りに選手がスタンドに乗り込んだ事件があった。
   (A) 送った
   (B) 出した
   (C) なぶった
   (D) 飛ばした

28 死亡事件をなかったことにした代価として＿＿＿＿＿＿をもらった記者は首になった。
   (A) 賄賂
   (B) 表芸
   (C) 裏手
   (D) 物腰

29 身体の障害を＿＿＿＿＿＿、頑張っている彼の姿を見ているとやる気が出る。
   (A) 基にして
   (B) はじめ
   (C) ものともせず
   (D) 問わず

30 とにかくここまで来た以上は、＿＿＿＿＿＿がつかない。
   (A) 突っ込み
   (B) 駆け込み
   (C) 押し込み
   (D) 引っ込み

 연습문제 정답 및 해설

1

1 D	2 D	3 B	4 A	5 A	6 C	7 B	8 A	9 A	10 D
11 C	12 C	13 B	14 D	15 D	16 B	17 A	18 B	19 B	20 C
21 C	22 A	23 A	24 C	25 C	26 B	27 D	28 C	29 B	30 B
31 A	32 D	33 A	34 A	35 B	36 C	37 D	38 D	39 C	40 D
41 D	42 A	43 D	44 B	45 A	46 A	47 A	48 D	49 C	50 D
51 A	52 A	53 C	54 B	55 C	56 A	57 C	58 A	59 B	60 A
61 B	62 C	63 A	64 D	65 A	66 D	67 D	68 D	69 C	70 B
71 B	72 C	73 A	74 B	75 D	76 C	77 B	78 A	79 B	80 C
81 B	82 C	83 D	84 C	85 C	86 C	87 A	88 D	89 D	90 A
91 B	92 C	93 A	94 D	95 A	96 C	97 A	98 A	99 B	100 B

1 문형의 올바른 접속형태 ●●●○○

子供の頃、イタリアに_____ことがあります。

해설 문맥상 경험을 나타내는 문형 「〜たことがある ~한 적이 있다」이 와야 한다.

해석 어렸을 때, 이탈리아에 갔던 적이 있습니다.

2 문형의 올바른 접속형태 ●○○○○

誰にも好かれる先生に_____たい。

해설 화자의 희망을 나타내는 「〜たい」는 「동사ます형」에 접속한다.

어휘 好(す)く 좋아하다, 사랑하다

해석 누구나가 좋아하는 선생님이 되고 싶다.

3 문형의 올바른 접속형태 ●●○○○

傘を持っていないのに、いきなり雨が_____出した。

해설 「〜出(だ)す」는 「동사ます형」에 접속한다.

어휘 いきなり 갑자기 〜出(だ)す 〜하기 시작하다

해석 우산을 가지고 있지 않은데, 갑자기 비가 내리기 시작했다.

4 문형의 올바른 접속형태 ●●○○○

ビールを_____すぎてお腹を壊してしまった。

해설 「〜すぎる」는 동사에는 「ます형」에, 형용사에는 「어간」에 접속한다.

어휘 〜すぎる 너무 〜하다 お腹(なか)を壊(こわ)す 배탈이 나다

해석 맥주를 너무 마셔서, 배탈이 나 버렸다.

5 문형의 올바른 접속형태 ●○○○○

窓を_____まま寝て、泥棒に入られてしまった。

해설 「〜まま」 앞에 동사가 올 경우 과거형에 접속하고, 빈칸 앞에 조사 「を」가 있으므로 타동사인 「開ける」가 와야 한다.

어휘 〜たまま 〜한 채로 泥棒(どろぼう)に入(はい)られる 도둑이 들다

해석 창문을 연 채로 자서 도둑이 들어 버렸다.

6 적절한 문형 찾기 ●●○○○

忙しすぎて銀行からお金を引き出すのを忘れて_____。

해설 「〜てしまう ~해 버렸다」라는 문형을 묻는 문제이다.

어휘 忙しい 바쁘다 お金を引き出す 돈을 찾다 =お金を下ろす 忘れる 잊다, 잊고 오다

해석 너무 바빠서 은행에서 돈을 찾는 것을 잊어 버렸다.

7 문형의 올바른 접속형태 ●●●○○
昨夜はお風呂に_____から12時に寝ました。

해설 「~てから ~하고 나서」라는 문형을 묻는 문제. 비슷한 의미의 문형인 「~た後で ~한 후에」도 함께 알아두자.

어휘 昨夜 어젯밤 お風呂に入る 목욕을 하다

해석 어젯밤은 목욕을 하고 나서 12시에 잤습니다.

8 문형의 정확한 형태 ●●○○○
彼女はあまりおいしくない料理を文句も言わず_____食べている。

해설 「~ずに ~하지 않고」라는 문형을 묻는 문제. 유사한 문형인 「~ないで」도 함께 알아두자.

어휘 文句を言う 불평을 하다

해석 그녀는 그다지 맛있지 않은 요리를 불평도 하지 않고 먹고 있다.

9 문형의 올바른 접속형태 ●●○○○
昨日兄といっしょにラーメンを_____に行ってきた。

해설 목적용법의 「に ~하러」는 「동사ます형」에 접속하므로 A)가 정답이다.

해석 어제 형과 함께 라면을 먹으러 갔다 왔다.

10 문형의 올바른 접속형태 ●○○○○
私はいつもご飯を_____ながらテレビを見ます。

해설 「~ながら」는 「동사ます형」에 접속하므로 D)가 답임을 쉽게 알 수 있다. 「~ながら」는 '동시동작, 역접, 상태'의 세 가지 용법을 가지고 있는데 질문에서는 '동시동작' 용법으로 사용되었다.

해석 나는 항상 밥을 먹으면서 텔레비전을 봅니다.

11 문형의 올바른 접속형태 ●●●○○
週末には大体家にいますが、晴れた日には山に_____します。

해설 빈칸 뒤에 「します」가 있으므로 접속이 가능한 C) 밖에 답이 될 수 없다. 「~たり~たりする ~하기도 하고 ~하기도 하다」라는 문형은 「~たりする」와 같이 「たり」가 한 번만 쓰일 수도 있다.

어휘 週末 주말 大体 대체로 晴れる 날씨가 맑다

해석 주말에는 대체로 집에 있습니다만, 맑은 날에는 산에 오르기도 합니다.

12 적절한 문형 찾기 ●●●○○
今日の授業は一番難しく、理解し_____部分も数カ所かあった。

해설 빈칸 앞에 「동사ます형」이 와 있으므로 「ます」형에 접속하는 문형을 찾으면 되는데 4개의 보기 모두 「ます형」에 접속하는 문형이므로 해석을 통해서 풀 수밖에 없다. 문맥상 「~がたい ~하기 어렵다」가 와야 올바르다.

어휘 授業 수업 理解 이해 部分 부분 数カ所 몇 군데 ~得る ~할 수 있다 ~きる 다 ~하다 ~かねない ~일지도 모른다

해석 오늘 수업은 가장 어려워서, 이해하기 어려운 부분도 몇 군데인가 있었다.

13 문형의 올바른 접속형태 ●●○○○
風邪を引いた_____学校を休まざるを得なかった。

해설 '학교를 쉬지 않을 수 없었다' 라는 내용이 문장 뒤에 있으므로 빈칸에는 좋지 않은 뉘앙스를 띠는 「~せいで ~탓에」가 와야 올바르다. 비

연습문제 정답 및 해설

숫한 의미의 문형인 「~たばかりに」도 숙지해 놓자.

어휘 風邪を引く 감기에 걸리다 ~ざるを得ない ~하지 않을 수 없다 ~おかげで ~덕분에

해석 감기에 걸린 탓에 학교를 쉬지 않을 수 없었다.

14 문형의 올바른 접속형태 ●●●○○
必ず行くと約束したから、どんなことがあっても_____ざるをえない。

해설 「~ざるを得ない ~하지 않을 수 없다」는 동사 부정형에 접속하므로 D)가 정답이다. 비슷한 문형「~なければならない」도 함께 알아두자.

해석 반드시 간다고 했으니까 무슨 일이 있어도 가지 않을 수 없다.

15 문형의 올바른 접속형태 ●●○○○
この漢字の_____方を教えていただけますか。

해설 「동사ます형 + 方 ~하는 방식, 방법」이라는 문형만 알면 간단한 문제이다.

어휘 漢字 한자

해석 이 한자의 읽는 방법을 가르쳐 주시겠습니까?

16 문형과 호응하는 표현 찾기 ●●●○○
たとえ試験に_____泣きはしまい。

해설 「たとえ~ても 설령 ~하더라도」라는 문형을 찾는 문제. 이 밖에도 「いくら、どんなに」가 보이면 뒤에 「~ても」가 있는지 확인하도록 하자.

어휘 試験に落ちる 시험에 떨어지다 ~まい ~하지 않겠다, ~하지 않을 것이다

해석 설령 시험에 떨어지더라도 울지는 않겠다.

17 문형의 정확한 형태 ●●●●○
英語は勉強すればする_____分からないことが出てきます。

해설 문장 앞에 「すれば」가 있으므로 「ほど」를 정답으로 찾을 수 있어야 한다. 「~ば~ほど ~하면 ~할수록」이라는 문형을 숙지하고 있으면 3초 안에 풀 수 있는 문제이다. 보기에 「だけ」가 있어도 정답이 될 수 있다.

해석 영어는 공부하면 할수록 모르는 부분이 나옵니다.

18 적절한 문형 찾기 ●●●○○
料理の量が多くて1人では到底食べ_____。

해설 문맥상 '다 먹을 수 없다'가 빈칸에 들어가야 하므로 B)의 「~きれない 다 ~할 수 없다」를 찾으면 된다.

어휘 料理 요리 量 양 到底~ない 도저히 ~않다

해석 요리의 양이 너무 많아서 혼자서는 도저히 다 먹을 수 없다.

19 적절한 문형 찾기 ●●●○○
今更チケットの予約ができる_____。

해설 문장 앞에 「今更」가 있으므로 빈칸에는 부정적인 내용이 들어와야 함을 알 수 있다. 4개의 보기 중 부정적인 내용의 문형은 B)밖에 없다. 유사문형인 「~わけがない」도 함께 숙지해 놓자.

어휘 今更 이제 와서 予約 예약 ~はずがない ~일 리가 없다

해석 이제 와서 표의 예약을 할 수 있을 리가 없다.

20 문형의 올바른 접속형태 ●●●●○
会社を_____ものなら休んでいっしょにいたいけれど、簡単にはできない。

해설 「ものなら」는 2가지의 접속형태가 있고 각각의 의미가 다르므로 주의를 요한다. 「동사가능형 + ものなら (거의 불가능하지만) ~한다면」과 「동사권유형 + ものなら ~한다면(큰일이 일어난다)」가 있는데, 질문에서는 '(거의 불가능하지

만) ~한다면'이라는 뜻이므로 C)를 정답으로 선택해야 한다.
해석 회사를 쉴 수 있다면 쉬고 함께 있고 싶지만, 간단히는 할 수 없다.

21 적절한 문형 찾기 ●●●○○
家族全員がそれぞれに、忘れ_____思い出を作ることができた。
해설 문맥상 빈칸에 「~がたい ~하기 어렵다」가 들어가야 올바르다.
어휘 家族全員 가족전원 それぞれ 각각 思い出 추억
~ようがない ~할 방도가 없다 ~ざるを得ない ~하지 않을 수 없다
해석 가족전원이 각각 잊기 어려운 추억을 만들 수 있었다.

22 문형의 정확한 형태 ●●●○○
仕事が忙しくて旅行_____ではありません。
해설 밑줄 뒤에 「ではない」 형태가 있으므로 「~どころではない ~할 상황이 아니다」라는 문형을 묻고 있음을 재빨리 파악할 수 있어야 한다.
해석 일이 바빠서 여행 갈 상황이 아닙니다.

23 문형의 올바른 접속형태 ●●●○○
不思議な_____、夢で見た光景が目の前に広がっていた。
해설 「~ことに ~하게도」라는 문형을 묻고 있다. 「~ことに」에서 「こと」는 형식명사이므로, 앞에 ナ형용사가 오면 어미 「だ」가 「な」로 바뀐다는 사실을 잊지 말자!
어휘 不思議だ 이상하다, 희한하다 光景 광경 広がる 펼쳐지다 ~ものを ~할 것을(화자의 후회나 유감을 나타냄)
해석 희한하게도 꿈에서 봤던 광경이 눈앞에 펼쳐져 있었다.

24 문형의 올바른 접속 형태 ●●●●●
旅行から_____次第、電話してください。
해설 「~次第 ~하는 대로, ~하자마자」는 「동사ます형」에 접속한다는 사실만 알면 쉽게 풀 수 있는 문제이다.
해석 여행에서 돌아오는 대로 전화해 주세요.

25 문형의 정확한 형태 ●●●○○
健康であれば_____好きなことができ、人生を楽しむことができるのです。
해설 밑줄 앞에 있는 「ば」가 결정적인 힌트이다. 4개의 조사 중에 「ば」에 바로 접속할 수 있는 것은 C)밖에 없다. 「~ばこそ ~이기 때문에」라는 문형을 묻고 있으며, 유사문형인 「~からこそ」도 함께 숙지해 놓자. 즉, 질문의 「健康であればこそ」를 「健康であるからこそ」로 바꾸어 써도 아무런 이상이 없다는 것. A)는 「~ば~ほど ~하면 ~할수록」, B)는 「~さえ~ば ~만 ~하면」형태로 사용된다.
해석 건강하기 때문에 좋아하는 것을 할 수 있고, 인생을 즐길 수 있는 것입니다.

26 적절한 문형 찾기 ●●●○○
父は病気_____働くことができず、首になってしまった。
해설 문맥상 '아버지가 자주 병에 걸린다'는 내용이 와야 하므로, 「~がちだ ~하기 쉽다, 자주 ~하다」를 찾으면 된다. A)는 '~하는 김에'라는 뜻이고, 유사문형으로 「~かたがた」와 「~ついでに」가 있으며, C)는 '~인 만큼'이라는 의미이고 유사문형으로 「~だけあって」가 있다. D)는 '~임에도 불구하고' 라는 뜻.
어휘 病気 병 = 病 働く 일하다 首になる 해고당하다 ↔ 首にする 해고하다

연습문제 **정답 및 해설**

해석 아버지는 자주 병에 걸려서 일할 수가 없었고, 해고당해 버렸다.

27 문형의 올바른 접속형태 ●●●○○
電車のドアが_____とたん大勢の人が降り始めた。

해설 빈칸 뒤에 「とたん」을 보는 순간 과거형이 아닌 A), C)는 탈락. 빈칸 앞에 조사 「が」가 있으므로 자동사인 D)를 정답으로 선택해야 한다. 「〜たとたん 〜하자마자」과 유사문형인 「〜た矢先に」도 함께 알아놓는 것이 좋다.

어휘 大勢 많은 사람, 많이 〜始まる 〜하기 시작하다

해석 전철의 문이 열리자마자 많은 사람이 내리기 시작했다.

28 적절한 문형 찾기 ●●●●○
川に_____くねくね曲がる道をバスは進んでいった。

해설 A), C), D)는 '〜에 따라서'로 해석이 가능하므로 각 문형의 차이를 파악하고 있지 않으면 풀기 어려운 문제이다. 「〜に沿って」 앞에는 '자연물(강, 길 등)이나 방침, 정책, 지침' 등의 명사가 오기 쉽고, 「〜につれて」나 「〜に従って」 앞에는 「研究が進む、年を取る、成長する」 등의 '변화'를 나타내는 표현이 와야 한다. B)의 「〜に応えて」는 '〜에 부응하여'라는 뜻으로 앞에는 '기대, 성원, 요망' 등의 명사가 자주 온다.

어휘 くねくね 구불구불 曲がる 구부러지다

해석 강을 따라서 구불구불 구부러진 길을 버스는 나아갔다.

29 문형의 정확한 형태 ●●●○○
いまさら後悔した_____どうにもならないから、気を楽にした方がいい。

해설 빈칸 앞에 「과거형」이 왔고 4개의 보기 중, 과거형에 접속할 수 있는 것은 B)밖에 없다. 「〜たところで 〜해 봤자」라는 문형을 알고 있으면 쉽게 풀 수 있는 문제.

어휘 今更 이제 와서 後悔 후회 どうにもならない 어찌할 도리가 없다 気を楽にする 마음을 편히 먹다

해석 이제 와서 후회해 봤자, 어찌할 수 없으니까 마음을 편히 먹는 편이 좋다.

30 문형의 올바른 접속 형태 ●●●○○
娘は家に_____なり、遊びに行ってしまった。

해설 「〜なり」는 「동사기본형」에 접속하면 '〜하자마자' 라는 의미를, 「동사과거형」에 접속하면 '〜한채로' 라는 의미를 가진다. '집에 돌아오자마자, 놀러가 버렸다'로 해석해야 문맥이 통하므로 기본형인 B)가 정답이 된다.

해석 딸은 집에 돌아오자마자, 놀러 가 버렸다.

31 적절한 문형 찾기 ●●●●○
一度断られたからといって、おめおめ引き下がる_____。

해설 빈칸에 「〜わけにはいかない 〜할 수는 없다」가 들어가야 자연스러운 문장이 된다. B)는 '〜할 필요는 없다' 라는 의미이고, 비슷한 문형인 「〜には当たらない」「〜には及ばない」도 함께 숙지해 놓자. C)는 '〜하는 것이 좋다, 〜하는 것이 상책이다' 라는 의미로서 충고 및 조언을 나타내는 문형이다. D)는 「동사ます형」에 접속하며, '〜할 방도가 없다' 라는 뜻.

어휘 断る 거절하다 おめおめ 순순히 引き下がる 물러나다

해석 한 번 거절당했다고 해서, 순순히 물러날 수는 없다.

32 적절한 문형 찾기 ●●●○○
いくら科学技術が発達しようが、コンピュータは一つの道具に_____。

해설 앞뒤 문맥을 살펴보면 빈칸에「～すぎない」가 들어가야 자연스럽다. A)는「～にほかならない」꼴로 쓰여서 '다름아닌 ～이다', B)의「～にかたくない」는 '～하기에 어렵지 않다'라는 의미로「想像にかたくない 상상하기에 어렵지 않다」형태로 시험에 자주 출제된다. C)는「～に決まっている」형태로 쓰여, '～임에 틀림없다'는 뜻이며, 유사한 문형으로「～に違いない」와「～に相違ない」가 있다.

어휘 科学技術 과학기술 発達 발달 ～(よ)うが ～해도 = ～(よ)うと = ～ても 道具 도구

해석 아무리 과학기술이 발달해도, 컴퓨터는 하나의 도구에 불과하다.

33 적절한 문형 찾기 ●●●●○
年に一度のお祭り_____ たくさんの家族連れが参加した。

해설 빈칸에「～とあって ～이어서」가 들어가야 자연스럽다. B)는 '～에 즈음하여'라는 의미이고「～にあたって」형태로도 쓸 수 있다. 유사 문형인「～に際して」도 같이 알아두자. C)는 '～을 상관하지 않고', D)는 '～라고 해도'라는 뜻.

어휘 お祭り 축제 ～づれ (명사에 붙여서) ～를 동반함 参加 참가

해석 1년에 한 번뿐인 축제여서 많은 가족동반이 참가했다.

34 문형의 정확한 형태 ●●●○○
私が仕事を_____が辞めまいがあなたとは関係ありません。

해설 빈칸 뒤에「まいが」가 있으므로「～(よ)うが～ まいが ～하든 ～말든」를 묻고 있음을 눈치챌 수 있어야 한다.

해석 제가 일을 그만두든 말든 당신과는 상관없습니다.

35 적절한 문형 찾기 ●●●○○
実際に始めてみない_____本当に自分にできるかどうか分りません。

해설 빈칸 앞에「ない」가 있으므로「～ないことには ～하지 않고서는」을 떠올릴 수 있어야 한다. C)는 '～라고 해도'라는 뜻이며,「～とはいえ」와 비슷한 의미의 문형이다. D)는 '～라고 생각했는데'라는 뜻.

어휘 実際に 실제로 始める 시작하다

해석 실제로 시작해보지 않고서는, 정말로 자신이 할 수 있을지 없을지 알 수 없습니다.

36 적절한 문형 찾기 ●●●○○
都市開発を_____未だに激しい論争が続いている。

해설「～をめぐって ～를 둘러싸고」라는 문형을 묻고 있다. A)의「～を中心に ～을 중심으로」와 B)의「～を踏まえて ～에 입각하여」도 함께 숙지해 놓도록 하자.

어휘 都市開発 도시개발 未だに 아직까지도 激しい 심하다 論争 논쟁

해석 도시개발을 둘러싸고 아직까지도 심한 논쟁이 이어지고 있다.

37 적절한 문형 찾기 ●●●○○
食べ_____のケーキをゴミ箱に捨てるなんてもったいないじゃない。

해설 빈칸 앞에「동사ます형」이 있음을 주목하자. 4개의 보기 중,「ます형」에 접속 가능한 것은 D)밖에 없다.

연습문제 정답 및 해설

어휘 ~かけ ~하다 만 ゴミ箱(ばこ) 쓰레기통 捨(す)てる 버리다 ~最中(さいちゅう) 한창 ~중 ~際(さい) ~할 때

해석 먹다 만 케이크를 쓰레기통에 버리다니 아깝지 않아?

38 문형의 올바른 접속형태 ●●○○○
私はコンピュータの知識(ちしき)に＿＿＿＿自信(じしん)があります。

해설 빈칸 뒤에 '자신이 있다'는 내용이 왔으므로, 능력을 자랑하는 「~にかけては ~에 있어서는」라는 문형이 와야 한다. 비슷한 문형으로 「~に関(かん)しては」가 있으니 세트로 알아두자. 나머지 보기의 문형들 「~において ~에 있어서」, 「~に先(さき)立(た)って ~에 앞서서」, 「~に即(そく)して ~에 따라서」도 숙지해 놓자.

해석 저는 컴퓨터 지식에 있어서는 자신이 있습니다.

39 문형의 올바른 접속형태 ●○○○○
その問(と)いには答(こた)え＿＿＿＿のでご了承(りょうしょう)ください。

해설 빈칸 앞에 「ます형」이 와 있다. 보기 중에 「ます형」에 접속 가능한 문형은 C)와 D)이고 문맥상 '~하기 어렵다'가 되어야 하므로 C)가 정답이 된다.

해석 그 질문에는 답하기 어려우니까 양해 바랍니다.

40 문형의 올바른 접속형태 ●●●○○
会話(かいわ)クラスは個人(こじん)それぞれの実力(じつりょく)に＿＿＿＿分(わ)けられます。

해설 「~に基(もと)づいて ~에 의거해서」라는 문형을 묻는 문제이다. 직역해서 A)를 답으로 골라서는 안 된다. 「~につれて」 앞에는 반드시 '변화'를 나타내는 내용이 와야 한다는 것을 잊지 말자.

어휘 会話(かいわ) 회화 個人(こじん) 개인 それぞれ 제각각 実力(じつりょく) 실력 分(わ)ける 나누다 ~に限(かぎ)って ~에 한해서 ~に加(くわ)えて ~에 더해서

해석 회화 반은 개인 제각각의 실력에 의거해서 나누어집니다.

41 적절한 문형 찾기 ●●●○○
雨が降っているのに、バスに＿＿＿＿ばかりに渋滞に巻き込まれてしまった。

해설 「~たばかりに ~한 탓에」라는 문형을 묻는 문제이다. 빈칸 뒤에 「ばかりに」가 있으므로 과거형인 D)를 찾으면 된다.

어휘 渋滞(じゅうたい) 정체 巻(ま)き込(こ)まれる 말려들다

해석 비가 내리고 있는데, 버스를 탄 탓에 정체에 말려들어 버렸다.

42 적절한 문형 찾기 ●●●●○
娘は1年前に家を出た＿＿＿＿、帰ってこない。

해설 「~たきり ~한 채로」라는 문형을 묻는 문제이다. 「きり」대신에 「なり」가 들어가도 된다. 나머지 보기의 「~た末(すえ)に ~한 끝에」, 「~たとたん ~하자마자」, 「~上(うえ)は ~한 이상은」도 출제빈도가 높은 문형이니 반드시 외워 놓자.

해석 딸은 1년 전에 집을 나간 채로, 돌아오지 않는다.

43 적절한 문형 찾기 ●●●●○
天気がよくて、散歩(さんぽ)し＿＿＿＿近くの川に行ってきた。

해설 문맥상 빈칸에 '~하는 김에'가 들어가야 하는데, A), B), D)가 모두 '~하는 김에'라는 뜻이다. 이 문제는 문형의 의미뿐만 아니라 접속 형태까지 알아야 풀 수 있는데, 빈칸 앞에 「ます형」이 온 것이 결정적인 힌트가 된다. A), B), D) 중에 「ます형」에 접속 가능한 것은 D)뿐이다. 참고로 A)는 「동사기본형」이나 「과거형」에 접속하며, B)는 동사에 접속 불가능하다. C)는 '~하는 한편으로'라는 뜻.

해석 날씨가 좋아서, 산책 하는 김에 근처의 강에 갔다 왔다.

44 문형의 정확한 형태 ●●●●○
場所が分からなければ_____にも行けません。
해설 「〜(よ)にも〜ない ~하려고 해도 ~않다」라는 문형을 묻는 문제. 따라서 빈칸에는 「권유형」이 들어가야 한다.
어휘 場所 장소
해석 장소를 모르면 가려고 해도 갈 수 없습니다.

45 문형의 정확한 형태 ●●●○○
この病気は伝染する_____があるから、気をつけなければなりません。
해설 「〜恐れがある ~할 우려가 있다」와 「〜きらいがある ~하는 경향이 있다」의 차이점을 묻는 문제. '병이 전염되는 것' 은 미래의 행위인데 「〜きらいがある」는 미래의 추측으로 사용이 불가능하므로 정답이 될 수 없다.
어휘 伝染 전염 気をつける 조심하다, 주의하다
해석 이 병은 전염될 우려가 있으니까 조심해야 합니다.

46 적절한 문형 찾기 ●●●○○
昨今の渇水を見ていると、お風呂は_____飲み水さえ困る時代が来ないとも限らない。
해설 조사 「は」에 연결되는 문형의 구분을 묻는 문제이다. 문맥상 「〜はおろか ~는커녕」이 와야 한다. 나머지 보기의 문형들 「〜はさておいて ~는 제쳐 놓고」, 「〜はもとより ~는 물론」, 「〜はともかく ~는 어쨌든」도 함께 알아두자.
어휘 昨今 요즘 渇水 물이 마름 困る 곤란하다 時代 시대
해석 요즘 물이 마르는 것을 보고 있으면, 목욕은커녕 마실 물조차 곤란할 시대가 오지 않는다고 할 수 없다.

47 적절한 문형 찾기 ●●●○○
空気が春_____くると、虫の動きが活発になってきます。
해설 「〜めく ~다워지다」라는 문형을 묻는 문제이다. 「春めく」형태로 자주 쓰인다.
어휘 空気 공기 虫 벌레 動き 움직임 活発 활발 〜なりに ~나름대로 〜ごとく ~같이 = ~ように
해석 공기가 봄다워지면, 벌레의 움직임이 활발해집니다.

48 적절한 문형 찾기 ●●●○○
うちの娘_____親の言うことを真面に聞こうとしない。
해설 「〜ときたら ~로 말하자면」는 상대에 대한 비난, 비판, 불만, 분노의 감정을 담은 표현이므로 좋지 않은 뉘앙스를 띤다. 문장 뒤에 '부모의 말을 진지하게 들으려고 하지 않는다' 라는 좋지 않은 내용이 온 것을 주목하자.
어휘 娘 딸 真面に 진지하게 〜というのは ~라는 것은 〜に限って ~에 한해서 〜にしては ~치고는 = 〜わりには
해석 우리 딸로 말하자면, 부모가 말하는 것을 진지하게 들으려고 하지 않는다.

49 문형의 올바른 접속형태 ●●●●○
免許を_____以来運転が好きでしかたがありません。
해설 「〜て以来 ~한 이래」라는 문형을 묻는 문제. 빈칸 뒤에 있는 「以来」를 보는 순간, C)를 답으로 고를 수 있어야 한다.
어휘 免許を取る 면허를 따다 運転 운전 〜てしかたがない ~해서 견딜 수가 없다
해석 면허를 딴 이래로, 운전이 좋아서 견딜 수 없습니다.

연습문제 정답 및 해설

50 적절한 문형 찾기 ●●●●○
月を見る_____、切ない思いがしてたまらない。
해설 문맥상「〜につけ 〜할 때마다」가 적절함을 알 수 있다. 빈칸에는 비슷한 의미의 문형인「〜たびに」나「〜ごとに」가 들어가도 된다. A)는 '〜이기 때문에', C)는 '무심코'라는 뜻.
어휘 月 달　切ない 애달프다　〜てたまらない 〜해서 견딜 수가 없다 =〜てしかたがない
해석 달을 볼 때마다, 애달픈 기분이 들어서 견딜 수가 없다.

51 적절한 문형 찾기 ●●●●○
本人に確認してみた_____彼は今まで親を騙したことがないという。
해설「〜たところ 〜했더니, 〜한 결과」라는 문형을 묻고 있다. 나머지 보기들의 문형「〜たばかりに 〜한 탓에」,「〜たところで 〜해 봤자」,「〜たまま 〜한 채로」도 함께 익혀 놓자.
어휘 本人 본인　確認 확인　騙す 속이다
해석 본인에게 확인해 본 결과, 그는 지금까지 부모를 속인 적이 없다고 한다.

52 적절한 문형 찾기 ●●●●○
今日は16時間続けて働いて疲れ_____。
해설「〜果てる」는「동사ます형」에 접속하여 '완전히 〜하다'라는 의미를 가진다. 유사한 표현으로「〜きる」가 있어서 B)와 혼동할 우려가 있는데, B)가 답이 되려면「きった」가 되어야 한다. 촉음의 유무는 오문정정 파트에서도 출제된 적이 있는 부분이니만큼, 평소에 공부할 때 신경 쓰도록 하자.
어휘 働く 일하다　疲れる 피곤하다　〜まくる 마구 〜하다
해석 오늘은 16시간 계속 일해서 완전히 지쳤다.

53 문형의 올바른 접속 형태 ●●●○○
うちの社長は自分の_____さえあれば社員はどうなってもいいと思っているようだ。
해설「〜さえ〜ば 〜만 〜하면」의 접속 형태를 묻는 문제이다.「さえ」앞에는 '명사'가 와야 하므로 정답은 A)가 된다.
어휘 幸せ 행복　社員 사원
해석 우리 사장은 자신의 행복만 있으면 사원은 어떻게 되어도 좋다고 생각하고 있는 것 같다.

54 문형의 올바른 접속 형태 ●●●○○
ゲームのしすぎで成績がだんだん_____一方だ。
해설「〜一方だ」는「동사기본형」에 접속하여 '〜하기만 하다'라는 뜻. 접속형태만 알고 있으면 3초 안에 풀 수 있는 문제이다.
어휘 成績 성적　だんだん 점점
해석 게임을 너무 많이 해서, 성적이 점점 내려가기만 한다.

55 적절한 문형 찾기 ●●●●○
疲れた時は何も考えないでゆっくり休む_____。
해설 문맥상 '〜하는 것이 좋다, 〜하는 것이 상책이다'라는「충고나 조언」을 나타내는 문형「〜ことだ」가 적절하다. B)의「〜ものだ」는 '〜하는 법이다'라는 의미로써「보편적인 사실이나 의무, 당연함」을, C)의「〜わけだ」는 '〜인 셈이다, 〜할만도 하다'라는 의미로서「상황에서 판단한 당연한 결과나 이유를 듣고 납득함」을, D)는 동사기본형에 접속하며 '막 〜할 참이다'라는 뜻을 가진다.
해석 피곤할 때에는 아무것도 생각하지 않고 느긋하게 자는 것이 좋다.

56 적절한 문형 찾기 ●●●●●

遅刻常習犯の彼の_____、今日も遅れるに違いない。

해설 문맥상 빈칸에는 '~이니까'라는 이유를 나타내는 표현이 들어가야 한다. A), B) 모두 '~이니까'라는 의미로 해석이 되지만,「~ことだから」는 '그것 자신이 가지고 있는 고유의 이유를 내세우는 표현'이고,「~ものだから」는 '핑계나 변명을 댈 때 쓰이는 표현'이다.
접속 형태로 접근하면 더 쉽게 풀 수 있는데「명사 + の」에 접속 가능한 것은「~ことだから」이다. C)의「~くせに」는 '~인 주제에'라는 뜻으로 '비난이나 경멸을 나타내는 표현'이고, D)의「~ゆえに」는 '~때문에'라는 의미이다.

어휘 遅刻常習犯 지각 상습범 ~に違いない ~일 것임에 틀림없다 = ~に相違ない

해석 지각상습범인 그이니까, 오늘도 늦을 것임에 틀림없다.

57 적절한 문형 찾기 ●●●●●

電話番号は理由を_____変更できるようになっている。

해설 빈칸 안에 '~를 불문하고'라는 내용이 들어가야 문맥이 통하므로 A)의「~を問わず」가 정답이다. B)의「~をものともせずに ~를 아랑곳하지 않고」는 '곤란이나 장애를 무릅쓰고 어떠한 행위를 한다'는 뉘앙스이고, C)의「~を皮切りに ~를 시작으로」는 '비슷한 종류의 행위의 시작'을 뜻한다.

어휘 電話番号 전화번호 理由 이유 変更 변경 境 경계

해석 전화번호는 이유를 불문하고 변경할 수 있게 되어 있다.

58 적절한 문형 찾기 ●●●●●

8時を_____閉店させて頂きますので、お急ぎになってください。

해설 문맥상 '~로, ~로써'라는 의미인「~をもって」가 적절하다.「~を基に ~를 바탕으로」,「~をはじめ ~을 비롯하여」,「~をかわきりに ~를 시작으로」도 함께 숙지해 놓자.

어휘 閉店 폐점 急ぐ 서두르다

해석 8시로써 폐점하겠으니 서두르세요.

59 적절한 문형 찾기 ●●●●●

しばらく留守にしていた_____泥棒が入った。

해설「~間」와「~間に」의 구별을 묻는 문제이다.「~間」는 어떠한 행위가 그 기간 동안에 계속 행해지는 것을 의미하며,「~間に」는 어떠한 행위가 특정시점에 행해진 것을 의미한다. '도둑이 든 것'은 부재중에 계속 행해진 것이 아니라, 특정 시점에서 행해진 것이므로「~間に」가 정답이 된다.

어휘 留守 부재중 泥棒 도둑

해석 잠시 부재중이었던 동안에 도둑이 들었다.

60 문형의 올바른 접속형태 ●●●●●

彼は児童書の編集者として_____かたわら作家としても活躍している。

해설「~かたわら」는 '~하는 한편으로'라는 뜻으로,「동사기본형」에 접속한다. 따라서 정답은 A)가 된다.

어휘 児童書 아동서 編集者 편집자 作家 작가 活躍 활약

해석 그는 아동서의 편집자로서 일하고 있는 한편으로, 작가로서도 활약하고 있다.

연습문제 **정답 및 해설**

61 문형의 올바른 접속형태 ●●●○○
そんな危険な運転では、事故を＿＿＿＿＿かねない。

해설 「〜かねない」는「동사ます형」에 접속하고, '〜일지도 모른다'라는 의미의 문형이다. 유사한 문형인「〜かもしれない」도 함께 숙지해 두자.

어휘 危険 위험　運転 운전　事故を起こす 사고를 일으키다

해석 그런 위험한 운전으로는 사고를 일으킬지도 모릅니다.

62 적절한 문형 찾기 ●●●●○
田中さんは10年もアメリカに住んでいた＿＿＿＿＿英語が上手ではない。

해설 빈칸 앞뒤의 문맥을 보면, '미국에서 10년을 살았다'와 '영어가 능숙하지 않다'가 역접으로 연결되고 있음을 알 수 있다. 보기에서 역접의 문형은 A)의「〜にひきかえ 〜와 반대로」와 C)의「〜にしては 〜치고는」가 있는데,「〜にひきかえ」는 명사에만 접속이 가능하므로 접속 형태부터 잘못되어 있음을 알 수 있다. B)의「〜に際して」는 '〜에 즈음하여', D)의「〜にせよ」는 '〜라고 해도'라는 뜻.

해석 다나카 씨는 10년이나 미국에서 살았던 것치고는 영어가 능숙하지 않다.

63 적절한 문형 찾기 ●●●●○
警察から話を聞いた＿＿＿＿＿では、犯人はどうやら窓を突き抜けて逃げたようだ。

해설 문맥상「〜限りでは 〜한 바로는」가 자연스럽다.

어휘 警察 경찰　犯人 범인　どうやら 아무래도　突き抜ける 통과하다　逃げる 도망가다　きっかけ 계기

해석 경찰로부터 이야기를 들은 바로는, 범인은 아무래도 창을 통과하여 도망친 것 같다.

64 적절한 문형 찾기 ●●●○○
重い病気にかかって散歩に行く＿＿＿＿＿、玄関のドアからも出られなかった。

해설 빈칸에 '〜는커녕'이라는 뜻의「〜どころか」나「〜はおろか」가 들어가야 문맥이 자연스럽다. B)는 밑줄 앞에 조사「は」가 없으므로 오답이다.

어휘 重い 무겁다, 병이 심하다　病気にかかる 병에 걸리다　玄関 현관

해석 심한 병에 걸려서 산책을 가기는커녕, 현관문으로부터도 나갈 수 없었다.

65 적절한 문형 찾기 ●●○○○
あのレストランの料理は値段の＿＿＿＿＿おいしい。

해설 「〜わりに(は) 〜에 비해서」라는 문형을 묻는 문제이다. 비슷한 의미의 문형으로「〜にしては」가 있어서 B)를 답으로 골라버릴 우려가 있는데, 빈칸 앞에「に」가 없으므로 정답이 될 수 없다. C)의「〜如何によらず」는 '〜여하에 상관없이', D)의「〜こととて」는 '〜이기 때문에'라는 의미이다.

어휘 値段 값　料理 요리

해석 저 레스토랑의 요리는 값에 비해서는 맛있다.

66 적절한 문형 찾기 ●●●○○
社長＿＿＿＿＿、事業に対する思いが大変熱い。

해설 빈칸에 '〜인 만큼'이라는 내용이 들어가야 하므로, D)의「〜だけあって」가 정답이 된다. 비슷한 의미의 문형「〜だけに」도 세트로 숙지해 놓자. A)의「〜ごとに」는 '〜마다', B)의「〜ではあるまいし」는 '〜도 아닌데', C)의「〜ならでは(の)」는 '〜만(의)'이라는 뜻이다.

어휘 事業 사업　熱い 뜨겁다, 열정적이다

226_

해석 사장님인 만큼, 사업에 대한 생각이 매우 열정적이다.

67 적절한 문형 찾기 ●●●●
子供の頃、母が寝る前によく本を読んでくれた_____。

해설 문장 안에「子供の頃」라는 과거를 명시하는 표현이 있고, 빈칸 앞에「동사과거형」이 와 있으므로 과거회상을 나타내는「~たものだ ~하곤 했다」가 정답이 된다. A)의「~ごとだ」는 '~하는 것이 좋다, ~하는 것이 상책이다', B)의「~ばかりだ」는「동사과거형」에 접속하여 '막 ~했다', C)의「~ものを」는 '~할 것을, ~할 텐데'라는 의미.

해석 아이 시절, 어머니는 자기 전에 자주 책을 읽어 주곤 했다.

68 적절한 문형 찾기 ●●●●
男性_____ファッションについては気になるものだ。

해설 4개의 보기 중「~とはいえ ~라고 해도」가 빈칸에 들어가야 문맥이 통한다. 나머지 보기의 문형들「~とあいまって ~과 어울려서」,「~というより ~라고 하기보다」,「~ときたら ~로 말하자면」도 함께 익혀놓자.

어휘 ファッション 패션 気になる 걱정되다

해석 남성이라고 해도 패션에 관해서는 걱정이 되는 법이다.

69 적절한 문형 찾기 ●●●○
そんな高価な車は1年貯金しても買え_____。

해설 빈칸 앞에「동사ます형」이 와 있는 것을 주목하자. 보기 중 A), B), C)가「ます형」에 접속가능한데, 문맥상 '~일 리가 없다'라는 의미가 되어야 하므로 C)가 정답이 된다. A)의「~得る」는 '~할 수 있다', B)의「~かねない」는 '~일지도 모른다', D)의「~ものか」는 '~할까보냐'라는 의미.

어휘 高価だ 값이 비싸다 ↔ 安価だ 값이 싸다 貯金 저금

해석 그런 비싼 차는 1년 저금해도 살 수 있을 리가 없다.

70 적절한 문형 찾기 ●●●○
道が分からないので、家に帰りたくても帰り_____。

해설 빈칸 앞에「동사ます형」이 왔으므로 기본형에 접속하는 C)는 일단 제외. 빈칸에 B)의 '~할 방도가 없다'가 들어가야 문맥이 자연스럽다. A)는 '~한 채이다', D)는 '~하고 있는 중이다'라는 뜻.

해석 길을 모르기 때문에, 집에 돌아가고 싶어도 돌아갈 방도가 없다.

71 적절한 문형 찾기 ●●●●
彼女の気障な格好は全く見るに_____。

해설「~にたえない 차마 ~할 수 없다」라는 문형을 묻는 문제이다. 나머지 보기의 문형「~にたりない ~할 만한 가치가 없다」,「~に値する ~할 만한 가치가 있다」,「~こしたことはない ~하는 것이 최고다」도 꼼꼼히 짚고 넘어가자.

어휘 気障だ 비위에 거슬리다 格好 모습, 복장

해석 그녀의 비위에 거슬리는 모습은 정말이지 차마 볼 수 없다.

72 적절한 문형 찾기 ●●●●
父に「一刻_____時間を無駄にするな」と言われた。

해설 빈칸에 들어갈 적절한 문형은 C)의「~たりとも 비록 ~일지라도」이다.「~なしに ~없이」,「~にもまして ~보다 더」,「~からこそ ~이기 때문에」도 출제빈도가 높은 표현이므로 반드시 숙

연습문제 정답 및 해설

지해 놓도록 하자.
어휘 一刻(いっこく) 짧은 시간 無駄(むだ)にする 헛되이 하다, 낭비하다
해석 아버지에게 「비록 한시라도 시간을 헛되이 하지 마라」고 들었다.

73 적절한 문형 찾기 ●●●●
私はこの業界でトップにならんが＿＿＿＿必死に頑張ってきた。
해설 빈칸 앞에 있는 「んが」를 보자마자 「~んがため(に) ~하기 위해」라는 문형을 떠올릴 수 있어야 한다. B)는 '~하도록', C)는 '~하게도'라는 의미이다.
어휘 業界(ぎょうかい) 업계 トップになる 최고가 되다 必死(ひっし)に 필사적으로 頑張(がんば)る 노력하다
해석 나는 이 업계에서 최고가 되기 위해 필사적으로 노력해 왔다.

74 적절한 문형 찾기 ●●●
あのアイドルは髪型＿＿＿＿私の好みではない。
해설 A)는 '~이상에는', B)는 '~부터가', C)는 '~는 물론', D)는 '~도 아니고'라는 뜻이다. 빈칸에 들어갈 내용으로 B)가 자연스럽다.
어휘 アイドル 아이돌 髪型(かみがた) 헤어스타일 好(この)み 취향
해석 저 아이돌은 헤어스타일부터가 내 취향이 아니다.

75 적절한 문형 찾기 ●●●
中小企業の事務員として就職できた＿＿＿＿、半年足らずで首になってしまった。
해설 「もの」가 들어가는 문형을 숙지하고 있는지 묻는 문제이다. A)는 '~할 것을, ~할 텐데', B)는 '~한다면', C)는 '~이니까', D)는 '~이지만'이라는 뜻인데, 빈칸 앞의 내용은 '취직했다' 이고, 빈칸 뒤의 내용은 '해고당했다'이므로 앞뒤가 역접으로 연결됨을 알 수 있다. 4개의 보기 중 역접 용법은 D)의 「~ものの」 밖에 없다.
어휘 中小企業(ちゅうしょうきぎょう) 중소기업 事務員(じむいん) 사무원 就職(しゅうしょく) 취직 ~足(た)らず ~이 채 못 됨 首(くび)になる 해고당하다
해석 중소기업의 사무원으로서 취직할 수 있었지만, 반년이 채 못 돼서 해고당해 버렸다.

76 문형의 정확한 형태 ●●●
大きな組織で簡単に企画が通(とお)るはずもないことは、同じサラリーマンとして想像に＿＿＿＿。
해설 조사 「に」에 연결되는 4개의 문형이 보기에 주어져 있다. 각각 「~にたりない ~할 가치가 없다」, 「~にかかわる ~에 관계되다」, 「~にかたくない ~하기에 어렵지 않다」, 「~にあたらない ~할 것 까지는 없다」라는 뜻인데, 문맥에 적절한 것은 C)이다. 눈치가 빠른 수험자라면 빈칸 앞의 「想像に」를 보고 바로 답을 찾을 수 있었을 것이다. 애초에 「想像にかたくない 상상하기에 어렵지 않다」 형태로 외워 놓으면 편하다.
어휘 組織(そしき) 조직 簡単(かんたん)に 간단히 企画(きかく) 기획 ~はずもない ~일리도 없다
해석 큰 조직에서 간단히 기획이 통과할 리도 없는 것은 같은 샐러리맨으로서 상상하기에 어렵지 않다.

77 문형의 정확한 형태 ●●●●
学生としてある＿＿＿＿行為をした場合には、必要に応じて適切な指導を行います。
해설 빈칸 앞에 「ある」가 있는 것으로 보아, 「あるまじき ~해서는 안 될」라는 문형을 묻고 있음을 쉽게 알 수 있다. A)도 의미가 비슷하기는 하지만 「~べからず」는 명사를 수식하는 형태로 사용될 수가 없으므로 빈칸 뒤에 있는 「行為」와 어울릴 수 없다.

어휘 行為 행위 ～に応じて ～에 따라서 適切だ 적절하다 指導 지도

해석 학생으로서 있어서는 안 될 행위를 한 경우에는 필요에 따라서 적절한 지도를 하겠습니다.

78 적절한 문형 찾기 ●●●●

10才の子供が本を書いたとしても驚くに_____。

해설 일단 B)는 「～といったらない 매우 ～하다」 형태로 쓰이므로 빈칸 앞에 있는 조사 「に」와 충돌된다. 나머지 3개의 문형 「～に(は)あたらない ～할 것까지는 없다」, 「～にかたくない ～하기에 어렵지 않다」, 「～にほかならない 다름아닌 ～이다」 중에서 문맥에 적절한 것은 「～に(は)あたらない」이다. 유사 문형인 「～に(は)およばない」도 함께 알아 두자.

어휘 ～としても ～라고 해도 驚く 놀라다

해석 10살짜리 아이가 책을 썼다고 해도 놀랄 것까지는 없다.

79 적절한 문형 찾기 ●●●●

お酒を飲まないと決めた_____、いくら辛くても我慢するつもりだ。

해설 전후의 문맥을 따져보면 「～からには ～한 이상은」가 적절하다. 유사문형인 「～以上は」도 함께 알아두자. A)의 「～からといって」는 '～라고 해서', C)의 「～上で」는 '～한 후에', D)는 「～たところで」의 형태로 쓰여서 '～해 봤자'라는 뜻이다.

어휘 いくら～ても 아무리 ～해도 辛い 괴롭다 我慢する 참다

해석 술을 마시지 않는다고 결정한 이상은, 아무리 괴로워도 참을 작정이다.

80 적절한 문형 찾기 ●●●●

長い間、考え_____出した結論です。

해설 의미상으로는 A), B)도 답이 될 수 있지만 A), B) 모두 「동사과거형」에 접속하므로 빈칸 앞의 「동사ます형」과 연결이 되지 않는다. 정답은 C)의 「동사ます형 + ぬく 끝까지 ～하다, 매우 ～하다」이다.

어휘 長い間 오랫동안 結論 결론

해석 오랫동안, 매우 생각해서 낸 결론입니다.

81 문형의 정확한 형태 ●●●●

景気がよく_____つつあるときは、消費者の消費意欲が高まりがちだ。

해설 「～つつある」는 「동사ます형」에 접속하여 '～하고 있는 중이다'라는 뜻이다. 따라서 B)가 정답.

어휘 景気 경기 消費者 소비자 意欲 의욕 高まる 높아지다 ～がちだ ～하기 쉽다

해석 경기가 좋아지고 있는 중일 때는, 소비자의 소비 의욕이 높아지기 쉽다.

82 문형의 정확한 형태 ●●●●

最近いろいろあって落ち込んでいると_____立ち直っている様子だった。

해설 「～と思いきや ～라고 생각했는데」라는 문형을 묻고 있다.

어휘 落ち込む 침울해지다 立ち直る 회복하다 様子 모습

해석 최근에 여러 일이 있어서 침울해 있을 거라고 생각했는데, 회복되어 있는 모습이었다.

83 문형의 정확한 형태 ●●●●

子供_____あるまいし、すぐ泣くのはやめた方がいい。

해설 「～ではあるまいし ～도 아니고」라는 문형의 형태를 정확히 숙지하고 있는지 묻는 문제. PART

연습문제 정답 및 해설

6 오문정정에서도 문형의 정확한 형태를 묻는 문제가 자주 출제되므로 무슨 일이 있더라도 문형의 형태는 완벽하게 알고 있어야 한다.

어휘 泣く 울다　~た方がいい ~하는 편이 좋다

해석 아이도 아니고, 바로 우는 것은 그만두는 편이 좋다.

84 문형의 올바른 접속형태 ●●●

島は電波が届かないので、携帯もつながらないらしく連絡の＿＿＿＿＿＿ようがない。

해설 「~ようがない」는 '~할 방도가 없다'라는 뜻이며 「동사ます형」에 접속한다. 유사문형인 「~術がない」는 「동사기본형」에 접속한다는 것도 참고로 알아두자.

어휘 島 섬　電波 전파　届く 닿다, 도착하다　つながる 연결되다

해석 섬은 전파가 닿지 않아서, 전화도 연결되지 않는 것 같고 연락할 방도가 없다.

85 적절한 문형 찾기 ●●●●

写真を撮ろうとしてもフェンスが邪魔になって、ろくに撮れない＿＿＿＿＿＿。

해설 문맥상 「~始末だ ~하는 꼴이다」가 들어가야 한다. A)는 '매우 ~하다', B)는 '~하기만 하다', D)는 '~할 따름이다'라는 뜻이다.

어휘 写真を撮る 사진을 찍다　邪魔になる 방해가 되다　ろくに~ない 제대로 ~않다

해석 사진을 찍으려고 해도 펜스가 방해가 되어 제대로 찍을 수 없는 꼴이다.

86 적절한 문형 찾기 ●●●●

私は、この言語道断な行為に対して激しい怒りを＿＿＿＿＿＿。

해설 빈칸 앞에 조사 「を」가 있으므로 「~てやまない」 꼴로 쓰이는 A)는 제외. 나머지 보기 중에서 정답이 될 수 있는 것은 C)의 「~を禁じ得ない ~을 금할 수 없다」이다. 문형의 형태를 정확히 숙지하고 있지 않으면 D)를 고르게 되니 주의할 것! B)는 「~を余儀なくされる」 형태로 쓰여서 '어쩔 수 없이 ~하다'라는 뜻.

어휘 言語道断 언어도단　行為 행위　激しい 심하다　怒り 분노　得がたい 얻기 어렵다

해석 나는 이 언어도단적인 행위에 대해서 심한 분노를 금할 수 없다.

87 적절한 문형 찾기 ●●●●●

回復するためには、食事も＿＿＿＿＿＿前向きな心構えも必要だ。

해설 문맥상 A), C), D)가 답이 될 가능성이 있는데, 빈칸 앞에 조사 「も」가 있으므로 이와 호응할 수 있는 것은 A)의 「~もさることながら ~도 물론이고」뿐이다. C)는 「~はもとより」 형태로 쓰이고, D)의 「~だけでなく」는 명사에 바로 접속하므로 빈칸 앞의 「も」가 삭제되어야 답이 될 수 있다. B)는 「~もそこそこに」의 형태로 쓰여서 '~도 하는 둥 마는 둥'이라는 뜻이다.

어휘 回復 회복　前向きだ 적극적이다 ↔ 後ろ向きだ 소극적이다　心構え 마음가짐

해석 회복하기 위해서는 식사도 물론이고, 적극적인 마음가짐도 필요하다.

88 적절한 문형 찾기 ●●●●

当社は業界＿＿＿＿＿＿の特色を生かしたビジネスを展開しております。

해설 「~ならでは(の) ~만(의)」라는 문형을 묻는 문제이다. A)는 '~용', B)는 '~인 만큼', C)는 '~여하'라는 의미로 사용된다.

어휘 当社 당사　業界 업계　特色 특색　生かす 살리다

展開 전개

해석 저희 회사는 업계만의 특색을 살린 비즈니스를 전개하고 있습니다.

89 적절한 문형 찾기 ●●●●

窓から外を見る_____見ていたら、鳥が一斉に飛び立っていた。

해설 「～ともなく 무심코」라는 문형을 묻는 문제. 「見るともなく見る 무심코 보다」, 「聞くともなく聞く 무심코 듣다」의 형태로 자주 쓰이니 눈여겨 봐두자.

어휘 一斉に 일제히 飛び立つ 날아오르다 伴う 동반하다 とにかく 어쨌든 = ともかく

해석 창을 통하여 밖을 무심코 보고 있었더니, 새가 일제히 날아오르고 있었다.

90 적절한 문형 찾기 ●●●●

老後の生活資金に対する不安は以前_____高まっている。

해설 빈칸에 들어갈 문형으로는 「～にもまして ~보다 더」가 적절하다. A)는 '~에 관계없이', C)는 '~에 더해서', D)는 '~를 구실로 삼아'라는 뜻이다. 우리말로 직역해서 풀면 C)를 답으로 고를 가능성도 있는데, 「～にもまして」는 「AにもましてB」 꼴로 쓰여서 'A보다도 한층 더 B하다'라는 '비교'의 의미를, 「～に加えて」는 「Aに加えてB」 꼴로 쓰여서 'A에 B가 첨가되다'라는 '첨가'를 나타낸다. 질문에서는 「以前」과 현재를 비교하고 있으므로 「～にもまして」가 올바르다.

어휘 老後 노후 生活資金 생활자금 不安 불안 高まる 높아지다

해석 노후 생활자금에 대한 불안은 이전보다 더 높아져 있다.

91 적절한 문형 찾기 ●●●●

長期間の建設公害で病気になってしまい、静かな住宅地に転居を_____。

해설 문맥상 빈칸에는 '어쩔 수 없이 ~하게 되다'의 「～を余儀なくされる」가 와야 한다. A)는 「～を余儀なくさせる」 꼴로 쓰여서 '~을 강제로 하게 하다', C)는 「～を禁じ得ない」 꼴로 쓰여서 '~을 금할 수 없다', D)의 「～限りだ」는 「うれしい限りだ 매우 기쁘다」처럼 감정을 나타내는 형용사에 접속하여 '매우 ~하다'라는 의미.

어휘 長期間 장기간 建設公害 건설공해 住宅地 주택지 転居 이사

해석 장기간의 건설공해로 병에 걸려버려서, 어쩔 수 없이 조용한 주택지로 이사하게 되었다.

92 적절한 문형 찾기 ●●●●

弟はマイクを握ったが_____、放そうとしない。

해설 「～が最後 일단 ~했다가하면」라는 문형을 묻고 있다. 나머지 보기의 문형 「～(が)ゆえに ~때문에」, 「～が早いか ~하자마자」도 알아두자.

어휘 握る 잡다, 쥐다 放す 놓다

해석 남동생은 일단 마이크를 잡았다가하면, 놓으려고 하지 않는다.

93 적절한 문형 찾기 ●●●●

不利な判定を_____勝つのが本当に強いチームなのだ。

해설 빈칸에 들어갈 적절한 문형은 「～をものともせずに ~를 아랑곳하지 않고」이다. 나머지 보기의 문형 「～をおいて ~를 제외하고」, 「～を問わず ~를 불문하고」, 「～をもとにして ~를 바탕으로」도 숙지하자.

어휘 不利だ 불리하다 判定 판정 勝つ 이기다 強い 강하다

연습문제 정답 및 해설

해석 불리한 판정을 아랑곳하지 않고 이기는 것이 정말로 강한 팀인 것이다.

94 적절한 문형 찾기 ●●●○○
試験に受かった時の彼女の喜びよう＿＿＿＿いったらなかった。
해설「〜といったらない 매우 〜하다」라는 문형을 정확히 숙지하고 있으면 거저 맞출 수 있는 문제이다.
어휘 試験に受かる 시험에 합격하다 동사ます형 + よう 〜하는 모양
해석 시험에 합격했을 때, 그녀는 매우 기쁜 모양이었다.

95 적절한 문형 찾기 ●●●●●
彼はこの本の出版を＿＿＿＿、次々と本を出した。
해설 정답은 A)로,「〜を皮切りに 〜을 시작으로」라는 문형을 묻고 있다. B)의「〜をきっかけに 〜을 계기로」도 답이 될 수 있을 것 같은데,「〜を皮切りに」는 앞뒤가 '동류의 행위'가 와야 하는 반면에「〜をきっかけに」는 뒤에 '새로운 행위'가 와야 한다는 제약이 있다. 질문에서는 문장 앞뒤가 '책의 출판'으로 '동류의 행위'이므로 A)가 정답이 된다. C)의「〜を限りに 〜을 끝으로」, D)의「〜を始め 〜을 비롯하여」도 숙지해 놓자.
어휘 出版 출판 次々と 잇달아
해석 그는 이 책의 출판을 시작으로 잇달아서 책을 냈다.

96 적절한 문형 찾기 ●●●●○
覚える＿＿＿＿忘れてしまうということは、その言葉に頭が慣れていないからだ。
해설 C)의「〜そばから 〜하자마자」가 정답이다. D)의「〜やいなや」도 '〜하자마자'라는 뜻이지만, 질문에서는 '기억하면 잊어버리고, 기억하면 또 잊어버린다'는 행위의 반복성을 엿볼 수 있으므로「〜そばから」가 자연스럽다. 애초에「覚えるそばから忘れる」의 형태로 외워 놓자. A)는「〜たとたん(に)」형태로 쓰여서 '〜하자마자', B)는 '〜하는 한편으로'라는 뜻이다.
어휘 覚える 외우다, 익히다 忘れる 잊다 慣れる 익숙해지다
해석 외우자마자 잊어버린다는 것은, 그 말에 머리가 익숙해져 있지 않기 때문이다.

97 적절한 문형 찾기 ●●●●○
こんな大事な問題は、一番身近な兄＿＿＿＿ほかには相談できそうもない。
해설 빈칸에 '〜를 제외하고'라는 내용이 들어가야 자연스럽다. 따라서 정답은 A)가 된다. B)는 '〜에서, 〜에 있어서', C)는 '〜로써', D)는 '〜조차'라는 뜻.
어휘 大事だ 중요하다 身近だ 관계가 깊다, 사이가 가깝다 相談 상담
해석 이런 중요한 문제는, 가장 가까운 형을 제외하고 다른 사람과는 상담할 수 없을 것 같다.

98 적절한 문형 찾기 ●●●●○
子供たちが健やかに育って、立派な社会人になることを願って＿＿＿＿。
해설「〜てやまない 〜해 마지 않는다」라는 문형을 묻고 있다. C)는「〜てたまらない」형태로 쓰여서 '〜해서 견딜 수 없다'라는 뜻이며, D)의「〜てならない」와 의미가 비슷하니 세트로 익혀 놓도록 하자.
어휘 健やかだ 건강하다 育つ 자라다 立派だ 훌륭하다

해석 아이들이 건강하게 자라서, 훌륭한 사회인이 되는 것을 기원해 마지 않는다.

99 적절한 문형 찾기 ●●●●○
参考文献も載せないなど、読者にとって不親切＿＿＿＿
＿＿＿＿本が多い。

해설 빈칸 앞에 ナ형용사의 어간(不親切)이 와 있고, 4개의 보기 중, ナ형용사의 어간에 접속 가능한 것은 B)의 「～きわまりない ～하기 짝이 없다」 밖에 없다. D)와 같은 문형은 없으니 골라서는 안 된다. A)는 「～にほかならない」 형태로 '다름아닌 ～이다', C)는 「～てならない」 형태로 '～해서 견딜 수 없다' 라는 뜻.

어휘 参考文献(さんこうぶんけん) 참고문헌 載(の)せる 싣다, 게재하다 読者(どくしゃ) 독자

해석 참고문헌도 싣지 않는 등, 독자에게 있어 불친절하기 짝이 없는 책이 많다.

100 적절한 문형 찾기 ●●●●○
韓国における出産率の低さは経済に対する不安の現れ＿＿＿＿＿。

해설 A)는 '～하기 짝이 없다' 라는 의미로 「～きまわりない」로 바꾸어 쓸 수 있으며, B)는 '다름아닌 ～이다', C)는 '～에 불과하다', D)는 '～하는 것이 최고다' 라는 뜻. 문맥상 B)가 정답이 된다.

어휘 ～における ～에서의, ～에 있어서의 出産率(しゅっさんりつ) 출산률 低(ひく)さ 낮음 経済(けいざい) 경제 ～に対(たい)する ～에 대한 不安(ふあん) 불안 現(あら)われ 발로, 나타남

해석 한국에서의 출산률 저하는 다름 아닌 경제에 대한 불안의 발로이다.

연습문제 정답 및 해설

2

1 B	2 A	3 D	4 A	5 A	6 B	7 D	8 B	9 B	10 B
11 B	12 A	13 A	14 B	15 D	16 A	17 D	18 D	19 A	20 D
21 C	22 A	23 B	24 C	25 A	26 A	27 B	28 B	29 C	30 A
31 C	32 C	33 B	34 D	35 B	36 B	37 B	38 C	39 B	40 C

1 적절한 명사 찾기 ●○○○○
母のお母さんは_____です。

해설 가족관계에 관련된 단어를 묻는 문제이다. 장음에 주의하지 않으면 A)를 정답으로 고를 수 있다.

어휘 おばさん 아줌마　おばあさん 할머니　おじさん 아저씨　おじいさん 할아버지

해석 어머니의 어머니는 할머니입니다.

2 적절한 명사 찾기 ●●●○○
今日は朝からひどい_____にあってしまって何も考えたくない。

해설 관용표현인「ひどい目に遭う 심한 꼴을 당하다」를 묻고 있다. 비슷한 표현인「散々な目に遭う」도 함께 알아두자.

어휘 目 눈　口 입　鼻 코　腹 배

해석 오늘은 아침부터 심한 꼴을 당해버려서 아무것도 생각하고 싶지 않다.

3 적절한 명사 찾기 ●●○○○
青い_____を着ている人が黒田さんです。

해설 빈칸 뒤에 있는「着る」와 호응할 수 있는 보기를 찾는다. A), B)는「はく」와 호응하며 C)는「服装をする 복장을 하다」형태로 쓰이므로 답이 될 수 없다.

어휘 スカート 치마　ズボン 바지　服装 복장　服 옷

해석 파란 옷을 입고 있는 사람이 쿠로다 씨입니다.

4 적절한 2자 한자 찾기 ●●○○○
経営の勉強に_____な本をご紹介します。

해설 빈칸 뒤의 '책'과 호응할 수 있는 보기는 A)의「有益 유익」밖에 없다.

어휘 経営 경영　紹介 소개　有料 유료　有効 유효　有能 유능

해석 경영 공부에 유익한 책을 소개하겠습니다.

5 적절한 명사 찾기 ●●○○○
封筒に_____を貼らずに手紙を出してしまった。

해설 4개의 보기 중 편지 봉투에 붙일 수 있는 것을 찾는다. 정답은 A)의「切手 우표」이다. B)와 혼동하기 쉬우니 조심하자.

어휘 封筒 봉투　貼る 붙이다　手紙を出す 편지를 보내다　切符 표　蓋 뚜껑　住所 주소

해석 봉투에 우표를 붙이지 않고 편지를 보내버렸다.

6 적절한 명사 찾기 ●●○○○
空を見上げると、白い____がぽっかりと浮いています。

해설 하얗고 두둥실 떠 있을 수 있는 것은 B)의「雲 구름」이다.

어휘 空を見上げる 하늘을 올려보다　ぽっかりと 두둥실　浮く 뜨다　虹 무지개　星 별　雪 눈

해석 하늘을 올려다보면, 하얀 구름이 두둥실 떠 있습니다.

7 적절한 2자 한자 찾기 ●●●●●
会員は本会を維持運営するために、必要な経費を会費として_____しなければなりません。

해설 빈칸 앞의「経費を会費として~ 경비를 회비로서~」로 보아 빈칸에는 D)의「分担 분담」이 들어가야 한다.

어휘 会員 회원　本会 본 모임　維持運営 유지 운영　分類 분류　分割 분할　分離 분리

해석 회원은 본 모임을 유지 운영하기 위하여, 필요한 경비를 회비로서 분담해야 합니다.

8 적절한 명사 찾기 ●●●●●
小さい字がよく見えなくて_____をかけた。

해설 글씨가 보이지 않으면 당연히 '안경'을 써야 한다.

어휘 字 글씨　サングラス 선글라스　眼鏡をかける 안경을 쓰다　イヤホン 이어폰　歯ブラシ 칫솔

해석 작은 글씨가 잘 보이지 않아서 안경을 썼다.

9 적절한 명사 찾기 ●●●●●
友達の入院の知らせを聞いて、すぐに_____に行った。

해설 친구가 입원해 있다면 '병문안'을 가야 한다. A)의「お祝い」는 '축하, 축하 선물, 축하 행사', C)의「お見合い」는 '맞선', D)의「催し」는 '개최, 이벤트'라는 뜻이다.

어휘 入院 입원　知らせ 소식

해석 친구의 입원 소식을 듣고, 바로 병문안을 갔다.

10 적절한 2자 한자 찾기 ●●●●●
故障の原因を知るため、カセットをちょっと_____してみた。

해설 문맥상 B)의「分解 분해」가 자연스럽다.

어휘 故障 고장　原因 원인　分析 분석　分離 분리　分割 분할

해석 고장의 원인을 알기 위해, 카세트를 조금 분해해 봤다.

11 적절한 명사 찾기 ●●●●●
朝起きたら、このように_____を畳んで押し入れに入れなさい。

해설 일상생활에서 자주 쓰이는 단어를 묻고 있다. 개서 벽장에 넣을 수 있는 것은 B)의 '이불' 뿐이다.

어휘 布団を畳む 이불을 개다　押し入れ 벽장　まくら 베개　スリッパ 슬리퍼　寝巻き 잠옷

해석 아침에 일어나면, 이와 같이 이불을 개서 벽장에 넣어라.

12 적절한 명사 찾기 ●●●●●
亡くなった母のことを思い出すと、悲しくなって_____が込み上げてきます。

해설 빈칸에는 '슬퍼져서 솟아오를 수 있는 것'이 들어가야 하므로, 답이 될 수 있는 것은 A)의 '눈물' 뿐이다.

어휘 亡くなる 죽다, 돌아가시다　思い出す 생각하다, 생각해내다　悲しい 슬프다　涙が込み上げる 눈물이 솟아오르다　汗 땀　唾 침　鼻水 콧물

해석 돌아가신 어머니를 생각하면, 슬퍼져서 눈물이 솟아오릅니다.

연습문제 정답 및 해설

13 적절한 2자 한자 찾기 ●●○○○
この道は夜中も明るいし、人の通りが多くて_____だ。

해설 길이 밝고 사람의 왕래가 많다면 '안심'할 수 있을 것이다.

어휘 夜中 밤중　明るい 밝다　人の通りが多い 사람의 왕래가 많다　安心 안심　不安 불안　便利 편리　素敵だ 멋짐

해석 이 길은 밤중에도 밝고, 사람의 왕래가 많아서 안심이다.

14 적절한 명사 찾기 ●●○○○
炎に囲まれた家の中で彼は_____がけで、人を助け出した。

해설 문맥상 '목숨을 걸다'라는 의미가 와야 하므로 쉽게 B)를 답으로 고를 수 있다.

어휘 炎 불길　囲まれる 둘러싸이다　心掛け 마음가짐　命懸け 목숨을 걺　力 힘　勇気 용기

해석 불길에 둘러싸인 집 안에서 그는 목숨을 걸고, 사람을 구하기 시작했다.

15 적절한 2자 한자 찾기 ●●●○○
日本人は_____と建前を持っていると言われたが、事実かどうか分からない。

해설 「建前 표면상의 방침」와 어울릴 수 있는 단어를 찾으면 된다. 정답은 D)의 「本音 본심」이다. B도 의미로써는 정답이 될 수 있지만, 「建前」와 짝을 이룰 수 없다.

어휘 事実 사실　本気 진심　本心 본심　本性 본성

해석 일본인은 「혼네」와 「다테마에」를 가지고 있다고 들었지만, 사실인지 아닌지 모르겠다.

16 적절한 2자 한자 찾기 ●●●○○
タイトルをクリックすると、_____した資料の内容を確認することができます。

해설 빈칸에 A)의 「予約 예약」이 들어가야 자연스럽다. 적절한 2자 한자를 찾는 유형은 정확한 해석이 생명이라는 것을 명심하자.

어휘 タイトル 타이틀　クリック 클릭　資料 자료　内容 내용　確認 확인　予定 예정　予測 예측　予選 예선

해석 타이틀을 클릭하면, 예약한 자료의 내용을 확인할 수 있습니다.

17 적절한 2자 한자 찾기 ●●●○○
いい関係を作るには、お互いに_____し合うことが必要なのだ。

해설 좋은 관계를 만드는 데에 필요한 것은 서로간의 '이해'이다. 발음이 비슷한 A)를 답으로 골라서는 안 된다.

어휘 関係 관계　お互いに 서로　利害 이해(이익과 손해)　納得 납득　共有 공유　理解 이해

해석 좋은 관계를 만들기 위해서는, 서로 이해하는 것이 필요한 것이다.

18 적절한 2자 한자 찾기 ●●●○○
タイを襲った津波の威力は広島に投下された原子爆弾の爆風の約5分の1に_____するという。

해설 해일과 원자폭탄 폭풍의 위력을 비교하고 있으므로 「匹敵 필적」이 들어가야 문맥이 통한다.

어휘 襲う 습격하다　津波 해일　威力 위력　投下 투하　原子爆弾 원자폭탄　爆風 폭풍　相殺 상쇄　代替 대체　旺盛 왕성

해석 태국을 습격한 해일의 위력은 히로시마에 투하되었던 원자 폭탄 폭풍의 약 5분의 1에 필적한다고 한다.

19 적절한 명사 찾기 ●●●●
彼女の円らな＿＿＿＿＿＿はとてもきれいだ。

해설 4개의 보기 중,「円らだ 둥글다」와 호응할 수 있는 것은 A)의「瞳 눈동자」이다. 문맥상으로는 C)의 '보조개'도 답이 될 수 있을 것 같지만「円らだ」와 함께 사용할 수 없다.

어휘 目差し 시선, 눈빛　えくぼ 보조개　唇 입술

해석 그녀의 동그란 눈동자는 정말로 예쁘다.

20 적절한 2자 한자 찾기 ●●●
たとえいじめられる側に何か原因があったとしても、いじめる側にいじめの＿＿＿＿＿な理由があるはずがない。

해설 문맥상 '정당한 이유'가 적절하므로 D)가 정답이다.

어휘 たとえ～ても 설령 ～해도　いじめる 괴롭히다　原因 원인　～はずがない ～일 리가 없다　正確 정확　正式 정식　正常 정상　正当 정당

해석 설령 괴롭힘을 당하는 측에 무언가 원인이 있다고 해도, 괴롭히는 측에게 괴롭힘의 정당한 이유가 있을 리가 없다.

21 적절한 2자 한자 찾기 ●●●
真夜中にけんかをして隣の人に＿＿＿＿をかけてしまった。

해설 빈칸 뒤의「かける」와 호응할 수 있는 보기를 찾으면 된다.「迷惑をかける 폐를 끼치다」는 출제빈도가 높은 표현이다.

어휘 真夜中 한밤중　喧嘩をする 싸움을 하다　疑惑 의혹　当惑 당혹　困惑 곤혹

해석 한밤중에 싸움을 해서 이웃사람에게 폐를 끼쳐 버렸다.

22 적절한 2자 한자 찾기 ●●●
ここは＿＿＿＿＿＿を問わず訪問客が多い。

해설 빈칸에 들어갈 적절한 단어는 '계절'이다.「～を問わず ～를 불문하고」앞에는 주로 '계절・연령・성별' 등의 명사가 온다.

어휘 訪問客 방문객　季節 계절　東西 동서　値段 가격　体裁 겉모습

해석 여기는 계절을 불문하고 방문객이 많다.

23 적절한 2자 한자 찾기 ●●●
それぞれの大学の＿＿＿＿＿＿を生かして発展させる必要があるのではないか。

해설 빈칸 뒤에 있는「生かす 살리다」와 호응할 수 있는 것은 A)의「適性 적성」과 B)의「特色 특색」인데 '적성'은 사람에게 쓰는 표현이므로 B)가 정답이다.

어휘 それぞれ 각각　特色を生かす 특색을 살리다　発展 발전　印象 인상　固有 고유

해석 각각의 대학의 특색을 살려서 발전시킬 필요가 있는 것은 아닐까?

24 적절한 문형 찾기 ●●●●
いくら頑張っても、彼の＿＿＿＿＿＿にも及びませんよ。

해설 빈칸 뒤의「にも及ばない」를 보는 순간「足下にも及ばない 발끝에도 미치지 못하다」를 묻고 있음을 간파해야 한다.

어휘 いくら～ても 아무리 ～해도　足跡 발자국, 행방　足の甲 발등　足首 발목

해석 아무리 노력해도 그의 발끝에도 미치지 못해요.

25 적절한 2자 한자 찾기 ●●●
相手に負けてしまい、自分の弱さを＿＿＿＿＿＿した。

해설 보기의 한자「実感 실감」,「失望 실망」,「共感 공감」,「実現 실현」중에서 빈칸에 들어갈 수 있는 것은 A)의「実感」밖에 없다.

어휘 相手 상대　負ける 지다　弱さ 약함

해석 상대에게 져 버려서 나의 약함을 실감했다.

연습문제 정답 및 해설

26 적절한 2자 한자 찾기 ●●●●○

規制＿＿＿＿＿＿を進めるためには韓国的な慣行を国際的標準に調和させていくことが不可欠です。

해설 빈칸 앞의 「規制 규제」와 어울릴 수 있는 단어는 A)의 「緩和 완화」뿐이다.

어휘 進める 진행시키다 慣行 관행 国際的標準 국제적 표준 調和 조화 不可欠 불가결 緩慢 완만 緩急 완급 緩衝 완충

해석 규제완화를 진행시키기 위해서는 한국적인 관행을 국제적 표준에 조화시켜 가는 것이 불가결합니다.

27 적절한 명사 찾기 ●●●●○

税率の＿＿＿＿＿＿を止めるいい方法はないのだろうか。

해설 A)의 「引き当て 담보」, B)의 「引き上げ 인상」, C)의 「引き分け 무승부」, D)의 「引き受け 인수」 중 빈칸 앞의 「税率 세율」와 연결될 수 있는 것은 B)뿐이다.

해석 세율의 인상을 멈출 좋은 방법은 없는 것일까?

28 문형의 올바른 접속형태 ●●●○○

高齢社会だからといって高齢者だけを＿＿＿＿＿＿扱いすれば、高齢者と若者との壁ができてしまう。

해설 빈칸 뒤의 「扱い」와 호응할 수 있는 보기를 찾는다. 정답은 B)의 「特別 특별」이다.

어휘 〜からといって 〜라고 해서 高齢者 고령자 若者 젊은이 壁 벽 特殊 특수 特権 특권 特異 특이

해석 고령사회라고 해서, 고령자만을 특별취급하면 고령자와 젊은이와의 벽이 생겨버린다.

29 적절한 명사 찾기 ●●●○○

目の前には湖が広がっているので、本当に＿＿＿＿＿＿がいいところです。

해설 「見晴らしがいい 전망이 좋다」라는 표현을 묻고 있다. C)의 「見込み」도 '전망'이라는 뜻이지만, '앞날을 미리 내다 본다'는 의미로써 '멀리 바라다 보이는 풍경'을 뜻하는 「見晴らし」와는 전혀 다르다.

어휘 湖 호수 広がる 펼쳐지다 見出し 표제어 見分け 분별

해석 눈 앞에는 호수가 펼쳐져 있어서, 정말로 전망이 좋은 곳입니다.

30 적절한 2자 한자 찾기 ●●●●○

過去に＿＿＿＿＿＿された公演作品を紹介します。

해설 「公演作品 공연작품」이라는 단어가 있으므로 A)의 「上演 상연」이 정답이 된다. C)의 「上映 상영」은 '영화'와 호응된다.

어휘 過去 과거 紹介 소개 上客 중요한 고객 上場 상장

해석 과거에 상연된 공연작품을 소개하겠습니다.

31 적절한 명사 찾기 ●●●●○

誰か原因に＿＿＿＿＿＿がある人は教えてください。

해설 「当たり」로 끝나는 단어의 구분을 묻는 문제이다. 「差し当たり 당장, 당분간」, 「大当たり 대성공, 크게 당첨됨」, 「心当たり 짐작 가는 데」, 「突き当たり 막다른 곳」 중에서 적절한 것은 C)의 「心当たり」이다.

어휘 原因 원인 教える 가르치다 cf) 教わる 가르침을 받다

해석 누군가 원인에 짐작 가는 데가 있는 사람은 가르쳐주세요.

32 적절한 명사 찾기 ●●●●

喧嘩をしたときには双方の_____があるように、対立する民族にはそれぞれの歴史観があります。

해설 「言い」로 시작하는 단어의 의미를 묻는 문제. 「言い切り 잘라 말함」, 「言い様 말투, 말씨」, 「言い分 주장」, 「言い成り 말하는 대로임」 중에서 빈칸에 들어갈 수 있는 것은 C)의 「言い分」이다.

어휘 喧嘩をする 싸움을 하다 双方 쌍방 対立 대립 民族 민족 価値観 가치관

해석 싸움을 했을 때에는 쌍방의 주장이 있듯이, 대립하는 민족에게는 각각의 역사관이 있습니다.

33 적절한 명사 찾기 ●●●●

弟はストレスや_____があると悪夢を見ます。

해설 문장 뒤에 '악몽을 꾼다'는 내용이 있고 '스트레스' 다음에 조사 「や」가 있는 것으로 보아 '스트레스'와 대등하게 연결될 내용이 필요하다. B)의 「気掛かり 걱정, 근심」가 정답.

어휘 悪夢を見る 악몽을 꾸다 気兼ね 스스럼 気の毒 불쌍함 気まぐれ 변덕

해석 형은 스트레스나 걱정이 있으면 악몽을 꿉니다.

34 적절한 2자 한자 찾기 ●●●●

施設の_____工事を行い、施設の保全を図っています。

해설 빈칸 뒤의 「工事」와 연결될 수 있는 것은 D)의 「改修」이다. 참고로 '개수'는 '(길 제방 건물 따위를) 고치어 닦거나 지음'이라는 뜻이다.

어휘 施設 시설 保全 보전 図る 꾀하다 改善 개선 改良 개량 改編 개편

해석 시설의 개수공사를 행하고 시설의 보전을 꾀하고 있습니다.

35 적절한 2자 한자 찾기 ●●●●

人間は_____に直面すると、それを打破するためにできる限りの努力をする。

해설 빈칸 뒤에 '직면하다'와 어울리는 것을 찾으면 된다. 정답은 B)의 「難局 난국」. 「難局を乗りきる 난국을 극복하다」라는 표현도 함께 알아 두자. C)의 「難問 어려운 문제」을 답으로 선택한 사람이 있을 것 같은데, 뒤에 있는 「打破 규율이나 관습을 깨뜨려 버림」과 어울릴 수 없다.

어휘 直面 직면 努力 노력 難航 난항 難病 난치병

해석 인간은 난국에 직면하면, 그것을 타파하기 위해 할 수 있는 한의 노력을 한다.

36 적절한 2자 한자 찾기 ●●●●

法学部を中退し、医学の道を選んだその先輩は_____変わっているが、尊敬できる人物だ。

해설 「一風変わっている 약간 특이하다」라는 표현을 묻고 있다.

어휘 法学部 법학부 中退 중퇴 医学 의학 選ぶ 선택하다 先輩 선배 尊敬 존경 人物 인물 一旦 일단 一躍 일약 一応 (불충분하지만) 일단, 대강

해석 법학부를 중퇴하고 의학의 길을 선택한 그 선배는 약간 특이하지만, 존경할 수 있는 인물이다.

37 적절한 2자 한자 찾기 ●●●●

騒ぐときは騒ぎすぎ、反対に騒ぎが終わると、その_____が起こる。

해설 빈칸에 「反動 반동」이 들어가야 자연스럽다. '반동'이란 '어떤 작용에 대하여 그 반대로 작용함'을 뜻한다.

어휘 騒ぐ 떠들다 反発 반발 反映 반영 反響 반향

해석 떠들 때에는 너무 떠들어서, 반대로 소란이 끝나면 그 반동이 일어난다.

연습문제 정답 및 해설

38 적절한 명사 찾기 ●●●●

僕らはファッションを楽しんでいるのに、「そんな格好を止めろ」とか言われる_____はありません。

해설 「筋合いはない 이유는 없다」라는 표현을 묻는 문제. 나머지의 보기 「度合い 정도」, 「見合い 맞선」, 「組合 조합」들은 문맥이 통하지 않는다.

어휘 楽しむ 즐기다 格好 모습, 복장 止める 그만두다

해석 우리들은 패션을 즐기고 있는데, 「그런 복장 그만둬라」 따위의 말을 들을 이유는 없습니다.

39 적절한 2자 한자 찾기 ●●●●

相変わらず景気が_____していますが、長い目で見れば大きなチャンスに変りうることを理解して欲しい。

해설 「景気が低迷している 경기가 침체상태에 빠지다」라는 표현은 출제빈도가 높고, 신문 경제면에서도 자주 등장하는 중요한 표현이므로 반드시 숙지하도록 하자.

어휘 相変わらず 여전히 長い目で見る 장기적으로 보다
cf) 大目に見る 관대하게 봐 주다 変わりうる 바뀔 수 있다 理解 이해 混迷 혼미 迷走 정해진 진로 이외의 길로 달림 減少 감소

해석 여전히 경기가 침체상태에 빠져있지만, 장기적으로 보면 큰 기회로 바뀔 수 있는 것을 이해해 주었으면 한다.

40 적절한 명사 찾기 ●●●●

いつもそうだが、汚職問題に対する政府の_____は手ぬるい。

해설 문맥에 알맞은 표현은 C)의 「取り組み 대처, 몰두」이다. 오답인 A)의 「取り壊し 철거」, B)의 「取り決め 결정」, D)의 「取り立て 거두어들임, 징수」도 익혀두자.

어휘 汚職問題 오직문제 政府 정부 手ぬるい 미온적이다, 미적지근하다

해석 항상 그렇지만 오직문제에 대한 정부의 대처는 미적지근하다.

③

1 C	2 C	3 C	4 C	5 A	6 A	7 A	8 A	9 A	10 D
11 A	12 D	13 A	14 D	15 C	16 C	17 A	18 D	19 A	20 A
21 D	22 C	23 A	24 C	25 A	26 B	27 A	28 B	29 C	30 A
31 A	32 C	33 D	34 D	35 D	36 C	37 A	38 D	39 B	40 D
41 C	42 C	43 A	44 A	45 C	46 A	47 B	48 A	49 A	50 A

1 문맥에 알맞은 동사 찾기 ●●●●●

試験勉強はいつ頃から_____。

해설 빈칸 앞에 조사 「から」가 있는 것을 주목하자. 여기서 「から」는 '기점(시작점)' 용법으로 사용되었고, 이와 호응할 수 있는 것은 '시작하다'라는 의미인 C)뿐이다.

어휘 試験勉強 시험공부 終える 끝내다 習う 배우다 始める 시작하다 並ぶ 줄을 서다, 늘어서다

해석 시험공부는 언제쯤부터 시작합니까?

2 문맥에 알맞은 동사 찾기 ●●●●●

図書館が閉まっている時はブックポストへ_____本を入れてください。

해설 '도서관이 닫혀있다'는 내용이 있으므로 빈칸에는 '반납하다'라는 의미의 동사가 들어가야 한다.

어휘 図書館 도서관 閉まる 닫히다 借りる 빌리다 帰す 돌아가게 하다 返す 반납하다 覆す 뒤엎다

해석 도서관이 닫혀 있을 때에는 북 포스트에 반납할 책을 넣어주세요.

3 문맥에 알맞은 동사 찾기 ●●●●●

私の趣味は外国の切手を_____ことです。

해설 빈칸 앞에 조사 「を」가 있으므로 타동사를 찾자. A)의 「漂う 떠돌다, 감돌다」와 B)의 「集まる 모이다」는 자동사이므로 탈락. C)의 「集める 모으다」와 D)의 「捨てる 버리다」 중 문맥에 적절한 것은 C)이다.

어휘 趣味 취미 外国 외국 切手 우표

해석 나의 취미는 외국의 우표를 모으는 것입니다.

4 적절한 명사 찾기 ●●●●●

誰もいない部屋から人の声が_____びっくりした。

해설 「声がする 목소리가 나다」라는 표현을 묻는 문제. 「する」가 '~이 나다'라는 의미로 쓰이는 경우가 있는데, 「においがする 냄새가 나다」, 「味がする 맛이 나다」, 「悪寒がする 오한이 나다」 등이 대표적인 예이다. 직역해서 A)나 B)를 답으로 고르지 말 것!

해석 아무도 없는 방에서 사람의 목소리가 나서 놀랐다.

5 문맥에 알맞은 동사 찾기 ●●●●●

傘を_____いても服が湿って少し寒かった。

해설 「傘を差す 우산을 쓰다」는 PART 1 사진묘사에서도 상투적으로 등장하는 표현이다. 「傘を畳む 우산을 접다」도 세트로 알아두자. 「差す」를 사용하는 관용표현인 「差しつ差されつ 서로 몇 번이나 술을 주거니 받거니 하는 모양」도 알아두면 좋다.

연습문제 정답 및 해설

어휘 湿る 축축해지다 被る (머리 등에) 쓰다 cf) 被る 입다, 받다 覆う 덮다

해석 우산을 쓰고 있어도 옷이 축축해서 조금 추웠다.

6 문맥에 알맞은 동사 찾기 ●●●○○

この時計はいつからか10分_____いる。

해설 '(시계가) 빨라지다'는 「進む」라는 동사를 쓴다. '(시계가) 늦다'라는 의미인 「遅れる」도 함께 알아두자.

어휘 進める 진행시키다, 시계를 빨리 가게 하다 回る 돌다, (시각이) 지나다 迷う 헤매다, 망설이다

해석 이 시계는 언제부터인가 10분 빨라져 있다.

7 호응하는 동사 찾기 ●●●○○

大切な皿を落としてしまったが、割れなかったのでほっと_____。

해설 '안심하다'는 「ほっとする」라고 한다. 나머지 보기들은 호응이 되지 않는다.

어휘 大切だ 소중하다 落とす 떨어뜨리다, 분실하다 割れる 깨지다 cf) 割る 깨다

해석 소중한 접시를 떨어뜨려 버렸지만, 깨지지 않았기 때문에 안심했다.

8 문맥에 알맞은 동사 찾기 ●●●○○

つまみ食いをして母に_____。

해설 빈칸에 들어갈 말로는 「叱られた 꾸지람을 들었다」가 가장 적절하다. C)는 「注意された 주의 받았다」가 되면 답이 될 수 있으며 D) 「罰せられる (법 따위를 어겨서) 처벌 받다」는 빈칸에 들어가기에 어색하다.

어휘 つまみ食い 손가락으로 음식을 집어 먹음 誉められる 칭찬받다

해석 손가락으로 음식을 집어 먹어서 어머니에게 꾸지람을 들었다.

9 호응하는 동사 찾기 ●●●●○

10日ぶりに洗面台でひげを_____。

해설 '수염을 깎다'는 「髭を剃る」라고 표현한다. 「髭を生やす 수염을 기르다」도 함께 알아두자. 직역해서 B)나 C)를 골라서는 안 된다.

어휘 ~ぶりに ~만에 刈る (잔디나 벼를) 깎다 切る (연결되어 있는 것을) 자르다

해석 10일 만에 세면대에서 수염을 깎았다.

10 호응하는동사 찾기 ●●●●○

弟はたった10才の時、病死でその人生に終止符を_____。

해설 「終止符を打つ 종지부를 찍다」라는 표현을 묻고 있다. 「終止符」 대신에 「ピリオド」로 바꿔 쓸 수 있다.

어휘 たった 단지, 겨우 病死 병사 人生 인생 叩く 때리다, 두드리다 取る 취하다, 집다 つける 붙이다

해석 남동생은 겨우 10살 때, 병사로 그 인생에 종지부를 찍었다.

11 문맥에 알맞은 동사 찾기 ●●●○○

タンスに_____おいた着物を出して着てみた。

해설 「~ておく~해 두다, ~해 놓다」는 주로 타동사에 연결된다. 따라서 자동사인 B)의 「入る 들어가다」와 D)의 「詰まる 막히다」는 탈락. A)의 「しまう 안에 넣다」와 C)의 「調べる 조사하다」 중 문맥에 적절한 것은 A)이다. B)가 「入れて」였다면 정답이 될 수 있다.

어휘 タンス 장롱 着物 기모노

해석 장롱에 넣어두었던 기모노를 꺼내서 입어 봤다.

12 문맥에 알맞은 동사 찾기 ●●●●○

いくら電話をかけても誰も_____。

해설 '전화를 받다'는 「出る」라는 동사를 쓴다. 관련

표현인 「電話をかける 전화를 걸다」, 「電話を切る 전화를 끊다」도 함께 알아두자.
어휘 いくら~ても 아무리 ~해도
해석 아무리 전화를 걸어도 아무도 받지 않았다.

13 호응하는 동사 찾기 ●●●○○
彼は私の意見にあいづちを_____くれた。
해설 「相槌を打つ 맞장구를 치다」라는 표현을 묻는 문제.
어휘 意見 의견 貸す 빌려주다 持つ 들다, 지탱하다
해석 그는 나의 의견에 맞장구를 쳐 주었다.

14 문맥에 알맞은 동사 찾기 ●●●○○
試験に_____やっと肩の荷が下りた。
해설 '시험에 합격하다'는 「試験に受かる」라고 표현한다.
어휘 やっと 겨우 肩の荷が降りる 어깨 짐이 내려가다, 부담이 없어지다 寄せる 밀려오다, (편지 등) 보내다 越える 넘다, 초과하다
해석 시험에 합격해서 겨우 어깨의 짐이 내려갔다.

15 문맥에 알맞은 동사 찾기 ●●●○○
駅前でビラを_____いる人を見つけた。
해설 「ビラ 전단지」와 어울리는 표현은 C)의 「配る 나누어주다」이다. A)의 「伝える」는 '말을 전하다'라는 의미로써 정답이 될 수 없다.
어휘 見つける 발견하다 渡る 건너다 凝らす 집중시키다
해석 역 앞에서 전단지를 나누어주고 있는 사람을 발견했다.

16 문맥에 알맞은 동사 찾기 ●●●○○
私は田舎で生まれ、都市で_____。
해설 문맥상 '자라다'는 의미인 「育つ」가 적절하다. D)의 「飼われる 키워지다」는 '개나 고양이 등

의 동물'에 쓰는 표현이다.
어휘 田舎 시골 生まれる 태어나다 都市 도시 育てる 키우다 育む 키우다
해석 저는 시골에서 태어나서, 도시에서 자랐습니다.

17 호응하는 동사 찾기 ●●●○○
以前の定説を覆す新しい論文は、みんなに注目を_____いる。
해설 「注目を浴びる 주목을 받다」라는 표현을 묻는 문제. 직역함정에 빠져서 C)를 답으로 골라서는 안 된다. 「浴びる」를 쓰는 「シャワーを浴びる 샤워를 하다」와 「脚光を浴びる 각광을 받다」도 함께 숙지할 것.
어휘 定説 정설 覆す 뒤엎다 新しい 새롭다 論文 논문 現す 나타내다
해석 이전의 정설을 뒤엎는 새로운 논문은 모두에게 주목을 받고 있다.

18 문맥에 알맞은 동사 찾기 ●●●○○
ここの四角い角を_____丸くしてください。
해설 문맥상 빈칸에 '깎다'라는 의미의 「削る」가 들어가야 자연스럽다.
어휘 四角い 네모나다 角 모퉁이, 모서리 丸い 둥글다 揃う 갖추다 磨く 닦다, 연마하다 彫る 새기다
해석 여기의 네모난 모서리를 깎아서 둥글게 해 주세요.

19 문맥에 알맞은 동사 찾기 ●●●○○
天気予報によると、午後から晴れるらしいので、ここでゆっくり朝食をとって時間を_____と思う。
해설 빈칸 앞에 조사 「を」가 있으므로 뒤에는 타동사가 와야 하는데, D)는 자동사이므로 일단 탈락. 「時間」과 어울릴 수 있는 것은 A)의 「潰す 때우다」밖에 없다. 「時間を潰す 시간을 때우다」라는

연습문제 정답 및 해설

표현을 숙지해 놓았다면 쉽게 풀 수 있는 문제이다. 관련 표현인「時間を裂く 시간을 할애하다」도 함께 알아두자.

어휘 天気予報 일기예보　朝食をとる 아침밥을 먹다　かける 걸다, 걸터앉다, 잠그다　荒らす 망치다, 엉망으로 만들어 놓다　裂ける 찢어지다

해석 일기예보에 의하면, 오후부터 날씨가 맑아진다고 해서, 여기서 느긋하게 아침밥을 먹고 시간을 때우려고 한다.

20 호응하는 동사 찾기 ●●●●
メダルを取ることはできなかったが、最後まで諦めないで頑張った彼の姿は称賛に_____。

해설「称賛に値する 칭찬할 가치가 있다」를 하나의 숙어로서 외워놓자.「値する」는 한자읽기로도 종종 출제되므로 눈여겨 봐 놓는 것이 좋다.

어휘 メダルをとる 메달을 따다　諦める 포기하다　頑張る 노력하다　姿 모습　喫する 먹다, 마시다　化する 변화하다, 둔갑하다　達する 이르다, 도달하다

해석 메달을 딸 수는 없었지만, 마지막까지 포기하지 않고 노력한 그의 모습은 칭찬할 가치가 있다.

21 문맥에 알맞은 동사 찾기 ●●●●
亡くなった母の声は未だに耳に_____いる。

해설「耳に残る 귀에 남다」라는 관용표현을 묻고 있다.「耳」에서 힌트를 얻을 수 있는데 A)의「刻む」는 '잘게 썰다, 명심하다' 라는 뜻으로서「胸に刻む 가슴에 새기다」라는 표현으로 사용되며 C)의「銘じる」는 '가슴속 깊이 새기다, 명심하다' 라는 의미로서「肝に銘じる 깊이 명심하다」라는 형태로 사용된다.

어휘 亡くなる 죽다, 돌아가시다　未だに 아직도　貼る 붙이다

해석 돌아가신 어머니의 목소리는 아직도 귀에 남아 있다.

22 문맥에 알맞은 동사 찾기 ●●●●
時が経てば経つほど赤字が_____いって心配です。

해설 '적자가 늘다'는「赤字が膨らむ」라고 표현한다.

어휘 経つ 경과하다　~ば~ほど ~하면 ~할수록　心配 걱정　拗れる 뒤틀리다　溢れる 넘치다　重なる 거듭되다

해석 시간이 경과하면 경과할수록 적자가 늘어서 걱정입니다.

23 문맥에 알맞은 동사 찾기 ●●●●
会社をつぶすような危険を_____ことはできない。

해설 빈칸 앞의「危険」과 어울리는 보기는 A)의「冒す 무릅쓰다」이다. 동음이의어인「犯す 범하다」와「侵す 침해하다, 침범하다」도 함께 알아두자.

어휘 会社を潰す 회사를 도산시키다　行う 행하다　試す 시도하다　繰り広げる 전개하다

해석 회사를 도산시키는 위험을 무릅쓸 수는 없다.

24 문맥에 알맞은 동사 찾기 ●●●●
店から流れてくる音楽を聞いているうちに、10年前の思い出が_____。

해설 빈칸 앞에 조사「が」가 있으므로 빈칸에는 자동사가 들어가야 한다. 4개의 보기 중 자동사는 C)의「蘇る 되살아나다」뿐이다.

어휘 流れる 흐르다　思い出 추억　振り返る 뒤를 돌아보다, 회고하다　顧みる 뒤를 돌아보다, 회고하다　試みる 시도하다

해석 가게에서 흘러나오는 음악을 듣고 있는 동안에, 10년 전의 추억이 되살아났다.

PatternStudy 7

25 호응하는 동사 찾기 ●●●●
でたらめを言ったことが物議を_____。

해설 「物議を醸す 물의를 빚다」라는 표현을 묻는 문제. 명사와 동사와의 관계를 눈여겨 보자.

어휘 でたらめだ 엉터리이다, 아무렇게나 하다 現す (모습·모양을) 나타내다 cf) 表す (감정 등을) 나타내다 著す 저술하다 練る (학문·경험 등을) 연마하다

해석 아무렇게나 말한 것이 물의를 빚었다.

26 문맥에 알맞은 동사 찾기 ●●●●
彼は上映の時間に30分も遅れて劇場の中に入った私を_____。

해설 남이 잘못했을 때 나타낼 수 있는 반응으로서 적절한 것을 찾는다. 정답은 B)의「咎める 책망하다, 비난하다」이다.

어휘 上映 상영 遅れる 늦다 劇場 극장 躊躇う 주저하다, 망설이다 侮る 깔보다, 업신여기다 覆す 뒤엎다

해석 그는 상영시간에 30분이나 늦어서 극장 안에 들어온 나를 책망했다.

27 문맥에 알맞은 동사 찾기 ●●●●
母が亡くなった時、悲しみが_____きた。

해설 문맥상 빈칸에는 '슬픔'과 관련되는 표현이 와야 할 것이다. D)의「込み上げる 솟아오르다, 복받치다」가 적절하다.

어휘 悲しみが込み上げる 슬픔이 복받치다 cf) 涙が込み上げる 눈물이 솟아오르다 飛び出す 튀어나오다 零れる 넘쳐흐르다 流れる 흐르다, 중지되다 cf) 会議が流れる 회의가 중지되다

해석 어머니가 돌아가셨을 때, 슬픔이 복받쳤다.

28 문맥에 알맞은 동사 찾기 ●●●●
のりをうすく塗ったせいかポスターが_____しまった。

해설 풀을 얇게 칠해서 포스터를 붙였을 때 어떤 결과가 나올지 생각해 보면 쉽게 답을 찾을 수 있다. 정답은 B)의「剥がれる 벗겨지다」이다. A)의「剥く」도 '벗기다' 라는 뜻이 있으나 '껍질 따위의 표면에 붙어 있는 것을 벗기다' 라는 의미로서 답이 될 수 없다.

어휘 糊 풀 塗る 칠하다, 바르다 ポスター 포스터 消える 꺼지다, 사라지다 粘る 잘 달라 붙다

해석 풀을 얇게 칠해선지 포스터가 벗겨져 버렸다.

29 문맥에 알맞은 동사 찾기 ●●●●
白色の波線は複数車線の道路と幹線道路を_____います。

해설 문맥의 흐름으로 보아 빈칸에는 '구분하다' 정도의 내용이 오는 게 적절하다. 정답은 C)의「仕切る 칸막이하다, 구분하다」가 된다.

어휘 白色 백색 波線 파선 複数車線 복수차선 道路 도로 幹線道路 간선도로 整える 정돈하다, 마련하다 妨げる 방해하다 跨る 걸터앉다

해석 백색의 파선은 복수차선 도로와 간선도로를 구분하고 있습니다.

30 문맥에 알맞은 동사 찾기 ●●●●
彼女の派手な姿はきっと人目を_____にちがいない。

해설 「人目を引く 남의 눈을 끌다」라는 관용표현을 묻고 있다. B)의「引っ張る」도 '끌다, 끌어당기다' 는 뜻이지만, 「足を引っ張る 남을 방해하다」라는 형태로 사용된다. 나머지 보기 C), D)를 사용한 관용표현「人目を盗む 남의 눈을 피하다」, 「目を逸らす 외면하다, 시선을 돌리다」도 함께 알아 두자.

연습문제 정답 및 해설

어휘 派手だ 화려하다 姿 모습 ~に違いない ~임에 틀림없다 = ~に相違ない

해석 그녀의 화려한 모습은 틀림없이 다른 사람의 눈을 끌 것이다.

31 호응하는 동사 찾기 ●●●○

未来への成功を祈りながら酒をくみ＿＿＿＿＿。

해설 「酒を酌み交わす 술잔을 주고받다」라는 표현을 묻고 있다.

어휘 未来 미래 成功 성공 祈る 기원하다 組み合う 한패가 되다 組み合わせる 짝을 짓다 組み立てる 조립하다

해석 미래의 성공을 기원하면서 술잔을 주고받았다.

32 호응하는 동사 찾기 ●●●○

今回の台風は大勢の人に被害を与えた。特に新幹線のダイヤが＿＿＿＿＿不便だった。

해설 「ダイヤ 운행시각표」와 호응할 수 있는 보기는 C)의 「乱れる 흐트러지다, 틀어지다」이다. 「ダイヤが乱れる 운행시각표가 틀어지다」를 통째로 알아두자. A)는 「外れる 벗어나다, 빗나가다」라는 의미로서 중요표현인 「山が外れる 예상이 빗나가다」, 「天気予報が外れる 일기예보가 빗나가다」도 함께 알아두자.

어휘 台風 태풍 大勢 많은 사람, 많이 被害を与える 피해를 주다 cf) 被害を受ける 피해를 받다 不便だ 불편하다 当てる 맞추다, 할당하다 暴れる 날뛰다

해석 이번 태풍은 많은 사람에게 피해를 주었다. 특히 신칸센의 운행시각표가 틀어져서 불편했다.

33 문맥에 알맞은 동사 찾기 ●●●○

銀行は＿＿＿＿＿お金を運用して利益をあげます。

해설 은행의 주 업무는 고객으로부터의 돈을 맡고, 맡은 돈을 빌려주는 일이다. 따라서 정답은 D)의 「預かる 맡다」이다. 혼동하여 A)의 「預ける 맡기다」를 골라서는 안 된다.

어휘 銀行 은행 運用 운용 利益を上げる 이익을 거두다 取り上げる 받아들이다, 징수하다 納める 납입하다

해석 은행은 맡은 돈을 운용해서 이익을 거둡니다.

34 문맥에 알맞은 동사 찾기 ●●●○

多くの人が早すぎる息子の死を＿＿＿＿＿くれた。

해설 '아들의 죽음'과 어울릴 수 있는 보기는 D)의 「悼む 애도하다」이다.

어휘 息子 아들 死 죽음 祈る 기원하다 祝う 축하하다 亡くす 여의다

해석 많은 사람이 너무 이른 아들의 죽음을 애도해 주었다.

35 문맥에 알맞은 동사 찾기 ●●●○

年末だからといって家計が＿＿＿＿＿いるとは言えない。

해설 '가계'와 호응할 수 있고, 일반적으로 연말에 보너스가 나오는 점을 감안할 때 D)의 「潤う 넉넉해지다」가 적절함을 알 수 있다.

어휘 年末 연말 ~からといって ~라고 해서 家計 가계 蔑む 깔보다, 업신여기다 陥る 빠지다 捕らわれる 얽매이다

해석 연말이라고 해서 가계가 넉넉해져 있다고는 할 수 없다.

36 문맥에 알맞은 동사 찾기 ●●●○

彼女に会うたびに恋しさが＿＿＿＿＿いった。

해설 빈칸 앞에 「恋しさ 그리움」라는 감정표현이 있으므로, '(감정 따위가) 더해지다'라는 의미인 C)의 「募る」가 와야 올바르다. A)의 「足す 더하다」와 B)의 「加える 더하다」는 타동사이므로 앞에 조사 「が」를 취할 수 없다.

어휘 ～たびに ～할 때마다　飛び上がる 뛰어 오르다
해석 그녀를 만날 때마다 그리움이 더해져 갔다.

37 호응하는 동사 찾기 ●●●●○
彼は周りの反対をものともせずに初志を＿＿＿＿、小説家になった。

해설 「初志を貫く 초지를 관철하다」라는 표현을 묻고 있다.
어휘 反対 반대　～をものともせずに ～을 아랑곳하지 않고　小説家 소설가　通る 통과하다　保つ 유지하다　続ける 계속하다
해석 그는 주위의 반대를 아랑곳하지 않고 초지를 관철하여 소설가가 되었다.

38 호응하는 동사 찾기 ●●●●○
サポーターは、相手の選手がボールを持つたびに野次を＿＿＿＿。

해설 4개의 보기 중 「野次 야유」와 호응할 수 있는 것을 찾는다. 정답은 A)의 「飛ばす」로서 「野次を飛ばす 큰소리로 야유하다」형태로 사용된다.
어휘 サポーター 서포터　走らせる 달리게 하다　送る 보내다　繰り返す 되풀이하다
해석 서포터는 상대 선수가 공을 잡을 때마다 큰소리로 야유했다.

39 호응하는 동사 찾기 ●●●●●
こんな反抗的な国民には政府も手の＿＿＿＿ようがない。

해설 「手の施しようがない 손쓸 방도가 없다」라는 표현을 묻는 고난이도 문제이다. 이런 문제를 쉽게 맞추기 위해서는 많은 문장을 접하여 어휘력을 늘리는 수밖에 없다.
어휘 反抗的 반항적　国民 국민　政府 정부　察する 헤아리다　動かす 움직이다　納める 거두다

해석 이런 반항적인 국민에게는 정부도 손쓸 방도가 없다.

40 문맥에 알맞은 동사 찾기 ●●●●●
たとえこの身は＿＿＿＿、魂は永遠に残るだろう。

해설 「설령 이 몸은 + ～ + 혼은 영원히 남을 것이다」로 해석할 수 있으므로 빈칸은 '없어지다' 정도의 의미가 와야 함을 알 수 있다. 정답은 D)의 「滅びる 망하다, 없어지다」.
어휘 たとえ～ても 설령 ～라도　魂 영혼 cf) 塊 덩어리　永遠 영원　残る 남다　陥る 빠지다　離れる 떨어지다　絶する 끊어지다
해석 설령 이 몸은 죽어 없어지더라도, 혼은 영원히 남을 것이다.

41 문맥에 알맞은 동사 찾기 ●●●●○
毒を致死量近くまで飲んだ身体はたとえ運よく死を＿＿＿＿としても障害が残る。

해설 문맥상 '죽음을 면하다'라는 의미가 되어야 하므로 C)의 「免れる 면하다」가 정답이다.
어휘 毒 독　致死量 치사량　障害 장애　逸する 놓치다, 빠뜨리다　引き止める 말리다, 만류하다　取り除く 제거하다
해석 독을 치사량까지 마신 신체는 설령 운 좋게 죽음을 면한다고 해도 장애가 남는다.

42 문맥에 알맞은 동사 찾기 ●●●●○
育児に関するご質問をメールで＿＿＿＿おります。

해설 문맥의 흐름으로 보아 C)의 「受け付ける 접수하다」가 적절하다. 나머지 보기인 「受け流す 받아넘기다」, 「受け入れる 받아들이다」, 「受け持つ 담당하다」도 함께 알아두자.
해석 육아에 관한 질문을 메일로 접수하고 있습니다.

연습문제 정답 및 해설

43 문맥에 알맞은 동사 찾기 ●●●●○
彼はどんなに打撃を受けてもすぐ_____根性のある人です。

해설 문맥상 빈칸에는 '회복하다' 정도의 내용이 와야 자연스럽다. 따라서 A)의 「立ち直る 회복하다」가 정답.

어휘 どんなに~ても 아무리 ~해도　打撃を受ける 타격을 받다　根性 근성　蘇る 소생하다　取り替える 바꾸다, 교환하다　打ち出す (주의, 주장을) 내세우다

해석 그는 아무리 타격을 받아도 바로 회복하는 근성이 있는 사람입니다.

44 문맥에 알맞은 동사 찾기 ●●●●○
誘拐された少女たちを救うため、警察は捜査に_____。

해설 빈칸 앞에 조사 「に」가 있으므로 조사 「を」와 연결되는 B)의 「引き起こす 일으키다」와 D)의 「巻き起こす 야기하다」는 탈락. '수사'와 어울릴 수 있는 것은 A)의 「乗り出す 착수하다」밖에 없다. C)의 「踏み切る」는 '단행하다'라는 의미.

어휘 誘拐 유괴　少女 소녀　救う 구하다　警察 경찰　捜査に乗り出す 수사에 착수하다

해석 유괴된 소녀들을 구하기 위해, 경찰은 수사에 착수했다.

45 호응하는 동사 찾기 ●●●●○
親は子供のため、歯を_____頑張っているのだ。

해설 관용표현 「歯を食いしばる 이를 악물다」를 묻는 문제. 관련표현인 「歯が立たない 대적할 수 없다」도 함께 알아두도록 하자.

어휘 食い違う 어긋나다　食い止める 막다, 저지하다　食い詰める 생계가 막히다

해석 부모는 자식을 위해, 이를 악물고 노력하고 있는 것이다.

46 문맥에 알맞은 동사 찾기 ●●●○○
人の弱みに_____商売するなんて、呆れてものも言えない。

해설 관용표현 「弱みに付け込む 약점을 기회로 삼다」를 묻고 있다.

어휘 商売 장사　呆れて物も言えない 어이가 없어 말도 안 나오다　見抜く 간파하다　割り込む 새치기하다　呼び掛ける 호소하다

해석 남의 약점을 기회삼아 장사를 하다니, 어이없어서 말도 안 나온다.

47 문맥에 알맞은 동사 찾기 ●●●●●
長い髪の毛が落ちていたので警察は犯人が女性だと_____。

해설 단지 긴 머리카락이 떨어져 있다는 것만으로 범인을 여자라고 단정짓기에는 무리가 있다. 빈칸에는 '지레짐작하다' 정도의 내용이 들어가야 한다.

어휘 髪の毛 머리카락　落ちる 떨어지다　犯人 범인　口走る 무심코 지껄이다　早合点する 지레짐작하다　思いきる 단념하다　思い知る 뼈저리게 느끼다

해석 긴 머리카락이 떨어져 있어서 경찰은 범인이 여자라고 지레짐작했다.

48 문맥에 알맞은 동사 찾기 ●●●●○
新幹線は強風の影響で一時運行を_____。

해설 강풍의 영향을 받으면 열차가 운행되기 어려울 것이다. 빈칸 안에 '정지하다' 정도의 내용이 들어가야 하므로, A)의 「見合わせる 보류하다」가 정답이 될 수 있다.

어휘 強風 강풍　影響 영향　運行 운행　見落とす 간과하다　見違える 잘못보다　見出す 찾아 내다

해석 신칸센은 강풍의 영향으로 일시 운행을 보류했다.

49 문맥에 알맞은 동사 찾기 ●●●●●

男の人は警備員の制止を_____建物の中に入った。

해설 빈칸 앞의「制止(せいし)」와 어울릴 수 있는 것은 A)의「振(ふ)り切(き)る 뿌리치다」이다.

어휘 警備員(けいびいん) 경비원　振(ふ)り回(まわ)す 휘드르다, (남을) 멋대로 다루다　振(ふ)る舞(ま)う 행동하다　振(ふ)り替(か)える 대체하다, 유용하다

해석 남자는 경비원의 제지를 뿌리치고 건물 안으로 들어갔다.

50 문맥에 알맞은 동사 찾기 ●●●●●

日々深刻な悩みを抱えて神経を_____人々が増えているそうだ。

해설 A)의「摩(す)り減(へ)らす」는 '(문질러) 닳게 하다, (심신을) 소모시키다'라는 뜻으로,「神経(しんけい) 신경」과 호응할 수 있는 단어이다. 나머지 보기인 B)의「憤(いきどお)る 분노하다」, C)의「蔓延(はびこ)る 만연하다」, D)의「うずくまる 웅크리다」도 기출표현이므로 반드시 숙지하도록 하자.

어휘 深刻(しんこく)だ 심각하다　悩(なや)み 고민　抱(かか)える 떠안다 cf)抱(だ)く(팔로) 안다　抱(いだ)く (뜻 따위를) 품다　夢(ゆめ)を抱(いだ)く 꿈을 품다　増(ふ)える 늘다

해석 날마다 심각한 고민을 떠안고 신경을 소모시키는 사람들이 늘고 있다고 한다.

연습문제 정답 및 해설

4

1 A	2 C	3 A	4 C	5 C	6 A	7 A	8 B	9 D	10 B
11 A	12 A	13 A	14 A	15 B	16 A	17 B	18 A	19 A	20 C
21 A	22 B	23 A	24 B	25 B	26 D	27 B	28 A	29 B	30 A

1 문맥에 알맞은 부사 찾기 ●●○○○

兄は弟より＿＿＿＿＿背が高いです。

해설 형과 동생의 키를 비교하고 있으므로 비교의 의미를 가지고 있는 부사를 찾으면 된다. 정답은 A)로 '훨씬'이라는 뜻이다.

어휘 弟 남동생　背が高い 키가 크다 ↔ 背が低い 키가 작다　やっと 겨우　じっと 가만히　もっとも 가장

해석 형은 동생보다 훨씬 키가 큽니다.

2 부정을 수반하는 부사 ●●○○○

電車の中は＿＿＿＿＿込んでいません。

해설 문장 뒤에 「ない」가 있으므로 부정과 수반하는 부사를 찾으면 된다. 따라서 B), C)가 정답이 될 가능성이 있는데, 문맥상 '그다지 붐비고 있지 않다'가 적절하므로 정답은 C)가 된다. B)는 「バスがなかなか来ない 버스가 좀처럼 오지 않는다」 형태로 시험에 자주 출제된다.

어휘 込む 붐비다　非常に 매우　かなり 꽤, 상당히

해석 전철 안은 그다지 붐비고 있지 않습니다.

3 부정을 수반하는 부사 ●●●○○

この料理には体によくない調味料を＿＿＿＿＿入れませんでした。

해설 부정을 수반하는 부사를 찾는 문제. 문장 끝에 「ない」가 있는 것을 주목하자. 정답은 A)로 「一切～ない 전혀 ～않다」라는 뜻. 「一切」는 「いっせつ」로 잘못 읽기 쉬우니 주의하도록 하자.

어휘 料理 요리　調味料 조미료　一味 미묘한 맛　一斉に 일제히　一挙に 일거에　cf) 一挙両得 일거양득

해석 이 요리에는 몸에 좋지 않은 조미료를 전혀 넣지 않았습니다.

4 문맥에 알맞은 부사 찾기 ●●●●○

A : お帰りなさい。夕食ができあがったばかりです。
B : ＿＿＿＿＿いい時に帰って来てよかったな。

해설 문맥상 빈칸에 '(시간·분량 등이) 남지도 부족하지도 않고 딱 맞는 모양'인 C)의 「ちょうど」가 들어가야 한다. 꼼꼼함이 부족하면 A)를 답으로 고르는 실수를 범할 수도 있다.

어휘 夕食 저녁밥　～たばかりだ 막 ～했다　ちょっと 조금　ようやく 겨우　もろに 정면으로

해석 A : 다녀오셨어요. 저녁밥 막 만들어 놨어요.
B : 딱 좋을 때에 돌아 와서 잘 됐군.

5 문맥에 알맞은 부사 찾기 ●●●●●

＿＿＿＿＿余裕があるから、そんなに急がなくてもいいよ。

해설 문맥의 흐름상, 빈칸에 C)의 「まだ 아직」가 들어가야 한다. 잘못 봐서 A)를 정답으로 골라서는 안 된다.

어휘 余裕 여유　急ぐ 서두르다　また 또　もう 이미, 이제, 벌써　さぞ 필시

해석 아직 여유가 있으니까, 그렇게 서두르지 않아도 돼.

PatternStudy 7

6 적절한 명사 찾기 ●●○○○

図書館の前で会おうと約束したのに＿＿＿＿＿＿忘れてしまった。

해설 빈칸 뒤의「忘れる 잊다」와 어울리는 부사를 찾으면 된다. 정답은 A)의「うっかり 깜빡」. A) 대신에「すっかり 완전히」가 들어가도 괜찮다.

어휘 図書館 도서관 約束 약속 てっきり 틀림없이 まんまと 감쪽같이 くまなく 샅샅이

해석 도서관 앞에서 만나자고 약속했는데 깜빡 잊어버렸다.

7 문맥에 알맞은 부사 찾기 ●●○○○

試験に落ちた兄は＿＿＿＿＿＿勉強しておけばよかったと悔やんでいる。

해설 시험에 떨어졌을 때나 원하는 점수를 받지 못했을 때 누구라도 한번쯤은 '조금만 더 공부해 놓을 걸'하고 후회해 본 적이 있을 것이다. A)의「もっと 조금 더」가 정답이다.

어휘 試験に落ちる 시험에 떨어지다 ↔ 試験に受かる 시험에 합격하다 悔やむ 후회하다 ずっと 줄곧, 훨씬 やっと 겨우

해석 시험에 떨어진 형은 조금 더 공부해 놓았으면 좋았다고 후회하고 있다.

8 부정을 수반하는 부사 ●●●○○

父は私の気持ちなんか、＿＿＿＿＿＿分からない。

해설 문장 끝에 부정형이 있으므로 부정을 수반하는 부사를 찾으면 된다. B)의「さっぱり~ない 전혀 ~않다」와 D)의「とうてい~ない 도저히 ~않다」중 문맥에 적절한 것은 B)이다. B) 대신에「ちっとも」나「少しも」으로 바꿔 써도 무방하다.

어휘 全て 전부 少しは 조금은

해석 아버지는 내 기분 따위, 전혀 모른다.

9 문맥에 알맞은 부사 찾기 ●●●○○

講師は上手な転び方を教えるため＿＿＿＿＿＿転んだ。

해설 빈칸에 D)의「わざと 고의로」가 들어가야 문맥의 흐름이 자연스럽다.

어휘 講師 강사 教える 가르치다 転ぶ 넘어지다 無理矢理に 강제로 やたらと 함부로 ちらっと 흘끗 = ちらりと cf)ちらりと見る 흘끗 보다

해석 강사는 능숙하게 넘어지는 법을 가르치기 위해 고의로 넘어졌다.

10 문맥에 알맞은 부사 찾기 ●●●○○

被害にあった地域に＿＿＿＿＿＿食糧が届けられた。

해설 4개의 보기 중 빈칸에 들어 갈 수 있는 것은 B)의「ようやく 겨우」밖에 없다. 비슷한 의미의 부사인「やっと」와「辛うじて」도 함께 알아두자. A)의「専ら 오로지」는 한자읽기로 자주 출제되니 눈여겨 봐두는 것이 좋다. C)의「ひょっとすると 어쩌면」는「~かもしれない ~일지도 모른다」와 호응을 하며, D)의「さぞ 필시」는「~だろう」와 호응을 한다.「さぞ」의 힘줌말로「さぞかし」라는 단어도 있으니 가급적 외워놓도록 하자.

어휘 被害に遭う 피해를 당하다 地域 지역 食糧 식량 届ける 보내다

해석 피해를 당한 지역에 겨우 식량이 보내졌다.

11 호응하는 부사 찾기 ●●●○○

会議室から声が聞こえる。＿＿＿＿＿＿会議が終わっていないようだ。

해설 문장 끝에「ようだ」가 있는 것을 주목하자.「ようだ」와 호응할 수 있고 문맥에 적절한 것은 A)의「どうやら 아무래도」이다.「どうやら」는 추측의 조동사「そうだ、ようだ、らしい」와 호응한다는 사실을 알고 있다면 쉽게 풀 수 있는 문

정답 및 해설 _251

연습문제 정답 및 해설

제이다. B)의 「いかにも」는 「そうだ、らしい」와 호응하여 '매우 ~인 듯하다' 라는 의미를 가지고, C)의 「もしかすると」는 「かもしれない」와 호응하여 '어쩌면 ~일지도 모른다' 라는 의미로 「ひょっとすると」로 바꾸어 쓸 수 있다.

어휘 声 (성대를 통하여 나는) 소리 cf) 音 (일반적인) 소리 聞こえる 들리다 終わる 끝나다 確かに 확실히

해석 회의실에서 소리가 들린다. 아무래도 회의가 끝나지 않은 것 같다.

12 문맥에 알맞은 부사 찾기 ●●●○○

泣きたいだけ泣いたら胸が_____してきた。

해설 「すっとする 상쾌해지다, 후련해지다」라는 표현을 묻고 있다. 빈칸 앞의 「胸」와 어울릴 수 있는 것은 「すっと」 뿐이므로 쉽게 답을 찾을 수 있다.

어휘 泣く 울다 ざっと 대강 そっと 살그머니, 몰래 じっと 가만히

해석 울고 싶은 만큼 울었더니 가슴이 후련해 졌다.

13 문맥에 알맞은 부사 찾기 ●●●○○

食べ物なら何でも好きだが、_____刺身が好きだ。

해설 음식 중에서 회를 예를 들었으므로 '특히' 라는 의미인 A)의 「とりわけ」가 정답이다.

어휘 刺身 회 必ず 반드시 無論 물론 正に 확실히, 정말로

해석 음식이라면 뭐든지 좋아하지만, 특히 회를 좋아한다.

14 문맥에 알맞은 부사 찾기 ●●●○○

_____志望校を変えたところで合格できるとは限らない。

해설 「~たところで ~해 봤자」가 문제해결의 열쇠를 쥐고 있다. 「~たところで」와 어울릴 수 있는

부사는 A)의 「今更 이제 와서」 뿐이다.

어휘 志望校 지망하는 학교 合格 합격 ~とは限らない ~라고는 할 수 없다 未だに 아직도 今にも 당장이라도 今に 머지않아

해석 이제 와서 지망하는 학교를 바꿔봤자, 합격할 수 있다고는 할 수 없다.

15 문맥에 알맞은 부사 찾기 ●●●○○

優秀な木村さんでさえ分からないなら、_____私などが分かるはずがない。

해설 전후의 내용으로 보아 빈칸에는 B)의 「まして 하물며」가 들어가야 한다.

어휘 優秀だ 우수하다 ~はずがない ~일 리가 없다 = ~わけがない ともかく 어쨌든 てっきり 틀림없이 わりと 비교적 = わりに

해석 우수한 기무라씨 조차 모른다면, 하물며 나 따위가 알 수 있을 리가 없다.

16 부정을 수반하는 부사 ●●●○○

こんなに難しい問題は私には_____解けません。

해설 문장 끝에 부정이 온 것에 주목해야 한다. 부정과 호응할 수 있는 부사는 A)의 「とても 도저히」와 B)의 「たいして 그다지」인데, 문맥을 따져보면 A)가 정답이 됨을 알 수 있다. 「とても」는 긍정으로 쓰이면 '매우' 라는 뜻이지만 「とても~ない」처럼 부정과 함께 쓰이면 '도저히 ~않다' 라는 뜻이 된다.

어휘 難しい 어렵다 解ける 풀 수 있다 きれいさっぱり 깨끗이 大抵 대체로

해석 이렇게 어려운 문제는 내게는 도저히 풀 수 없습니다.

17 부정을 수반하는 부사 ●●●○○

努力すれば、_____成功するとは言えません。

해설 이 문제 역시 부정과 호응하는 부사를 묻고 있다. 보기 중에서 답이 될 수 있는 것은 B)의 「必ずしも 반드시」뿐이다. 참고로 B)대신에 「強ち 반드시」는 들어가도 정답이 될 수 있다. A)의 「必ず 반드시」도 B)와 의미는 같지만 부정과 호응할 수 없기 때문에 답이 될 수 없다. C)의 「きっと 틀림없이」는 화자의 주관적인 추측을 나타내며 「だろう」와 호응한다는 것을 잊지 말자.
어휘 努力 노력 成功 성공 引っ切り無しに 끊임없이
해석 노력하면 반드시 성공한다고는 말할 수 없습니다.

18 호응하는 부사 찾기 ●●●○○

_____言えばこれが現実だと割り切って諦めるしかない。

해설 「敢えて言えば 굳이 말하자면」이라는 표현을 묻는 문제이다. 비슷한 표현으로 「強いて言えば」가 있으니 함께 알아두도록 하자.
어휘 現実 현실 割り切る 결론을 내다, 딱 잘라 말하다
諦める ~밖에 없다 ~しかない ~밖에 없다
해석 굳이 말하지면 이것이 현실이라고 결론을 내고 포기할 수 밖에 없다.

19 부정을 수반하는 부사 ●●●●○

考え方は人によって違うから、どれが正しいとは_____に言えない。

해설 「一概に言えない 일률적으로 말할 수 없다」라는 표현은 출제빈도가 매우 높으니 반드시 숙지하도록 하자.
어휘 考え方 사고방식 違う 다르다 正しい 옳다 一斉に 일제히 一気に 단숨에 一向に~ない 전혀 ~않다
해석 사고방식은 사람에 따라 다르니까, 어느 것이 옳다고는 일률적으로 말할 수 없다.

20 문맥에 알맞은 부사 찾기 ●●●○○

留学する前にその国の言葉を_____勉強しておいた方がいい。

해설 '공부하다'와 어울릴 수 있는 보기를 찾으면 된다. A)의 「ぎっしり」는 '빈틈없이 차 있는 모양, 가득, 빽빽이', B)의 「がっちり」는 '튼튼하고 다부진 모양, 다부지게', C)의 「みっちり」는 '정성을 들여 충분히 단련하는 모습, 열심히, 충분히', D)의 「ぽっかり」는 '구멍이 뚫린 모양, 쩍, 뻥'이라는 뜻이므로 C)가 정답이 된다.
해석 유학하기 전에 그 나라의 말을 충분히 공부해 놓는 편이 좋다.

21 문맥에 알맞은 부사 찾기 ●●●○○

木村さんは感情を_____顔に出さないタイプだ。

해설 빈칸 뒤에 '얼굴에 드러내지 않다'라는 내용이 있는 것으로 보아 A)의 「やたらと 함부로」가 문맥에 자연스럽다.
어휘 感情 감정 顔に出す 얼굴에 드러내다 タイプ 타입 せめて 적어도 果して 과연 何しろ 어쨌든
해석 기무라 씨는 감정을 함부로 얼굴에 드러내지 않는 타입이나.

22 문맥에 알맞은 부사 찾기 ●●●○○

店長に「_____仕事ができるんだね」と言われて気分が悪かった。

해설 '기분이 나빴다'는 내용으로 보아 빈칸에는 B)의 「案外 예상외로」가 들어가야 한다. C)의 「案の定 예상했던 대로, 아니나 다를까」와 혼동하지 말 것!
어휘 店長 점장 やっぱり 역시 = やはり まさか 설마
해석 점장에게 「예상외로 일을 잘하는군」이라고 들어서 기분이 나빴다.

연습문제 정답 및 해설

23 문맥에 알맞은 부사 찾기 ●●●●●
有名な話だから、_____知っている人もいるかもしれません。

해설 A)의 「とっくに 훨씬 전에, 벌써부터」가 빈칸에 들어가야 문맥의 흐름이 자연스럽다. B)의 「満更」는 뒤에 부정을 수반하여 '반드시 ~않다' 라는 뜻이며, 「満更でもない 반드시 나쁜 것만도 아니다」라는 관용표현으로도 쓰인다.

어휘 有名だ 유명하다　ともかく 어쨌든　とりわけ 특히

해석 유명한 이야기니까 벌써부터 알고 있는 사람도 있을지도 모릅니다.

24 문맥에 알맞은 부사 찾기 ●●●●●
僕が失敗した時_____かばってくれた田中さんに今も感謝の気持ちを持っている。

해설 문맥상 빈칸에는 '오로지, 한결같이' 라는 뜻의 단어가 들어가야 한다. 일단 B)의 「ひたすら」와 D)의 「ひたむき」가 정답이 될 가능성이 있는데 B)는 부사이므로 바로 빈칸에 들어갈 수 있지만, D)는 ナ형용사이므로 「ひたむきに」형태가 되어야 빈칸에 들어갈 수 있다. 따라서 B)가 정답이 된다.

어휘 失敗 실패, 실수　かばう 감싸주다　感謝 감사　概ね 대강　ひたすら 오로지, 한결같이　くまなく 샅샅이　直向きだ 한결같다, 외곬이다

해석 내가 실수했을 때, 한결같이 감싸 줬던 다나카 씨에게 지금도 감사하는 기분을 가지고 있다.

25 문맥에 알맞은 부사 찾기 ●●●●●
会議は_____厳かな雰囲気の中で行われた。

해설 문맥이 통하려면 B)의 「終始 처음부터 끝까지」가 빈칸에 들어가야 한다. A)의 「目下」는 '당장, 현재' 라는 뜻이고, 「目下」로 읽으면 '손아랫사람' 이라는 뜻이 된다. C)는 부정과 호응하여 '전혀', D)는 '원래, 애당초' 라는 의미이다.

어휘 厳かだ 엄숙하다 cf) 疎かだ 소홀하다　雰囲気 분위기

해석 회의는 처음부터 끝까지 엄숙한 분위기 안에서 행해졌다.

26 호응하는 부사 찾기 ●●●●●
死に物狂いで努力してきたから_____試験に落ちたのは辛かっただろう。

해설 문장 뒤에 있는 「だろう」와 호응할 수 있는 표현을 찾으면 된다. 정답은 D)로서 「さぞ~だろう 필시 ~일 것이다」를 눈여겨보자.

어휘 死に物狂い 필사적임　努力 노력　試験に落ちる 시험에 떨어지다　まるっきり (부정과 호응하여) 전혀　とびきり 뛰어나게, 월등하게　どうりで 어쩐지

해석 필사적으로 노력해 왔으니까 필시 시험에 합격할 것이다.

27 문맥에 알맞은 부사 찾기 ●●●●●
私がプールに飛び込むと、友人たちも_____と飛び込んだ。

해설 A)는 「ずらりと」꼴로 써서 '잇달아 늘어선 모양' 을, B)는 「次々と」꼴로 써서 '잇달아, 차례로', C)의 「段々」은 '점점, 차차', D)는 「一斉に」꼴로 써서 '일제히' 라는 뜻이다. 문맥상 B)와 D)가 정답이 될 수 있는데 D)는 빈칸 뒤의 조사 「と」와 충돌되므로 답이 될 수 없다.

어휘 飛び込む 뛰어들다　友人 친구

해석 내가 풀장에 뛰어들자, 친구들도 잇달아서 뛰어들었다.

28 문맥에 알맞은 부사 찾기 ●●●●●
職場では教室で勉強したことがそのまま通用するとは限らないし、人間関係も_____複雑になる。

해설 문맥에 적절한 부사는 A)의 「遥(はる)かに 훨씬」밖에 없다.

어휘 職場(しょくば) 직장 通用(つうよう) 통용 人間関係(にんげんかんけい) 인간관계 けろりと 까맣게 cf) けろりと忘(わす)れる 까맣게 잊다 それきり 그것을 끝으로 cf) それきり消息(しょうそく)を絶(た)った 그것을 끝으로 연락을 끊었다 もはや 이제는, 이미

해석 직장에서는 교실에서 공부했던 것이 그대로 통용된다고는 할 수 없고, 인간관계도 훨씬 복잡해진다.

29 문맥에 알맞은 부사 찾기 ●●●●●
働くという行為は一日の生活の大部分を占め、家庭や_____人生の在り方を左右する。

해설 빈칸에 들어갈 적절한 단어는 B)의 「ひいては 나아가서는」이다. A)의 「もしくは 또는, 혹은」은 선택접속사로 「AもしくはB」꼴로 쓰여서 A나 B중에 하나를 선택하는 것을 의미한다.

어휘 働(はたら)く 일하다 行為(こうい) 행위 大部分(だいぶぶん) 대부분 占(し)める 차지하다 家庭(かてい) 가정 人生(じんせい) 인생 在(あ)り方(かた) 본연의 모습 左右(さゆう) 좌우 ついに 결국 つまり 결국, 즉

해석 일하는 행위는 하루 생활의 대부분을 차지하고, 가정과 나아가서는 인생의 본연의 모습을 좌우한다.

30 문맥에 알맞은 부사 찾기 ●●●●●
本当に呆れますね。店員がお客様に_____した顔をしているなんて。

해설 문맥상 빈칸에 좋지 않은 내용이 들어와야 함을 알 수 있다. 정답은 B)의 「むっと 화가 나서 불쾌한 모습」이다.

어휘 呆(あき)れる 기가 막히다 店員(てんいん) 점원 顔(かお)をする 표정을 짓다 すっとする 상쾌해지다 ぞっとする (추위나 두려움으로) 소름이 끼치는 모양 ざっと 대강, 대충

해석 정말로 기가 막히네요. 점원이 손님에게 화난 표정을 하고 있다니.

연습문제 정답 및 해설

5

1 D	2 A	3 B	4 A	5 B	6 A	7 C	8 B	9 D	10 B
11 D	12 A	13 B	14 A	15 B	16 B	17 D	18 C	19 D	20 C
21 A	22 D	23 B	24 C	25 B					

1 조사 「で」의 동작이 행해지는 장소 용법 ●○○○○

友達に銀行＿＿＿働いている彼女を紹介してもらった。

해설 빈칸 뒤에「働く 일하다」라는 동작성 동사가 있으므로 '동작이 행해지는 장소' 용법을 가지는「で」가 들어가야 한다.

어휘 銀行 은행 紹介 소개

해석 친구에게 은행에서 일하고 있는 여자친구를 소개 받았다.

2 조사 「に」의 시간을 나타내는 용법 ●○○○○

私は毎朝6時半＿＿＿起きて散歩に行きます。

해설 시간 뒤에 붙을 수 있고 '때'의 용법을 가지는 조사는「に」이다.

어휘 毎朝 매일 아침 起きる 일어나다 散歩に行く 산책을 가다

해석 나는 매일 아침 6시 반에 일어나서 산책을 갑니다.

3 조사 「が」의 접속조사 용법 ●●○○○

タクシーに乗っていった＿＿＿、間に合わなかった。

해설 빈칸의 앞뒤를 살펴보면 '택시를 타고 갔다', '시간에 맞지 않았다'로서 빈칸에 '역접'의 의미를 나타내고 문장과 문장을 연결시켜주는 접속조사가 필요함을 알 수 있다. 정답은 B)이고, B)대신에「のに」가 들어가도 괜찮다.

어휘 間に合う 시간에 맞다

해석 택시를 타고 갔지만, 시간에 맞지 않았다.

4 조사 「で」의 한정 용법 ●●○○○

今回の出張は一人＿＿＿行くことになりました。

해설 '혼자서'는「一人で」로 표현한다.「で」의 '한정' 용법을 묻는 문제인데, 이 밖에도「自分で、皆で、全部で、一つで」의「で」역시 같은 용법이다.

어휘 今回 이번 出張 출장 ～ことになる ~하게 되다

해석 이번 출장은 혼자서 가게 되었습니다.

5 조사 「に」의 존재하는 장소 용법 ●○○○○

テーブルの上＿＿＿コップと皿が置いてあります。

해설 문장 끝에「置いてある 놓여져 있다」라는 상태 표현이 있으므로 빈칸에는 '존재의 장소' 용법을 가지는「に」가 와야 올바르다.「で」의 '동작이 행해지는 장소' 용법과 혼동해서는 안 된다.

해석 테이블 위에 컵과 접시가 놓여져 있습니다.

6 자동사를 이끄는 조사 「が」의 용법 ●○○○○

隣の部屋から赤ちゃんの泣き声＿＿＿聞こえる。

해설 「聞こえる 들리다」는 자동사이므로 빈칸에 들어갈 조사는「が」이다.

어휘 隣 이웃, 옆 部屋 방 泣き声 울음소리

해석 옆방에서 아기의 울음소리가 들린다.

7 조사「か」의 불확실성을 나타내는 용법 ●●○○○
문제 週末はどこ_____へ行きましたか。
해설 '어딘가에'는「どこかへ」또는「どこかに」이다. 빈칸에는 '불확실성'을 나타내는 조사「か ~인지, ~인가」가 들어가야 한다.
해석 주말에는 어딘가에 갔었습니까?

8 조사「で」의 원인용법 ●●○○○
激しい雨_____試合は中止になりました。
해설 '비가 심하게 내린 것'은 '시합중지'의 원인이 되므로, 원인의 용법을 가지고 있는 조사를 찾으면 된다. 원인의「で」는 '~로 인하여, ~때문에'로도 해석이 가능하다.
어휘 激しい 심하다　試合 시합　中止 중지
해석 심한 비로 시합은 중지가 되었습니다.

9 조사「に」의 목적용법 ●●○○○
駅まで散歩_____行ったついでに、電池を買ってきた。
해설「동작성동사ます형」이나「동작성명사」에「に」가 접속하면 '~하러'라는 뜻의 목적 용법이 된다. 같은 용법인「飲みに行く 마시러 가다」나「旅行に行く 여행을 가다」도 시험에서 자주 출제된다.
어휘 駅前 역 앞　散歩 산책　電池 전지
해석 역 앞까지 산책하러 갔던 김에, 전지를 사왔다.

10 조사「が」를 수반하는 동사 ●●●○○
何度読んでも意味_____分からず、結局は時間とお金の無駄になってしまった。
해설「分かる」앞에는 반드시 조사「が」가 와야 한다. 직역해서「を」를 써서는 안 된다. 조사「が」를 수반하는 단어「好きだ、嫌いだ、上手だ、下手だ、うまい、できる」정도는 반드시 알고 있어야 한다.
어휘 意味 의미　無駄だ 쓸데없음, 낭비
해석 몇 번을 읽어도 의미를 몰라서, 결국은 시간과 돈의 낭비가 되어 버렸다.

11 부정과 호응하는 조사「も」의 용법 ●●○○○
部屋の掃除をしたが、捨てる物は何_____なかった。
해설 의문사에 붙어서 부정을 받을 수 있는 조사는「も」이다.
어휘 掃除 청소　捨てる 버리다　すら 조차
해석 방 청소를 했는데, 버릴 것은 아무것도 없었다.

12 시간적 기점을 나타내는 조사「から」의 용법 ●○○○○
仕事がたまっているから、3時_____9時まで残業してください。
해설「~から~まで ~부터~까지」라는 문형만 알면 쉽게 풀 수 있는 문제.
어휘 仕事がたまる 일이 쌓이다 cf) ストレスがたまる 스트레스가 쌓이다　残業 잔업　こそ ~야말로　だに 조차　さえ 조차
해석 일이 쌓여 있으니까, 3시부터 9시까지 잔업해 주세요.

13 주제를 나타내는 조사「が」의 용법 ●●○○○
中村さん_____本とノートを買ってくれました。
해설 문장 뒤에「くれる」가 있으므로 B)의「が」가 들어가야 한다. 만약에「もらう」가 왔다면 A)의「に」가 정답이 된다. 애초에「~が/は~くれる」,「~に/から~もらう」형태로 숙지해 놓으면 수월하다.
해석 나카무라 씨가 책과 노트를 사 줬습니다.

연습문제 정답 및 해설

14 비교를 나타내는 조사 「ほど」의 용법 ●●●○○
今年の夏は去年の夏_____暑くありませんでした。
해설 「ほど」는 뒤에 부정을 수반하여 '~만큼 ~않다'라는 비교의 용법을 가진다. 질문에서는 화자가 '올 여름'과 '작년 여름'을 비교하고 있다.
어휘 今年 올해 夏 여름 去年 작년 暑い 덥다
해석 올여름은 작년 여름만큼 덥지 않았습니다.

15 조사 「ばかり」의 한정용법 ●●○○○
鈴木さんは仕事中に何もしないでタバコ_____吸っています。
해설 '~뿐, 만'이라는 한정의 용법을 가지는 「ばかり」를 찾는 문제이다. A)는 「～さえ～ば」꼴로 써서 '~만 ~하면'이라는 뜻.
어휘 仕事中 일하는 중 タバコを吸う 담배를 피우다
해석 스즈키 씨는 일하는 중에 아무것도 하지 않고 담배만 피우고 있습니다.

16 부정과 호응하는 조사 「しか」
「あなた_____できないことがたくさんあります」という激励の言葉が私を立ち直らせた。
해설 빈칸 뒤에 「ない」가 있으므로 부정과 호응할 수 있는 조사를 찾으면 된다. B)는 「～しか～ない」꼴로 써서 '~밖에 않다', D)는 「～すら～ない」꼴로 써서 '~조차 ~않다'라는 뜻. 문맥에 적절한 것은 B)이다.
어휘 激励 격려 言葉 말 立ち直る 다시 일어나다, 회복하다
해석 「당신 밖에 할 수 없는 일이 많이 있습니다」라는 격려의 말이 나를 다시 일어나게 했다.

17 적절한 조사 찾기 ●●●○○
サッカーを見るのとするの_____どちらが好きですか。
해설 2개를 비교할 때 쓰는 문형 「～と～とどちら ~와 ~중, 어느 쪽」을 묻는 문제. 따라서 정답은 D)가 된다. 참고로 2개를 비교할 때는 반드시 「どちら」를 써야 하며 3개 이상을 비교할 때에는 「의문사」를 써야 한다는 것을 기억하자.
해석 축구를 보는 것과 하는 것 중, 어느 쪽을 좋아합니까?

18 자동사를 받는 조사 「を」의 용법 ●●●●○
高橋さんは毎日この公園_____走っているそうです。
해설 '공원을 달리다'는 「公園を走る」라고 표현한다. 여기에서의 「を」는 '통과하는 장소' 용법으로 사용되었는데 「道を歩く 길을 걷다」, 「空を飛ぶ 하늘을 날다」역시 같은 용법으로 사용된 예이다.
해석 다카하시 씨는 매일 이 공원을 달리고 있다고 합니다.

19 문맥에 적절한 조사 찾기 ●●●○○
いじめの被害者は親に_____話せないことがあるはずだ。
해설 4개의 보기 중 조사 「に」에 바로 접속할 수 있고, 부정과 호응할 수 있는 것은 D)의 「すら」밖에 없다.
어휘 いじめ 괴롭힘 被害者 피해자 ～やら ～인지 ～だの～だの ～이라든가 ~이라든가
해석 괴롭힘의 피해자는 부모에게 조차 말할 수 없는 것이 있을 터이다.

20 문맥에 적절한 조사 찾기 ●●●○○
どこ_____いいから、雰囲気のいい店を紹介してください。
해설 「でも」는 의문사에 접속하여 '전부를 포괄하는 의미'를 나타낸다.

어휘 雰囲気 분위기　紹介 소개
해석 어디라도 좋으니까 분위기가 좋은 가게를 소개해 주세요.

21 문형의 정확한 형태 ●●○○○
息子が入院しているか＿＿＿問い合わせても答えてくれなかった。
해설 「~かどうか ~인지 아닌지」라는 문형만 알고 있으면 쉽게 풀 수 있는 문제이다.
어휘 息子 아들　入院 입원　問い合わせる 문의하다　答える 대답하다
해석 아들이 입원해 있는지 아닌지 문의해도 대답해 주지 않았다.

22 적절한 조사 찾기 ●●●○○
橋を渡ったらすぐに、右＿＿＿曲がってください。
해설 '방향전환'을 나타낼 때는 조사 「に」를 쓴다. 길 안내를 할 때 자주 쓰는 표현인 「角を右に曲がる 모퉁이를 오른쪽으로 돌다」를 통째로 외워놓자.
어휘 橋を渡る 다리를 건너다
해석 다리를 건너면 바로 오른쪽으로 돌아 주세요.

23 조사 「から」의 경유용법 ●●●○○
さっきから窓の外＿＿＿騒々しい音が聞こえる。
해설 직역해서 A)의 「で」를 선택해서는 안 된다. '시끄러운 소리가 창을 통해서 들리는 것'이므로 '경유'의 용법을 가지는 「から」가 와야 올바르기 때문이다. 「天井から雨が漏れる 천장에서 비가 새다」 역시 같은 용법으로 사용되었다.
어휘 窓 창문　騒々しい 시끄럽다　聞こえる 들리다
해석 조금 전부터 창문 밖에서 시끄러운 소리가 들린다.

24 문형의 정확한 형태 ●●●●○
新しくできた漫画百貨店は子供ばかり＿＿＿大人にまでも脚光を浴びている。
해설 「~ばかりか ~뿐만 아니라」라는 문형을 묻는 문제이다. 이처럼 문형의 일부분을 묻는 문제가 종종 출제되므로 평소에 문형을 공부할 때 반드시 형태를 정확히 숙지해 놓도록 하자.
어휘 新しい 새롭다　漫画百貨店 만화백화점　脚光を浴びる 각광을 받다
해석 새롭게 생긴 만화 백화점은 아이 뿐만 아니라 어른에게까지도 각광을 받고 있다.

25 「ほど」와 「くらい」의 구분 ●●○○○
休日＿＿＿はテレビでも見ながらのんびりしたいものだ。
해설 「ほど」와 「くらい」 모두 '정도'라는 뜻을 가지고 있지만, 「ほど」는 '높은 정도'를 의미하는 반면에 「くらい」는 '낮은 정도'를 의미한다. 문맥상 '다른 날은 몰라도 적어도 휴일 정도는'이라는 '낮은 정도'를 뜻하므로 「くらい」가 정답이 된다.
어휘 休日 휴일　のんびりする 느긋하게 지내다　~たいものだ ~하고 싶다
해석 휴일 정도는 텔레비전이라도 보면서 느긋하게 지내고 싶다.

연습문제 정답 및 해설

6

1 D	2 B	3 C	4 D	5 C	6 D	7 C	8 C	9 B	10 C
11 C	12 A	13 A	14 B	15 B	16 B	17 A	18 D	19 C	20 A
21 C	22 D	23 A	24 D	25 A					

1 관용표현의 동사 찾기 ●●●●●
死に物狂いで努力して新しい技術を身に_____。
해설 '기술'이라는 말이 있으므로 「身につける (학문·기술 등을) 습득하다, 익히다」라는 관용표현을 묻는 문제임을 알 수 있어야 한다. 「身になる 그 사람의 입장이 되다」, 「身にしみる 절실하게 느끼다」, 「身に余る 과분하다」도 함께 알아두자.
어휘 死に物狂いで 필사적으로 努力 노력 技術 기술
해석 필사적으로 노력해서 새로운 기술을 익혔다.

2 관용표현의 동사 찾기 ●●●●●
事故にあわないように、十分気を_____ください。
해설 「気をつける 조심하다, 주의하다」라는 관용표현을 묻는 문제.
어휘 事故に遭う 사고를 당하다 十分 충분히 助ける 돕다 かける 걸다, 걸터앉다 置く 두다, 놓다
해석 사고를 당하지 않도록, 충분히 주의해 주세요.

3 관용표현의 동사 찾기 ●●●●●
マンガに目が_____彼女は時間さえあればマンガを読んでいる。
해설 「目がない 매우 좋아하다」라는 관용표현을 찾을 수 있어야 한다. 「目が回る 현기증이 나다, 매우 바쁘다」, 「目が利く 감식력이 있다」, 「目が光る 눈이 날카롭게 빛나다」도 함께 알아두자.
해석 만화를 매우 좋아하는 그녀는 시간만 있으면 만화를 읽고 있다.

4 관용표현의 명사 찾기 ●●●●●
そのような_____も葉もない意見には、賛成しかねます。
해설 관용표현 「根も葉もない 아무런 근거가 없다」를 묻고 있다. 형태를 정확하게 숙지해 놓지 않았다면 다른 보기를 선택해버릴 우려가 있다.
어휘 意見 의견 賛成 찬성 ~かねる ~하기 어렵다 枝 가지 幹 줄기 柱 기둥
해석 그와 같은 아무런 근거도 없는 의견에는 찬성하기 어렵습니다.

5 관용표현의 정확한 형태 ●●●●●
_____目で見れば、今の方法があなたの場合には有効なのかもしれません。
해설 「長い目で見る 장기적으로 보다」라는 관용표현을 묻고 있다. 「大目に見る 관대하게 봐 주다」도 함께 숙지할 것!
어휘 方法 방법 場合 경우 有効 유효
해석 장기적으로 보면 지금의 방법이 당신의 경우에는 유효한 것인지도 모릅니다.

6 관용 표현의 동사 찾기 ●●●●●
周りがみんな頭が_____人たちなので、仕事がしやすいです。

해설 「頭」와 연결될 수 있는 표현을 찾으면 된다. 정답은 D)의 「頭が切れる 머리가 좋다」. A)가 '뛰어나다'라는 의미를 가지고 있어서 정답으로 고르기 쉬운데 「頭」와 호응할 수 없으므로 답이 될 수 없다. A)는 「優れない」형태로 쓰여서 '(기분·건강·날씨 등이) 좋지 않다'라는 의미로도 쓰인다.
어휘 周り 주위 速い 빠르다 高い 높다, 비싸다
해석 주위가 모두 머리가 좋은 사람들이어서, 일하기 쉽습니다.

7 관용표현의 동사 찾기 ●●●○○
そんなに無理したら、近いうちに体を_____しまいますよ。
해설 그럴듯한 보기들이 있지만 '건강이 나빠지다, 병들다'라는 의미의 관용표현은 「体を壊す」이다. A)는 「命を落とす 목숨을 잃다」, B)는 「体調を崩す 컨디션을 망치다」, D)는 「顔を潰す 체면을 손상시키다」형태로 사용된다.
어휘 無理 무리 近いうちに 조만간 = 近々
해석 그렇게 무리하면, 조만간 건강이 나빠져 버려요.

8 관용표현의 동사 찾기 ●●●○○
カラオケが好きな理由は、気が_____友達と気兼ねなしに思い切り歌えるからだ。
해설 '스스럼없다'는 내용이 있는 것으로 봐서 「気が置けない 허물없이 지낼 수 있다」가 정답으로 적절하다. A)는 「気が気でない」형태로 쓰여 '걱정되어 안절부절 못하다', B)는 「気が進まない」형태로 쓰여 '마음이 내키지 않다'라는 뜻이다.
어휘 カラオケ 노래방 理由 이유 気兼ねなしに 스스럼없이 思い切り 마음껏, 실컷 歌う 노래를 부르다 要る 필요하다

해석 노래방을 좋아하는 이유는 허물없이 지낼 수 있는 친구와 스스럼 없이 마음껏 노래를 부를 수 있기 때문이다.

9 관용표현의 정확한 형태 ●●●●○
私が写真を撮っている姿を_____見かねて、横にいる人が心配そうに声をかけてくる時があります。
해설 관용표현 「見るに見かねる 차마 볼 수 없다」의 형태를 정확히 알아야 풀 수 있다.
어휘 写真を撮る 사진을 찍다 姿 모습 横 가로, 옆, 곁 心配 걱정 声をかける 말을 걸다
해석 내가 사진을 찍고 있는 모습을 차마 볼 수 없어서, 옆에 있는 사람이 걱정스러운 듯이 말을 걸어오는 때가 있습니다.

10 관용표현의 명사 찾기 ●●●●○
彼とは赤の_____だから、別れてしまえば関わることはない。
해설 「赤の他人 생판 남」이라는 관용표현을 묻고 있다. 알고 있으면 3초 안에 풀 수 있지만, 모르면 시간만 잡아먹게 되니 애초에 숙지해 놓는 것이 시간절약의 지름길이다.
어휘 知人 아는 사람 素人 아마추어, 풋내기 ↔ 玄人 전문가 他人 타인, 남 仲人 중매쟁이
해석 그와는 생판 남이니까, 헤어져 버리면 관계될 일은 없다.

11 관용표현의 명사 찾기 ●●●○○
まだ小さい子供なのに、その見事な演技に大人たちは_____を巻いた。
해설 빈칸 뒤의 「巻く」와 호응할 수 있는 것은 C)의 「舌」로, 「舌を巻く 혀를 내두르다」라는 표현을 묻고 있다.

연습문제 정답 및 해설

어휘 見事だ 훌륭하다 演技 연기 大人 어른 息 숨 尾 꼬리
해석 아직 어린 아이인데도, 그 훌륭한 연기에 어른들은 혀를 내둘렀다.

12 관용표현의 명사 찾기 ●●●○○

3年前に信じていた人に裏切られたことを考えると、_____が立ってなりません。

해설 관용표현「腹が立つ 화가 나다」를 묻는 문제. 비슷한 의미의 표현인「頭に来る」도 함께 숙지해 놓자. 자세히 살펴보지 않고 B)를 선택해서는 안 된다.

어휘 信じる 믿다 裏切られる 배신당하다 ~てならない ~해서 견딜 수 없다 裏 뒷면 cf) 裏をかく 상대방의 의표를 찌르다 毛 털

해석 3년 전에 믿고 있었던 사람에게 배신당한 일을 생각하면, 화가 나서 견딜 수 없습니다.

13 관용표현의 동사 찾기 ●●●○○

会社を辞めて、新しい職を探すのに本当に骨を_____。

해설 빈칸 앞에「骨を」가 있으므로 뒤에는 타동사가 와야 한다. 일단 자동사인 C)는 탈락, B)와는 호응이 안 되므로 B) 역시 탈락. A)는「骨を折る」꼴로 써서 '애를 쓰다', D)는「骨を埋める」꼴로 써서 '뼈를 묻다'라는 뜻이므로, 문맥에 적절한 A)가 정답이 된다.

어휘 会社を辞める 회사를 그만두다 新しい 새롭다 職 직업, 일자리 探す 찾다 負う (짐 등을) 업다, (비난·상처 등) 입다 骨が折れる 힘이 들다

해석 회사를 그만두고, 새로운 일자리를 찾는데 정말로 애를 썼다.

14 관용표현의 동사 찾기 ●●●●○

現場に落ちていた髪の毛から、犯人の足が_____。

해설「足がつく 꼬리가 잡히다」라는 표현을 묻는 문제이고 있다. A)는「足がでる」의 형태로 써서 '적자가 나다'라는 뜻. 이 밖에도「足」가 들어가는 관용표현「足が地につかない 마음이 들뜨다」,「足が棒になる 다리가 뻣뻣해지다」,「足の踏み場もない 발 디딜 틈도 없다」도 함께 숙지해 놓자.

어휘 現場 현장 犯人 범인

해석 현장에 떨어져 있었던 머리카락으로부터, 범인의 꼬리가 잡혔다.

15 관용표현의 명사 찾기 ●●●○○

長かった大学の試験が終わり、やっと_____の荷が下りました。

해설 관용표현「肩の荷が下りる 어깨의 짐이 내려가다, 걱정이 사라져 편해지다」를 알아야 풀 수 있는 문제이다.「肩」를 사용하는 또다른 관용표현인「肩を持つ 편을 들다」도 숙지해 놓자.

어휘 長い 길다 試験 시험 やっと 겨우 頭 머리 cf) 頭を抱える 고민하다 背 키, 등 cf) 背に腹はかえられぬ 중대사 때문에 다른 일을 돌볼 여유가 없다 心 마음 cf) 心が弾む 기분이 들뜨다

해석 길었던 대학 시험이 끝나서, 겨우 걱정이 사라졌다.

16 관용표현의 명사 찾기 ●●●○○

やっと入れた会社だったが、全く自分と合わなくて、やめようと_____を決めた。

해설「腹を決める 정하다, 결심하다」라는 표현을 묻고 있다. 유사표현인「心を決める」도 알아둘 것!

어휘 やっと 겨우 まったく~ない 전혀 ~않다 胸 가슴 cf) 胸を踊らせる (기대·기쁨 등으로) 가슴을 두근거리다 頭 머리 cf) 頭が下がる 머리가 수그러지다 手 손 cf) 手が空く 일손이 비다, 틈이 나다

해석 겨우 들어갈 수 있었던 회사였지만 도저히 나와 맞지 않아서, 그만두기로 결심했다.

17 관용표현의 동사 찾기 ●●●○○
みんな首を_____待っているから、早く遊びに来てください。

해설 문맥상 빈칸의 내용은 '몹시 기다리다' 정도가 되어야 하므로, 이에 알맞은 관용표현인「首を長くする 학수고대하다」를 찾으면 된다.「首を突っ込む 깊이 관여하다」,「首を縦に振る 찬성하다」도 외워 두도록 하자.

어휘 突き出す 내밀다

해석 모두 학수고대하고 있으니까 빨리 놀러 와 주세요.

18 관용표현의 명사 찾기 ●●●○○
真夜中に知らない人に名前を呼ばれて、_____が抜けた。

해설 '몹시 놀라다, 기겁을 하다' 는「腰が抜ける」라고 한다.「腰を抜かす」도 같은 의미.

어휘 真夜中 한밤중 心臓 심장 胸 가슴 cf) 胸が一杯になる 가슴이 벅차다 尻 엉덩이 cf) 尻に火がつく 발등에 불이 떨어지다

해석 한밤중에 모르는 사람이 내 이름을 불러서 기겁을 했다.

19 관용표현의 명사 찾기 ●●●○○
ちゃんと勉強したのに、この試験はとても難しくて_____が立たない。

해설 빈칸 뒤에 있는「立たない」와 호응할 수 있는 것은 C) 밖에 없다.「歯が立たない 감당할 수 없다」는 매우 출제 빈도가 높은 표현이니 반드시 알아두어야 한다.

어휘 頭 머리 cf) 頭に来る 화가 나다 顔 얼굴 cf) 顔から火が出る 매우 부끄럽다 首 목 cf) 首が回らない 빚 때문에 옴짝달싹 못하다

해석 확실히 공부했는데, 이 시험은 너무 어려워서 감당할 수가 없다.

20 관용표현의 명사 찾기 ●●●●○
私の言い訳を聞いていた彼は何も言わずに_____をひそめていた。

해설「ひそめる」와 어울릴 수 있는 보기를 찾으면 된다. 정답은 A)로,「眉をひそめる」형태로 써서 '눈살을 찌푸리다' 라는 뜻.「ひそめる」는「しかめる」로도 읽을 수 있고, 이 경우에는「顔」와 어울려서「顔をしかめる 얼굴을 찡그리다」의 형태로 쓰인다.

어휘 言い訳 핑계 目差し 눈빛 目 눈 cf) 目に余る 눈꼴 사납다

해석 나의 변명을 듣고 있던 그는 아무 말도 하지 않고 눈살을 찌푸리고 있었다.

21 관용표현의 명사 찾기 ●●●●○
「JPT完全征服」というサイトに出会い、目から_____が落ちたようです。

해설「目から鱗が落ちる 지금까지 몰랐던 것을 갑자기 깨닫다, 시야가 확 트이다」라는 관용표현을 묻고 있다. 정확한 형태를 알아야 풀 수 있는 고난이도 문제이다.

어휘 完全征服 완전정복 出会う 만나다 まぶた 눈꺼풀 cf) 二重まぶた 쌍꺼풀 涙 눈물 cf) 涙を誘う 눈물을 자아내다 ふけ 비듬

해석「JPT완전정복」이라는 사이트를 만나서, 시야가 확 트인 것 같습니다.

연습문제 정답 및 해설

22 관용표현의 명사 찾기 ●●●●●
やることなすこと_____に出てしまい、やる気を無くしてしまった。

해설 「裏目に出る 반대의 결과가 나오다, 예상과 어긋나다」라는 표현이 와야 문맥의 흐름이 자연스럽다.

어휘 やることなすこと 하는 일 모두 やる気 의욕 無くす 잃다 焦げ目 눋은 자국 一目 한 번 봄 分け目 (승부·성패 등의) 갈림길

해석 하는 일 모두 예상과 어긋나 버려서, 의욕을 잃어버렸다.

23 관용표현의 명사 찾기 ●●●●●
何よりも彼の_____が悪い所が気に入らない。

해설 「往生際が悪い 깨끗이 체념하지 못하다」라는 표현을 숙지하자.

어휘 気に入らない 마음에 들지 않다 不手際 서투름 不渡り 부도 地獄耳 한번 들으면 영원히 잊지 않음, 남의 비밀 등을 재빨리 알아챔

해석 무엇보다도 그의 깨끗이 체념하지 못하는 점이 마음에 들지 않는다.

24 관용표현의 명사 찾기 ●●●●●
すでに大差がついていたゲームだったが、最善をつくして_____を報いた。

해설 관용표현 「一矢を報いる 반격하다」를 묻고 있다. 「報いる」는 '보답하다, 보복하다'라는 뜻으로 사용되며, 한자읽기 문제로 출제될 가능성이 높으니 눈여겨 봐두자.

어휘 すでに 이미 大差がつく 큰 차이가 나다 最善を尽くす 최선을 다하다 一死 죽음 一発 일발

해석 이미 큰 차가 벌어져 있던 게임이었지만, 최선을 다해서 반격했다.

25 관용표현의 명사 찾기 ●●●●●
外国人の足元に_____遠回りして不当な料金を要求するタクシー運転手は決して許せない。

해설 「足元に付け込む 약점을 이용하다」라는 표현을 묻고 있다.

어휘 外国人 외국인 遠回り 먼 길을 돌아감 不当だ 부당하다 料金 요금 要求 요구 運転手 운전수 決して〜ない 결코 〜않다 許す 용서하다, 허락하다 駆け込む 뛰어들다 打ち込む 두드려 박다 飛び込む 뛰어들다

해석 외국인의 약점을 이용해서 먼 길을 돌아가 부당한 요금을 요구하는 택시 운전사는 결코 용서할 수 없다.

PatternStudy 7

❼

| 1 C | 2 A | 3 A | 4 B | 5 C | 6 D | 7 D | 8 A | 9 A | 10 C |
| 11 A | 12 B | 13 A | 14 C | 15 D | 16 C | 17 D | 18 A | 19 A | 20 B |

1 문맥에 알맞은 イ형용사 찾기 ●●○○○
軽いのが重いのより落下速度が_____なる。

해설 63빌딩에서 솜과 쇠구슬을 동시에 떨어뜨려보자. 가벼운 솜이 무거운 쇠구슬보다 훨씬 늦게 지면에 도달한다.

어휘 軽(かる)い 가볍다 重(おも)い 무겁다 落下速度(らっかそくど) 낙하속도 速(はや)い 빠르다 遅(おそ)い 느리다 強(つよ)い 세다 素早(すばや)い 민첩하다

해석 가벼운 것이 무거운 것보다 낙하속도가 느려진다.

2 문맥에 알맞은 イ형용사 찾기 ●○○○○
中村さんの料理はとても_____。

해설 '요리'와 연결될 수 있는 동사는 A)밖에 없다.

어휘 料理(りょうり) 요리 おいしい 맛있다 大(おお)きい 크다 汚(きたな)い 더럽다 鈍(にぶ)い 둔하다

해석 나카무라 씨의 요리는 매우 맛있었다.

3 문맥에 알맞은 イ형용사 찾기 ●●○○○
私の先生は_____元気な人です。

해설 '사람'의 특징을 표현할 수 있는 동사는 A)의「若い 젊다」와 C)의「弱い 약하다」뿐인데,「弱い」는 뒤에 있는「元気だ」와 충돌되므로 정답은 A)가 된다.

어휘 元気(げんき)だ 건강하다 惜(お)しい 아깝다 辛(つら)い 괴롭다
cf) 辛(から)い 맵다

해석 나의 선생님은 젊고 건강한 사람입니다.

4 문맥에 알맞은 イ형용사 찾기 ●○○○○
私の部屋はきれいで_____です。

해설 '방'과 관계가 있는 イ형용사를 찾으면 된다. 정답이 가능한 것은 B)의「広い 넓다」뿐이다.

어휘 細(ほそ)い 가늘다 少(すく)ない 적다 幼(おさな)い 어리다

해석 내 방은 깨끗하고 넓습니다.

5 문맥에 알맞은 イ형용사 찾기 ●●●○○
さすが体格が_____だけに彼はどんな運動でもできる。

해설「体格(たいかく) 체격」과 호응할 수 있는 イ형용사는 C)밖에 없다.

어휘 さすが 역시 太(ふと)い 굵다 眩(まぶ)しい 눈부시다

해석 역시 체격이 좋은 만큼, 그는 어떤 운동이라도 할 수 있다.

6 문맥에 알맞은 イ형용사 찾기 ●●●○○
映画館に入ってすぐは_____何も見えません。

해설 '빈칸 뒤의 '아무 것도 보이지 않다'와 연관이 있는 보기는 D)의「暗い 어둡다」뿐이다.

어휘 映画館(えいがかん) 영화관 怖(こわ)い 무섭다 遅(おそ)い 늦다 高(たか)い 높다

해석 영화관에 들어가서 바로는 어두워서 아무것도 보이지 않습니다.

7 문맥에 알맞은 イ형용사 찾기 ●●●●○
岩がごろごろしている_____山道だ。

해설 '산길'과 관련 있는 단어를 찾으면 된다. 정답은 D)의「険(けわ)しい 험하다」가 된다.

연습문제 정답 및 해설

어휘 岩 바위, 암석 ごろごろ 데굴데굴, 빈둥빈둥 山道 산길 生臭い 비린내가 나다 鋭い 날카롭다 儚い 허무하다

해석 바위가 데굴데굴 구르고 있는 험한 산길이다.

8 문맥에 알맞은 イ형용사 찾기 ●●●●○

小さい頃から少しずつ集めてきた漫画本が_____数に上った。

해설 A)는 '수량이 매우 많다, 엄청나다', B)는 '매우 심하다', C)는 '화려하다', D)는 '몹시 불쾌하다' 라는 뜻. 이 중에 '숫자'와 어울릴 수 있는 보기는 A)뿐이다.

어휘 集める 모으다 漫画本 만화책 数 숫자 ~に上る 에 달하다

해석 어렸을 때부터 조금씩 모아왔던 만화책이 엄청난 수에 달했다.

9 문맥에 알맞은 イ형용사 찾기 ●●●●○

最近、妻の金遣いが_____と思っていたのだが、そうでもなかった。

해설 「金遣いが荒い 돈 씀씀이가 헤프다」라는 표현을 숙지해 놓자. B)의 「渋い」에 '인색하다'라는 뜻이 있어서 헷갈리기 쉽지만, 「金に渋い 돈에 인색하다」라는 형태로는 사용되어도 「金遣いが渋い」의 형태로는 사용되지 않는다. 나머지 보기도 우리말로 해석하면 그럴듯하지만, 정답이 될 수 없는 표현들이다.

어휘 妻 아내 多い 많다 酷い 심하다

해석 최근 아내의 돈 씀씀이가 헤프다고 생각하고 있었는데, 그렇지도 않았다.

10 문맥에 알맞은 イ형용사 찾기 ●●●○○

気が_____中田さんがレースなんかに出るわけがない。

해설 '경주에 나갈 리가 없다'라는 내용으로 보아 빈칸에 들어갈 내용은 '소심하다' 정도가 되야 한다. 관용표현인 「気が弱い 소심하다」를 숙지하자.

어휘 レース 경주 ~わけがない ~일 리가 없다 重たい 무겁다 疑わしい 의심스럽다 細い 가늘다

해석 소심한 다나카 씨가 경주 따위에 나갈 리가 없다.

11 문맥에 알맞은 イ형용사 찾기 ●●●●○

レポートを書くのは嫌だと_____顔をする人もいた。

해설 「渋い顔をする 떨떠름한 얼굴을 하다」라는 표현을 묻고 있다. 「顔」가 들어가는 표현은 종종 시험에 출제되는데, 「大きな顔 뻐기는 얼굴」, 「涼しい顔 시치미 떼는 얼굴」, 「浮かぬ顔 침울한 얼굴」 등도 참고로 알아두자.

어휘 偉い 훌륭하다 図太い 뻔뻔스럽다

해석 리포트를 쓰는 것은 싫다고 떨떠름한 얼굴을 하는 사람도 있었다.

12 문맥에 알맞은 イ형용사 찾기 ●●●●○

捜査に_____部分が多いから、詳しく調べる必要があると思う。

해설 '상세하게 조사할 필요가 있다'는 말로 보아 빈칸에는 B)의 「疑わしい 의심스럽다」가 들어가야 한다.

어휘 捜査 수사 部分 부분 詳しい 자세하다, 상세하다 調べる 조사하다 しがない 하찮다 見窄らしい 초라하다 厚かましい 뻔뻔하다

해석 수사에 의심스러운 부분이 많으니까, 상세하게 조사할 필요가 있다고 생각한다.

PatternStudy 7

13 문맥에 알맞은 イ형용사 찾기 ●●●●
自分がどんなに_____格好をしているのか、知っていますか。

해설 4개의 보기 중「格好 복장, 모습」과 어울릴 수 있는 것은 A)의「みっともない 꼴사납다, 보기 흉하다」뿐이다.

어휘 うっとうしい 우울하다 卑しい 천하다 清々しい 상쾌하다

해석 자신이 얼마나 보기 흉한 모습을 하고 있는지 알고 있습니까?

14 문맥에 알맞은 イ형용사 찾기 ●●●●
他人に頼る受け身の姿勢では勝利は_____。

해설 A)의 '견디기 어렵다', B)의 '있을 수 있다', C)의 '불안하다, 의심스럽다', D)의 '용이하다' 중 빈칸에 들어가서 문맥이 자연스러운 것은 C)이다.

어휘 他人 타인 頼る 의지하다 cf) 頼む 부탁하다 受け身 수동적임 姿勢 자세 勝利 승리 cf) 勝利を収める 승리를 거두다

해석 타인에게 의존하는 수동적인 자세로는, 승리할지 의심스럽다.

15 문맥에 알맞은 イ형용사 찾기 ●●●●
1年前より体重が_____増えて心配している。

해설 '체중'과 어울릴 수 있는 단어를 찾으면 된다. D)의「著しい 현저하다, 두드러지다」가 정답이 될 수 있으며, 같은 한자를 쓰는「著す 저술하다」도 눈여겨 봐두자.

어휘 体重 체중 増える 늘다 心配 걱정 素早い 민첩하다 珍しい 드물다 果てしない 끝없다

해석 1년 전보다 체중이 현저하게 늘어서 걱정하고 있다.

16 문맥에 알맞은 イ형용사 찾기 ●●●●
自分のことしか考えない_____人に閉口した。

해설 '자신의 일 밖에 모르는 이기적인 사람'에게 적당한 표현은 C)의「図々しい 뻔뻔하다」이다.

어휘 閉口 질림, 손듦 ややこしい 까다롭다 見苦しい 보기 흉하다 喧しい 시끄럽다

해석 자신의 일 밖에 생각하지 않는 뻔뻔한 사람에게 두 손 들었다.

17 문맥에 알맞은 イ형용사 찾기 ●●●●
外から聞こえてくる音があまりにも_____たまらない。

해설 '소리'와 관계가 있는 단어를 찾자. D)의「騒がしい 시끄럽다」가 적절하다.

어휘 外 밖 ~てたまらない ~해서 견딜 수 없다 甚だしい 매우 심하다 夥しい 수량이 매우 많다 みっともない 꼴불견이다

해석 밖에서 들려오는 소리가 너무나도 시끄러워서 견딜 수 없다.

18 문맥에 알맞은 イ형용사 찾기 ●●●●
そんな_____問題は、私たちがいくら考えてもどうにもならない。

해설 빈칸 뒤의 '문제'와 어울릴 수 있는 イ형용사는 A)의「ややこしい 까다롭다」밖에 없다.

어휘 いくら~ても 아무리 ~해도 どうにもならない 어찌할 도리가 없다 浅ましい 비열하다 せちがらい 야박하다 淡々しい 매우 엷다, 희미하다

해석 그런 까다로운 문제는 우리들이 아무리 생각해도 어찌할 도리가 없다.

연습문제 정답 및 해설

19 문맥에 알맞은 イ형용사 찾기 ●●●●○

引越しをしてからは、平日はもちろん週末もとても＿＿＿＿＿＿なりました。

해설 문맥의 흐름으로 보아 A)의 「慌ただしい 분주하다, 어수선하다」가 적절하다.

어휘 引っ越し 이사　平日 평일　～はもちろん ～는 물론　週末 주말　煩わしい 귀찮다, 번거롭다　馴れ馴れしい 허물없다　相応しい 어울리다

해석 이사를 하고 나서는, 평일은 물론 주말도 매우 분주해졌습니다.

20 문맥에 알맞은 イ형용사 찾기 ●●●●●

彼女の＿＿＿＿＿＿看護ぶりに感動せざるをえなかった。

해설 '간호하는 모습에 감동하지 않을 수 없다'는 말로 보아 빈칸에는 '헌신적이다, 열심이다' 정도의 좋은 내용이 와야 한다. B)의 「甲斐甲斐しい 헌신적이다」가 정답이다.

어휘 看護 간호　～ぶり ~하는 모습, 모양　感動 감동　～ざるを得ない ～하지 않을 수 없다　後ろめたい 뒤가 켕기다　気遣わしい 걱정스럽다　とてつもない 터무니없다

해석 그녀의 헌신적인 간호하는 모습에 감동하지 않을 수 없었다.

PatternStudy 7

❽

| 1 C | 2 B | 3 C | 4 C | 5 A | 6 C | 7 A | 8 C | 9 A | 10 B |
| 11 D | 12 A | 13 B | 14 C | 15 A | 16 D | 17 A | 18 A | 19 C | 20 C |

1 ナ형용사의 명사수식 형태 찾기 ●●●●

彼女は_____顔でせっせと仕事をしている。

해설 4개의 보기가 「真面目(まじめ)だ 진지하다, 성실하다」라는 ナ형용사에서 파생된 것임을 알 수 있다. 빈칸 뒤에 있는 「顔」를 수식하는 형태가 되어야 하므로 어미 だ가 な로 바뀐 C)가 정답이다.

어휘 せっせと 열심히, 부지런히

해석 그녀는 진지한 얼굴로 열심히 일하고 있다.

2 문맥에 알맞은 ナ형용사 찾기 ●●●●

子供にとって一番_____ことは、健やかに育つことだ。

해설 문맥상 빈칸에 B)의 「大事(だいじ)だ 중요하다」가 들어가야 한다.

어휘 ~にとって ~에게 있어서 健(すこ)やかだ 건강하다 育(そだ)つ 자라다 呑気(のんき)だ 느긋하다 素直(すなお)だ 순수하다 粗末(そまつ)だ 변변치 못하다, 소홀하다

해석 아이에게 있어서 가장 중요한 것은, 건강하게 자라는 것이다.

3 문맥에 알맞은 ナ형용사 찾기 ●●●●

赤い服が_____見えます。

해설 「見(み)える 보이다」와 어울릴 수 있는 단어를 찾으면 된다. C)의 「鮮(あざ)やかだ 선명하다, 훌륭하다」가 정답이다.

어휘 健(すこ)やかだ 건강하다 速(すみ)やかだ 신속하다 円(まろ)やかだ 둥글다 cf) 円(つぶ)らだ 둥글다 円(つぶ)らな瞳(ひとみ) 둥근 눈동자

해석 빨간 옷이 선명하게 보입니다.

4 문맥에 알맞은 ナ형용사 찾기 ●●●●

子供が車に引かれて亡くなってしまったのは、非常に_____なことだ。

해설 사람이 죽었을 때 느끼는 심정으로써 가장 적절한 것은 '유감스럽다'이다.

어휘 車(くるま)に引(ひ)かれる 차에 치이다 亡(な)くなる 죽다 非常(ひじょう)に 매우 懸念(けねん) 걱정 心配(しんぱい) 걱정 残念(ざんねん) 유감스러움 無念(むねん) 원통함

해석 아이가 차에 치여 죽어 버렸다는 것은 매우 유감스러운 일이다.

5 문맥에 알맞은 ナ형용사 찾기 ●●●●

本をたくさん入れることができる_____なかばんがほしいです。

해설 가방에 책을 많이 넣으려면 튼튼해야 한다. 따라서 A)의 「丈夫(じょうぶ)だ 튼튼하다, 견고하다」가 정답이 된다.

어휘 大丈夫(だいじょうぶ)だ 괜찮다 膨大(ぼうだい)だ 방대하다 肝心(かんじん)だ 중요하다

해석 책을 많이 넣을 수 있는 튼튼한 가방을 원합니다.

6 문맥에 알맞은 ナ형용사 찾기 ●●●●

耳を澄せば、波の音が_____聞こえます。

해설 빈칸 뒤의 「聞(き)こえる 들리다」와 호응할 수 있는 단어는 C)의 「微(かす)かだ 희미하다」뿐이다.

어휘 耳(みみ)を澄(す)ませる 귀를 기울이다 波(なみ) 물결 密(ひそ)かだ 은밀하다 長閑(のどか)だ 한가하다 麗(うら)らかだ (날씨가) 화창하다

해석 귀를 기울이면, 파도소리가 희미하게 들립니다.

정답 및 해설 _269

연습문제 정답 및 해설

7 문맥에 알맞은 ナ형용사 찾기 ●●●○○
この品物でこの品質なら値段は_____です。

해설 「手」로 시작하는 단어의 의미 구분을 묻는 문제이다. '가격'과 어울릴 수 있는 보기를 찾으면 되는데, A)의 「手頃 적당함」가 이에 해당된다.

어휘 品物 물건　品質 품질　値段 가격　手近 가까이 있음　手口 수법　手短 간략함

해석 이 물건에서 이 품질이라면 값은 적당합니다.

8 문맥에 알맞은 ナ형용사 찾기 ●●●●○
美しい女性が舞台で_____舞う姿は本当に素晴らしかった。

해설 아름다운 여성이 춤을 추는 모습을 상상해 보자. C)의 「艶やかだ 화려하고 곱다」가 적절하다.

어휘 微かだ 희미하다　淑やかだ 얌전하다, 정숙하다　気障だ 비위에 거슬리다

해석 아름다운 여성이 무대에서 화려하게 춤을 추는 모습은 정말로 멋있었다.

9 문맥에 알맞은 ナ형용사 찾기 ●●●○○
こんな_____な送別会をしていただいて嬉しいかぎりです。

해설 화자가 기쁨을 느낄 정도의 송별회가 행해졌다. 송별회와 어울릴 수 있는 표현을 찾으면 되는데, A)의 「盛大 성대」가 답임을 쉽게 알 수 있다.

어휘 送別会 송별회　~かぎりだ 매우 ~하다　莫大 막대함　膨大 방대함　過大 과대함

해석 이런 성대한 송별회를 해 주셔서 매우 기쁩니다.

10 문맥에 알맞은 ナ형용사 찾기 ●●●○○
将来のことを考えると、どうやって生きていくか_____になります。

해설 빈칸 앞에 '어떻게 해서 살아갈지'라는 말이 있으므로 B)의 「不安 불안」이 가능한 답임을 알 수 있다.

어휘 将来 장래　生きていく 살아가다　安全 안전　否定 부정　器用 솜씨가 좋음

해석 장래의 일을 생각하면, 어떻게 해서 살아갈지 불안해집니다.

11 문맥에 알맞은 ナ형용사 찾기 ●●●●○
人の物を_____使ってはいけません。

해설 문맥의 흐름으로 보아 D)의 「勝手に 제멋대로」가 자연스럽다.

어휘 使う 사용하다　~てはいけない ~해서는 안 된다　余計だ 쓸데없다　無駄だ 쓸데없다, 헛되다　気楽だ 마음이 편하다

해석 남의 물건을 제멋대로 사용해서는 안 됩니다.

12 문맥에 알맞은 ナ형용사 찾기 ●●●●○
食生活を_____すると病気になりやすいです。

해설 빈칸에 A)의 「疎かだ 소홀히 하다」가 들어가야 문맥이 통한다.

어휘 食生活 식생활　病気 병　軽やかだ 경쾌하다, 가뿐하다　やたらに 함부로, 마구　強引だ 반대나 장애를 무릅쓰고 억지로 함

해석 식생활을 소홀히 하면 병에 걸리기 쉽습니다.

13 문맥에 알맞은 ナ형용사 찾기 ●●●○○
田中さんはやさしくて_____な人なので、女性たちに人気がある。

해설 문맥상 빈칸에 사람의 성격을 표현하는 단어가 와야 함을 알 수 있고, B)의 「純粋 순수」가 이에 해당된다.

어휘 人気 인기　順調 순조　潔白 결백　明確 명확함

해석 다나카 씨는 상냥하고 순수한 사람이어서 여자들에게 인기가 있다.

Pattern Study 7

14 문맥에 알맞은 ナ형용사 찾기 ●●●○○
高気圧の勢力が強まって_____日が多くなりました。
해설 날씨와 관련된 보기는 A)의 「雨勝ちだ 비가 잦다」와 C)의 「穏やかだ 온화하다」인데, 고기압의 세력이 강해지면 맑고 좋은 날씨가 되므로 C)가 정답이 된다.
어휘 高気圧 고기압 勢力 세력 強まる 강해지다 緩やかだ 완만하다 おぼろげだ 희미하다, 아련하다
해석 고기압의 세력이 강해져서 온화한 날이 많아졌습니다.

15 문맥에 알맞은 ナ형용사 찾기 ●●●○○
この映画は原作の小説を_____に再現している。
해설 빈칸 뒤의 「再現 재현」과 어울릴 수 있는 표현을 찾으면 된다. A)의 「忠実 충실」가 정답이 될 수 있다.
어휘 映画 영화 原作 원작 小説 소설 再現 재현 痛切 절실함 微妙 미묘 不精 귀찮아하고 게으름을 부림
해석 이 영화는 원작 소설을 충실히 재현하고 있다.

16 문맥에 알맞은 ナ형용사 찾기 ●●○○○
感謝の意を示しつつも_____お断りする場合には何と言えばいいのでしょうか。
해설 빈칸 앞뒤의 문맥 '감사의 뜻을 나타내다'와 '거절하다'를 보면 빈칸에 '공손하다, 정중하다' 정도의 내용이 들어가야 함을 알 수 있다. 따라서, D)의 「丁寧に 공손하게」가 정답.
어휘 感謝 감사 意 뜻 示す 나타내다 ～つつも ～하면서도 断る 거절하다 我武者羅だ 앞뒤 생각없이 무턱대고 하다 不思議だ 불가사의하다, 이상하다 生真面目だ 착실하다
해석 감사의 뜻을 나타내면서도 공손하게 거절할 경우에는 뭐라고 말하면 좋을까요?

17 문맥에 알맞은 ナ형용사 찾기 ●●●●○
難問にぶつかって中村さんに頼んだら_____引き受けてくれた。
해설 「引き受ける 떠맡다」와 어울릴 수 있는 표현을 찾으면 된다. 정답은 A)의 「気軽に 시원스럽게, 선선하게」이다. 「気軽に引き受ける 선선히 떠맡다」 형태로 숙지해 놓자.
어휘 難問 어려운 문제 ぶつかる 부딪히다 頼む 부탁하다 気楽だ 마음 편하다 気ままだ 마음대로 하다 気兼なく 스스럼없이
해석 어려운 문제에 부딪혀서 나카무라 씨에게 부탁했더니, 선선하게 떠맡아 주었다.

18 문맥에 알맞은 ナ형용사 찾기 ●●●●○
バス停から家までの道は_____坂になっているので、歩きやすい。
해설 「坂 언덕」과 어울릴 수 있는 보기는 A)의 「なだらかだ 완만하다, 가파르지 않다」와 C)의 「急だ 경사가 급하다」인데, 문장 끝에 '걷기 쉽다'는 말이 있으므로 A)가 정답이 된다.
어휘 バス停 버스 정류장 滑らかだ 매끈매끈하다, 거침없다 厳かだ 엄숙하다
해석 버스정류장에서 집까지의 길은 완만한 언덕으로 되어 있어서 걷기 쉽다.

19 문맥에 알맞은 ナ형용사 찾기 ●●●●○
会社が潰れるのは火を見るより_____だ。
해설 「火を見るより明らか 불을 보듯 뻔하다」라는 관용표현을 묻고 있다. B)의 「明るみ」는 '밝은 곳'이라는 의미로 「明るみに出る 공개되다」라는 형태로 자주 사용되니 혼동하지 말도록 하자.
어휘 会社が潰れる 회사가 도산하다 当たり前だ 당연하다 当然だ 당연하다

 **연습문제 정답 및 해설**

해석 회사가 도산할 것은 불을 보듯 뻔하다.

20 문맥에 알맞은 ナ형용사 찾기 ●●●●●

ある広告会社が新入社員を募集したところ、当初の予想を＿＿＿＿上回る人が集まったそうだ。

해설 전후의 문맥으로 보아 빈칸에는 '크게, 훨씬' 정도의 내용이 들어가야 한다. 따라서 정답은 C)의 「遥(はる)かに 훨씬」가 된다.

어휘 広告(こうこく) 광고 募集(ぼしゅう) 모집 当初(とうしょ) 당초 予想(よそう) 예상 上回(うわまわ)る 상회하다 集(あつ)まる 모이다 無理矢理(むりやり)に 억지로, 강제로 遮二無二(しゃにむに) 마구, 무턱대고 きらびやかに 화려하게

해석 어느 광고회사가 신입사원을 모집한 결과, 당초의 예상을 훨씬 상회하는 사람이 모였다고 한다.

PatternStudy 7

⑨

| 1 C | 2 D | 3 D | 4 D | 5 C | 6 D | 7 A | 8 C | 9 A | 10 B |
| 11 A | 12 A | 13 A | 14 A | 15 B | 16 B | 17 A | 18 D | 19 A | 20 D |

1 적절한 접속사 찾기 ●●●○○

彼は性格が悪いです。_____欲張りです。

해설 빈칸 전후의 내용을 살펴보면, '성격이 나쁘다' 와 '욕심쟁이다'로써 좋지 않은 내용이 대등하게 연결되어 있으므로, 첨가접속사인 C)의「その上 게다가」가 들어가야 한다. 유사한 의미의 접속사인「それに」「しかも」「おまけに」도 함께 알아두자.

어휘 性格 성격 悪い 나쁘다 欲張り 욕심쟁이 しかし 그러나 それなら 그렇다면 ですから 그러니까

해석 그는 성격이 나쁩니다. 게다가 욕심쟁이입니다.

2 적절한 접속사 찾기 ●●○○○

昨日友達と映画を見に行った。_____夕食をとった。

해설 문맥상 '영화를 본 후에 밥을 먹었다'는 내용이 되어야 하므로 D)의「それから 그리고 나서」가 정답이 된다.

어휘 夕食をとる 저녁밥을 먹다 つまり 결국 それで 그래서 その上 게다가

해석 어제 친구와 영화를 보러 갔었다. 그리고 나서 저녁밥을 먹었다.

3 적절한 접속사 찾기 ●●○○○

卒業式に行きたかった。_____朝寝坊をしてしまって行けなかった。

해설 빈칸 앞은 '가고 싶었다', 빈칸 뒤는 '갈 수 없었다'로, 앞뒤가 역접으로 연결되어 있음을 알 수 있다. 따라서 역접접속사인 D)의「でも 하지만」를 고르면 된다.

어휘 卒業式 졸업식 朝寝坊をする 늦잠을 자다 それで 그래서 それに 게다가 ところで 그런데

해석 졸업식에 가고 싶었다. 하지만 늦잠을 자 버려서 갈 수 없었다.

4 적절한 접속사 찾기 ●●○○○

電車よりバスの方が速い。_____料金も安い。

해설 '빠르다'와 '요금이 싸다'의 좋은 내용이 대등하게 연결되어 있으므로 D)의「それに 게다가」가 정답이 된다. 유사한 의미의 접속사「しかも」「その上」「おまけに」도 함께 숙지해 놓을 것!

어휘 速い 빠르다 料金 요금 および 및 すなわち 즉 だから 그러니까

해석 전철보다 버스 쪽이 빠르다. 게다가 요금도 싸다.

5 적절한 접속사 찾기 ●●○○○

待ち合わせの場所で2時間も待った。_____彼女は姿を現さなかった。

해설 빈칸의 앞뒤가 '기다렸다'와 '모습을 나타내지 않았다'로, 역접으로 연결되고 있다. 보기 중에서 역접접속사는 C)의「けれども 하지만」밖에 없다. 비슷한 의미의 접속사「でも」「しかしながら」「ところが」도 함께 숙지해 놓자.

어휘 待ち合わせの場所 만나기로 한 장소 姿 모습 現す 나타내다 そして 그리고 それで 그래서 ところで 그런데

정답 및 해설 _273

연습문제 정답 및 해설

해석 만나기로 한 장소에서 2시간이나 기다렸다. 하지만, 그녀는 모습을 나타내지 않았다.

6 적절한 접속사 찾기 ●●●○○
バスの窓から外を見た。_____きれいな海が見えた。

해설 문맥의 흐름으로 보아 빈칸에는 '그러자, 그랬더니' 정도가 들어가야 한다. 이에 해당되는 접속사는 D)의 「すると 그러자」이다.

어휘 窓 창문 海 바다 さて 그건 그렇고 ならびに 및 ただし 단, 다만

해석 버스의 창문에서 밖을 봤다. 그러자, 아름다운 바다가 보였다.

7 적절한 접속사 찾기 ●●○○○
この機械は使いやすい。_____値段が高すぎる。

해설 빈칸 앞은 '사용하기 쉽다'는 좋은 내용이 왔지만, 뒤에는 '값이 너무 비싸다'라는 좋지 않은 내용이 와 있다. 따라서 빈칸에는 역접접속사인 A)의 「しかしながら 그러나」가 들어가야 한다.

어휘 機械 기계 使う 사용하다 値段が高い 값이 비싸다 かつ 또한 ところで 그런데 および 및

해석 이 기계는 사용하기 쉽다. 그러나 값이 너무 비싸다.

8 적절한 접속사 찾기 ●●○○○
彼女はきれいだし、_____ピアノも上手だ。

해설 빈칸 앞뒤가 좋은 내용으로 연결되어 있으므로 C)의 「しかも 게다가」가 정답이다.

어휘 あるいは 또는, 혹은 そこで 그래서 しかしながら 그러나

해석 그녀는 아름답고, 게다가 피아노도 잘 친다.

9 적절한 접속사 찾기 ●●●○○
明日から旅行に行きます。_____2、3日の短いものなんですが。

해설 문맥의 흐름상 빈칸에는 A)의 「もっとも 그렇다고는 해도, 다만」이 들어가야 한다. 유사표현인 「ただし 단, 다만」도 알아두도록 하자. 참고로 「もっとも」가 접속사가 아닌 ナ형용사로 사용될 경우에는 '지당함, 당연함'이라는 뜻이다.

어휘 旅行 여행 短い 짧다 なお 또한 しかし 그러나 それで 그래서

해석 내일부터 여행을 갑니다. 그렇다고는 해도 2, 3일의 짧은 여행입니다만.

10 적절한 접속사 찾기 ●●○○○
家の周りは静かな方ですか、_____騒々しい方ですか。

해설 집 주위가 '조용한 편'인지 '시끄러운 편'인지 둘 중에 하나를 묻고 있으므로 빈칸에는 선택접속사가 들어갈 자리이다. B)의 「それとも 그렇지 않으면」가 정답이다.

어휘 周り 주위 静かだ 조용하다 騒々しい 시끄럽다 もっとも 그렇다고는 해도, 다만 ゆえに 그런 이유로 なぜなら 왜냐하면

해석 집 주위는 조용한 편입니까? 그렇지 않으면 시끄러운 편입니까?

11 적절한 접속사 찾기 ●●●○○
問題集に名前_____受験番号を必ず書いてください。

해설 문맥상 이름과 수험번호를 둘 다 쓰라는 의미임을 알 수 있으므로 병렬접속사인 A)의 「ならびに 및」가 들어가야 한다. 유사표현인 「および」로 바꾸어 쓸 수 있다.

어휘 問題集 문제집 名前 이름 受験番号 수험번호 必ず 반드시 ところが 그러나 つまり 결국 それでは 그럼

해석 문제집에 이름 및 수험번호를 반드시 쓰세요.

12 적절한 접속사 찾기 ●●○○○
山登りに行った。_____雨に降られてしまった。

해설 빈칸 전후의 문맥을 살펴보면 '등산하러 갔다'와 '비가 내렸다'로 역접관계에 있음을 알 수 있다. 따라서 역접접속사인 「ところが 그러나, 그런데」가 들어가야 올바르다. 다른 보기들은 답이 될 가능성이 전혀 없으므로 A)를 답으로 고르는데 어려움은 없을 것이다.

어휘 山登り 산에 오름, 등산 さて 그건 그렇고 それなら 그렇다면 ただし 단, 다만

해석 등산하러 갔다. 그런데, 비가 내려버렸다.

13 적절한 접속사 찾기 ●●●○○
お金で愛は買えない。_____お金は万能ではないわけだ。

해설 문맥의 흐름으로 보아 빈칸에는 '즉, 결국' 정도의 내용이 들어가야 한다. 정답은 A)의 「つまり 결국」이다. 비슷한 표현인 「要するに」도 함께 알아두자.

어휘 愛 사랑 万能 만능 なぜなら 왜냐하면 かつ 또한 ならびに 및

해석 돈으로 사랑은 살 수 없다. 결국, 돈은 만능이 아닌 셈이다.

14 적절한 접속사 찾기 ●●○○○
風邪を引いてしまった。_____学校を休むわけにはいかない。

해설 전후 문맥으로 보아 빈칸은 역접접속사가 들어갈 자리이다. 따라서 「けれども」「しかし」「しかしながら」「でも」「ところが」정도가 답이 될 수 있겠다.

어휘 風邪を引く 감기에 걸리다 ～わけにはいかない ~할 수는 없다 あるいは 또는, 혹은 すると 그러자 それとも 그렇지 않으면

해석 감기에 걸려 버렸다. 하지만 학교를 쉴 수는 없다.

15 적절한 접속사 찾기 ●●○○○
今日は航海をしないほうがいい。_____いつもと違って波が荒いから。

해설 '항해를 하지 않는 편이 좋다'고 말한 이유를 '물결이 거칠기 때문'이라고 말하고 있다. 빈칸에는 B)의 「なぜなら 왜냐하면」가 와야 자연스럽다.

어휘 航海 항해 cf) 後悔 후회 違う 다르다 波が荒い 물결이 거칠다 ないしは 내지는, 혹은 それから 그리고 나서 ゆえに 그런 이유로

해석 오늘은 항해를 하지 않는 편이 좋다. 왜냐하면, 평소와 다르게 물결이 거치니까.

16 적절한 접속사 찾기 ●●●○○
会議はこれで終わります。_____田中さんが最近見えませんね。

해설 빈칸 앞뒤의 '회의를 끝내다'와 '다니까 씨가 보이지 않다'는 아무런 연관이 없는 내용이다. 즉, 화제가 전환되었으므로 B)의 「ところで 그런데」를 정답으로 골라야 한다.

어휘 会議 회의 ゆえに 그런 이유로 あるいは 또는, 혹은 なお 또한

해석 회의는 이것으로 끝납니다. 그런데 다나카 씨가 최근 보이지 않네요.

17 적절한 접속사 찾기 ●●○○○
必ず黒_____青のペンを買ってきてください。

해설 문맥상 정답이 될 수 있는 것은 A)의 「もしくは 또는, 혹은」밖에 없다. 유사표현인 「または」

연습문제 정답 및 해설

「あるいは」「ないしは」도 세트로 알아두자.

어휘 したがって 따라서　それに 게다가　要するに 요컨대, 결국

해석 반드시 검정 또는 파란 펜을 사오세요.

18 적절한 접속사 찾기 ●●●○○

旅行に行くつもりですか。_____フランスに行った方がいいですよ。

해설 문맥만 파악하면 쉽게 풀 수 있는 문제이다. D)의 「それなら 그렇다면」가 자연스럽다.

어휘 旅行 여행　即ち 즉　だけど 그렇지만　それとも 그렇지 않으면

해석 여행갈 생각입니까? 그렇다면 프랑스에 가는 편이 좋아요.

19 적절한 접속사 찾기 ●●●●○

体の具合が悪いんです。_____早退させてください。

해설 빈칸 앞뒤의 문장이 '몸 상태가 나쁘다', '조퇴하게 해 달라'이므로 빈칸에는 '그러니까' 정도가 들어가야 한다. 정답은 A)의 「だから 그러니까」이고, B)의 「それで 그래서, 그런 까닭으로」도 답이 될 수 있지 않나 하고 생각하기 쉬운데 「それで」 뒤에는 의뢰표현(ください)이 올 수 없다.

어휘 体の具合が悪い 몸 상태가 나쁘다　早退 조퇴　そのために 그 때문에　ないしは 내지는, 혹은

해석 몸 상태가 나쁩니다. 그러니까 조퇴하게 해 주세요.

20 적절한 접속사 찾기 ●●●●●

子供はとてもかわいいです。_____憎たらしい子もいますが。

해설 빈칸 앞뒤의 「かわいい 귀엽다」와 「憎たらしい 밉살스럽다」의 관계를 살펴보면, 빈칸에는 D)의 「もっとも 그렇다고는 해도, 다만」가 들어가야 자연스럽다.

어휘 ないしは 내지는, 혹은　それに 게다가　なぜなら 왜냐하면

해석 아이는 매우 귀엽습니다. 그렇다고 해도 밉살스러운 아이도 있습니다만.

PatternStudy 7

⑩

| 1 A | 2 B | 3 A | 4 A | 5 B | 6 A | 7 A | 8 A | 9 A | 10 C |
| 11 D | 12 C | 13 B | 14 C | 15 A | 16 B | 17 B | 18 D | 19 B | 20 A |

1 문맥에 알맞은 의태어 찾기 ●●○○○

もうこんな時間ですから_____帰りましょう。

해설 「帰る 돌아가다」와 호응할 수 있는 의태어를 찾으면 된다. 정답은 A)의 「そろそろ 슬슬」. 출제 빈도가 높은 표현이니 아예 「そろそろ帰る 슬슬 돌아가다」형태로 통째로 외워 놓자.

어휘 のろのろ 동작이 느린 모양, 느릿느릿 ぽっかり 두둥실, 뻥 ふらふら 휘청휘청

해석 벌써 이런 시간이니까 슬슬 돌아갑시다.

2 문맥에 알맞은 의태어 찾기 ●●○○○

足に_____合う靴を見つけることは大変なことだ。

해설 '구두나 옷 따위가 딱 맞는 모양'을 뜻하는 「ぴったり」를 찾는 문제이다. A)의 「ばったり」는 '뜻밖에 마주치는 모양, 딱', C)의 「きっかり」는 '수량이나 시간 등이 정확하여 남지도 모자르지도 않는 모양, 정확히', D)의 「ぐっすり」는 '깊은 잠을 자는 모양, 푹'을 의미한다.

어휘 靴 구두 見つける 발견하다 大変 힘들다

해석 발에 딱 맞는 구두를 발견하는 것은 힘든 일이다.

3 문맥에 알맞은 의태어 찾기 ●●○○○

連休で5日間、うちで_____していたら、何もやりたくなくなった。

해설 문맥의 흐름으로 보아 빈칸에는 '무의미하게 게으름을 피우며 시간을 보내는 모양'이 들어가야 한다. 따라서 A)의 「だらだら」가 정답. 비슷한 의미의 의태어인 「ごろごろ」도 함께 알아두자.

B)의 「うずうず」는 '어떤 일을 하고 싶어서 좀이 쑤시는 모양, 근질근질', C)의 「うろうろ」는 '목적없이 이리저리 헤매는 모양, 어슬렁어슬렁', D)의 「へとへと」는 '몹시 피곤하여 기진맥진한 모양'을 뜻한다.

어휘 連休 연휴

해석 연휴로 5일간, 집에서 빈둥빈둥했더니 아무것도 하고 싶어지지 않게 되었다.

4 문맥에 알맞은 의태어 찾기 ●●●○○

仕事が大変で、地下鉄で_____寝た。

해설 빈칸 뒤의 「자다」와 어울릴 수 있는 의태어를 찾으면 된다. 정답은 A)의 「ぐっすり 깊은 잠을 자는 모양, 푹」이다. B) 「はっきり 뚜렷이, 확실히」, C) 「どっしり 무거운 모양, 묵직하게」, D) 「みっちり 철저히, 충분히」도 숙지해 놓도록 하자.

해석 일이 힘들어서 지하철에서 푹 잤다.

5 문맥에 알맞은 의태어 찾기 ●●●○○

父はお酒を飲むと_____と同じことを言う。

해설 문장 끝에 있는 '같은 것을 말한다'라는 내용으로 보아 빈칸에 들어갈 수 있는 것은 B)의 「くどくど 같은 말을 지겹도록 되풀이하는 모양」 밖에 없다. A)의 「ぐんぐん」은 '힘차게 진행되거나 성장하는 모양, 부쩍부쩍', C)의 「いきいき」는 '생기가 넘치는 모양', D)의 「がやがや」는 '시끄럽게 떠드는 모양, 와글와글'을 뜻한다.

해석 아버지는 술을 마시면 지겹게 같은 것을 말한다.

연습문제 정답 및 해설

6 문맥에 알맞은 의태어 찾기 ●●●○○

上原さんは仕事を_____と片付けるから皆から信頼されている。

해설 빈칸 앞의 '일'과 뒤의 '처리하다' 그리고 문장 끝에 '모두로부터 신뢰받고 있다'는 좋은 내용이 왔으므로, 빈칸에는 '일을 능숙하게 처리하는 모양'을 뜻하는 A)의 「てきぱき」가 들어가야 한다. B)의 「どしどし 쉴새없이 계속되는 모양, 연달아」, C)의 「いそいそ 기쁨으로 인하여 기분이 들뜬 모양」, D)의 「いやいや 마지못해」도 시험에서 종종 출제되는 표현이니 쾅하고 눈도장을 찍어놓자.

어휘 片付ける 정리하다, 처리하다 信頼 신뢰

해석 우에하라 씨는 일을 척척 처리하니까 모두에게 신뢰받고 있다.

7 문맥에 알맞은 의태어 찾기 ●●●○○

太陽が_____照りつけている。

해설 태양과 관련이 있는 의태어인 A)의 「ぎらぎら 강하게 빛나는 모양, 쨍쨍」이 정답이다. B)의 「きらきら 계속해서 반짝이는 모양」은 '별, 파도, 시냇물' 등의 자연물을 묘사할 때 쓰이고, C)의 「ぴかぴか 번쩍번쩍」는 '인위적으로 빛을 내는 경우'에 쓰인다. D)의 「めらめら」는 '불길이 활활 타오르는 모양'을 뜻한다.

어휘 太陽 태양 照りつける 내리쬐다

해석 태양이 쨍쨍 내리쬐고 있다.

8 문맥에 알맞은 의태어 찾기 ●●●○○

後ろから_____と私の悪口を言う声がした。

해설 문맥상 A)의 「ぶつぶつ 불평이나 불만을 하는 모양, 투덜투덜」가 적절하다. B)의 「ぶらぶら」는 '어슬렁어슬렁', C)의 「ぶるぶる」는 '부들부들 떠는 모양', D)의 「ぶくぶく」는 '거품이 이는 모양, 부글부글'을 뜻함.

어휘 悪口を言う 욕을 하다 声がする 소리가 나다

해석 뒤에서 투덜투덜 내 욕을 하는 소리가 났다.

9 문맥에 알맞은 의태어 찾기 ●●●○○

乗り物から降りたら足が_____してうまく歩けなかった。

해설 '다리'와 '잘 걸을 수 없었다'는 말로 보아 A)의 「ふらふら 휘청휘청, 비틀비틀」가 정답이 된다. 나머지 보기인 「ぴりぴり 바늘에 찔린 듯이 아픈 모양」, 「びりびり 작게 진동하는 모양, 드르르」, 「ぐらぐら 몹시 흔들리는 모양, 흔들흔들」도 함께 알아두자.

어휘 乗り物 탈 것, 놀이기구 降りる 내리다

해석 놀이기구에서 내렸더니 다리가 휘청휘청해서 잘 걸을 수 없었다.

10 문맥에 알맞은 의태어 찾기 ●●●●○

_____していても仕方がないから、早く元気を出してください。

해설 문장 끝의 '기운을 내세요'로 보아, 빈칸에 들어갈 내용을 대충 짐작할 수 있다. C)의 「くよくよ 사소한 일을 걱정하여 고민하는 모양, 끙끙」가 정답. A)의 「うずうず」는 '어떤 일을 하고 싶어 좀이 쑤시는 모양, 근질근질'이라는 뜻으로 유사표현으로 「むずむず」가 있다. B)의 「もじもじ」는 '우물거리거나 머뭇거리는 모양', D)의 「ふらふら」는 '휘청휘청, 비틀비틀'이라는 뜻이다.

어휘 仕方がない 어쩔 수 없다 元気を出す 기운을 내다

해석 끙끙 앓아도 어쩔 수 없으니까, 빨리 기운을 내세요.

11 문맥에 알맞은 의태어 찾기 ●●●○○
暑くて_____している時は家から出たくありません。

해설 '집에서 나가고 싶지 않다'는 부분에서 힌트를 얻을 수 있다. 빈칸에는 '날씨와 관련이 있고 좋지 않은 내용'이 들어가야 하는데 이에 해당되는 보기는 D)의 「じめじめ 불쾌하도록 습기나 수분이 많은 모양」이다. A)의 「がたがた」는 '단단한 물건이 부딪혀 나는 소리, 덜컹덜컹', B)의 「ふんわり」는 '가볍게 떠돌거나 흔들리는 모양, 두둥실', C)의 「べたべた」는 '끈끈하게 들러붙는 모양, 끈적끈적'을 뜻한다.

해석 덥고 눅눅할 때에는, 집에서 나가고 싶지 않습니다.

12 문맥에 알맞은 의태어 찾기 ●●●○○
激しい地震で家が_____と揺れている。

해설 밑줄 앞뒤의 '지진'과 '흔들리다'가 정답을 암시하고 있다. '몹시 흔들리는 모양'을 뜻하는 C)의 「ぐらぐら」가 정답이다. D)의 「ゆらゆら」도 '흔들리는 모양'을 뜻하지만, '(배 따위가 가볍게 흔들리는 모양'을 의미하므로 '심한 지진'과는 어울리지 않는다. A)의 「ひらひら」는 '가벼운 것이 날리는 모양, 팔랑팔랑'이란 뜻으로, 꽃잎이나 나뭇잎에 자주 쓰인다. B)의 「はらはら」는 '몹시 걱정되어 안절부절 못하는 모양'을 뜻함.

어휘 激しい 심하다 地震 지진 揺れる 흔들리다

해석 심한 지진으로 집이 흔들흔들 흔들리고 있다.

13 문맥에 알맞은 의태어 찾기 ●●●●○
友だちに「教えてほしい」と頼んだが_____断られた。

해설 '거절하다'를 보는 순간 「きっぱり 딱 잘라, 단호하게」를 생각해낼 수 있어야 한다. 「きっぱり 断る 단호히 거절하다」를 통째로 숙지해 놓자.

어휘 教える 가르치다 頼む 부탁하다 てっきり 틀림없이 ぽっかり 두둥실, 뻥 あっさり 깨끗이, 산뜻하게

해석 친구에게 '가르쳐 줬으면 해'하고 부탁했지만, 단호히 거절당했다.

14 문맥에 알맞은 의태어 찾기 ●●●●○
怪しい男がうちの周りを_____していて、気持ち悪い。

해설 문맥의 흐름상 C)의 「うろうろ 목적도 없이 이리저리 헤매는 모양, 어슬렁어슬렁」가 자연스럽다. 시험에서 「怪しい男がうろうろする 수상한 남자가 어슬렁거리다」형태로 출제되므로 무슨 일이 있어도 통째로 암기해 놓기 바란다.

어휘 怪しい 수상하다 周り 주위 のろのろ 동작이 느린 모양, 느릿느릿 あたふた 허둥지둥 おどおど 공포, 긴장 등으로 침착하지 못한 모양, 흠칫흠칫

해석 수상한 남자가 집 주위를 어슬렁거리고 있어서, 기분 나쁘다.

15 문맥에 알맞은 의태어 찾기 ●●●●○
ひとりぼっちの夜はもう_____だ。早く結婚したい。

해설 빈칸 안에 '지겹다, 지긋지긋하다' 정도의 내용이 들어가야 문맥의 흐름이 자연스럽다. A)의 「うんざり 지겹게, 진절머리나게」가 적절하다.

어휘 ひとりぼっち 외톨이 くよくよ 끙끙 ばったり 뜻 밖에 마주치는 모양, 딱 だらだら 무의미하게 게으름을 피우며 시간을 보내는 모양

해석 혼자만의 밤은 이제 지긋지긋하다. 빨리 결혼하고 싶다.

16 문맥에 알맞은 의태어 찾기 ●●●●●
海へ行った時、誰もが波が_____と輝いているのを見たことがあるだろう。

해설 자연물이 빛나는 모습을 나타낼 때는 「きらきら

연습문제 정답 및 해설

「반짝반짝」를 쓰고, 인위적으로 빛나는 모습을 나타낼 때는 「ぴかぴか 번쩍번쩍」를 쓴다. 파도는 자연물이므로 B)의 「きらきら」가 정답이 된다. C)의 「ぐらぐら」는 '몹시 흔들리는 모양'을, D)의 「ぱらぱら」는 '책장을 넘기는 모양, 훌훌'을 뜻한다.

어휘 波 파도, 물결　輝(かがや)く 빛나다

해석 바다에 갔었을 때, 파도가 반짝반짝 빛나고 있는 것을 본 적이 있을 것이다.

17 문맥에 알맞은 의태어 찾기 ●●●●○

手に汗を握るほど、_____した瞬間だった。

해설 '손에 땀을 쥐다'라는 말로 보아 '아슬아슬, 조마조마' 정도의 내용이 빈칸에 들어가야 한다. 따라서, B)의 「はらはら」가 정답. A)의 「いらいら」는 '일이 생각대로 되지 않아서 초조해 하는 모양', C)의 「ぐったり」는 '녹초가 된 모양', D)의 「じりじり」는 '어떤 목표를 향해 조금씩 나아가는 모양'을 뜻한다.

어휘 手(て)に汗(あせ)を握(にぎ)る 손에 땀을 쥐다　瞬間(しゅんかん) 순간

해석 손에 땀을 쥘 정도로 조마조마한 순간이었다.

18 문맥에 알맞은 의태어 찾기 ●●●●○

友だちに貸した本が_____になって返ってきた。

해설 4개의 보기 중 '책'과 관련이 있는 것을 찾으면 된다. 정답은 D)의 「ぼろぼろ」로 '물건이나 옷 등이 형편없이 낡고 해진 모양, 너덜너덜'을 말한다. B)의 「よれよれ」는 '천이나 옷 등이 낡아서 구겨진 모양, 구깃구깃'이라는 의미로 '책'과는 호응할 수 없다. A)의 「どたばた」는 '쿵쾅쿵쾅'을, C)의 「ごちゃごちゃ」는 '어지러이 뒤섞인 모양'을 뜻한다.

어휘 貸(か)す 빌려주다　返(かえ)る 돌아가다, 돌아오다

해석 친구에게 빌려준 책이 너덜너덜해져서 돌아왔다.

19 문맥에 알맞은 의태어 찾기 ●●●●○

空に白い雲が_____と浮かんでいます。

해설 '구름이 뜨는 모양'을 의미하는 의태어를 찾으면 된다. 정답은 B)의 「ぽっかり 두둥실, 뻥」이다. 나머지 보기의 「あっさり 깨끗이, 산뜻하게」, 「きっちり 빈틈이 없는 모양, 꽉 들어맞는 모양」, 「ぼんやり 의식이나 기억 등이 희미한 모양, 어렴풋이, 멍하니」도 함께 알아두자.

어휘 雲(くも) 구름　浮(う)かぶ 뜨다

해석 하늘에 하얀 구름이 두둥실 떠 있습니다.

20 문맥에 알맞은 의성어 찾기 ●●●●○

きれいな女性に_____話しかけられて気持ちよかった。

해설 빈칸에는 웃음과 관련이 있는 표현이 들어가야 하는데, D)의 「しくしく」는 '훌쩍훌쩍 우는 모양'을 뜻하므로 일단 탈락. A)의 「にこやか 생글생글, 방긋방긋」, B)의 「にやにや 히죽히죽」, C)의 「げらげら 큰소리로 웃는 모양, 껄껄」 모두 웃음에 관련된 표현이기는 하나, 문장 끝에 '기분이 좋았다'는 내용이 있으므로 A)가 가장 적절하다.

해석 아름다운 여성이 생글생글 웃으면서 말을 걸어서 기분이 좋았다.

PatternStudy 7

1 A	2 B	3 C	4 D	5 C	6 A	7 D	8 C	9 D	10 C
11 B	12 A	13 D	14 D	15 D	16 B	17 C	18 C	19 C	20 A
21 A	22 A	23 B	24 D	25 A	26 B	27 C	28 C	29 C	30 C

1 적절한 경어표현 찾기 ●●●●●
この靴下は2足で500円で_____。

해설 「〜です」의 공손한 표현인 「〜でございます」를 묻는 문제이다. D)가 답이 되려면 빈칸 앞에 조사 「に」가 와야 한다.

어휘 靴下(くつした) 양말 〜足(そく) 구두나 양말 따위를 세는 조수사, 켤레

해석 이 양말은 두 켤레에 500엔입니다.

2 존경공식의 올바른 형태 ●●●●●
先生は私の質問に分かりやすくお答え_____。

해설 질문에 답을 해 준 주체가 선생님이므로 존경 표현를 써야 하며, 존경공식「お+동사ます형+になる」형태에 맞는 B)가 정답이 된다.

어휘 質問(しつもん) 질문 答(こた)える 답하다

해석 선생님은 나의 질문에 알기 쉽게 답변해 주셨습니다.

3 존경공식의 올바른 형태 ●●●●●
こちらの指定された座席にお_____ください。

해설 빈칸 앞뒤를 살펴보면 존경공식 「お+동사ます형+ください」형태임을 알 수 있다. 따라서「동사ます형」인 C)가 정답이다.

어휘 指定(してい) 지정 座席(ざせき) 좌석 かける 앉다

해석 이쪽의 지정된 좌석에 앉으세요.

4 적절한 존경어 찾기 ●●●●●
この赤い服を着ている男性を_____。

해설 4개의 보기를 보면「知る 알다」의 존경어나 겸양어를 묻는 문제라는 것을 알 수 있다. 남자를 아는 주체가 상대방이므로 존경어를 써야 한다.

어휘 存(ぞん)じる 알다(知る의 겸양어) 御存(ごぞん)じ 아심(知る의 존경어)

해석 이 빨간 옷을 입고 있는 남자를 아십니까?

5 적절한 겸양어 찾기 ●●●●●
このお写真を友だちに見せたいのですが、_____よろしいでしょうか。

해설 문맥상 빈칸에는 '빌리다' 라는 의미가 들어가야 하고 사진을 빌리는 주체가 화자이므로 겸양 표현을 써야 한다. 따라서「拝借(はいしゃく)する 빌리다」를 사용한 C)가 정답. 또는 겸양공식에 맞추어「お借りする」를 사용해도 정답이 된다. 주체를 잘못 파악하여 A)를 선택하는 일이 없도록 할 것!

해석 이 사진을 친구에게 보여주고 싶습니다만, 빌려도 괜찮을까요?

6 적절한 겸양어 찾기 ●●●●●
また機会がありましたら皆さんのところに_____。

해설 빈칸 앞에 「ところ」가 있으므로 빈칸에는 '가다, 찾아뵙다' 정도가 들어가야 함을 알 수 있다. 따라서 A)와 C)가 정답이 될 가능성이 있는데, 주체가 화자이므로 겸양어인「伺(うかが)う 찾아뵙다」를 정답으로 골라야 한다. 물론「行く」의 겸양어인「参(まい)る」나「上(あ)がる」를 써도 정답이 될 수 있다.

해석 또 기회가 있다면 여러분을 찾아뵙겠습니다.

연습문제 정답 및 해설

7 적절한 존경어 찾기 ●●●○○
お飲み物は何に＿＿＿＿＿＿。

해설 음식점이나 술집에서 자주 들을 수 있는 표현이다. 「〜にする ～로 하다」라는 표현을 묻는 문제인데, 음료수를 정하는 주체는 손님(상대방)이므로 「する」의 존경어인 「なさる 하시다」를 쓴 D)가 정답이다.

어휘 召し上がる 드시다, 마시다(食べる、飲む의 존경어)
承る 삼가 듣다(聞く의 겸양어) 拝借する 빌리다 (借りる의 겸양어)

해석 음료수는 무엇으로 하시겠습니까?

8 적절한 존경어 찾기 ●●●○○
なるべく温かいうちに＿＿＿＿＿＿ください。

해설 문맥상 빈칸에 '먹다, 마시다' 정도의 의미가 들어 가야 하고, 먹거나 마시는 주체가 상대방이므로 존경어를 써야 한다. 따라서 C)의 「召し上がる 드시다, 마시다」가 정답.

어휘 なるべく 가급적 温かい 따뜻하다 いただく 먹다, 마시다(食べる、飲む의 겸양어) 拝見する 보다(見る의 겸양어)

해석 가급적 따뜻할 동안에 드세요.

9 적절한 겸양표현 찾기 ●●●●○
社長がいらっしゃるまでここで＿＿＿＿＿＿いただいてもよろしいでしょうか。

해설 해석해 보면 기다리는 주체가 화자이므로 겸양 표현을 써야 함을 알 수 있다. 따라서 겸양표현을 찾으면 되는데, 꼼꼼히 살펴보지 않으면 B)를 답으로 고르기 쉬우니 주의를 요한다. B)는 겸양공식에 집어넣은 형태로써 정답이 될 것 같지만 빈칸 뒤의 「いただく」와 연결이 되지 않는다. 정답은 D)로써 「〜(さ)せていただく ～하게 시킴을 받다」라는 겸양공식에 들어 맞는다.

어휘 よろしい 좋다(よい의 공손한 표현)

해석 사장님이 오시기까지 여기서 기다리고 있어도 괜찮을까요?

10 겸양공식의 올바른 형태 ●●●●○
体の具合が悪いので、＿＿＿＿＿＿いただきます。

해설 겸양공식 「〜(さ)せていただく」를 묻고 있으므로, 사역형인 C)가 정답이다. 눈치가 빠른 수험자라면 빈칸 뒤의 「いただく」를 보자마자 답을 찾을 수 있었을 것이다.

어휘 体の具合が悪い 몸 상태가 나쁘다

해석 몸 상태가 좋지 않기 때문에, 쉬겠습니다.

11 적절한 존경어 찾기 ●●●●○
世界中から＿＿＿＿＿＿方々を暖かくおもてなしできるよう、手を打っておきました。

해설 빈칸 뒤의 「方々 분들」만 보더라도 빈칸에 존경어가 들어가야 함을 알 수 있다. 4개의 보기 중 존경어는 B)의 「おいでになる 가시다, 오시다, 계시다」뿐이다. 「おいでになる」는 「いらっしゃる」와 같은 의미이다.

어휘 世界中 전 세계 cf) 仕事中 일하는 중 (「中」자의 발음을 눈여겨 볼 것) 暖かい 따뜻하다 持て成し 대접
手を打つ 손을 쓰다

해석 전세계에서 오시는 분들을 따뜻하게 대접할 수 있도록 손을 써두었습니다.

12 존경어·겸양어의 이해 ●●●●●
昨日の企画書を練り直してみたので＿＿＿＿＿＿。

해설 문맥의 흐름상 기획서를 보는 주체가 상대방이므로 겸양어를 쓴 B), C)는 정답에서 제외된다. D)는 「ご覧になる 보시다」라는 존경표현의 「なる」부분을 「なられる」라는 존경형태로 바꾸어 놓았으므로 이중존경이 되어 정답이 될 수 없

다. 정답은 「〜ていただきたい (상대방이) 〜해 주셨으면 한다)」를 쓴 A)이다.
어휘 企画書 기획서　練り直す 다시 짜다
해석 어제의 기획서를 다시 짜 봤으니까 봐 주셨으면 합니다만.

13 적절한 존경어 찾기 ●●●○○
その質問について社長は何と_____。
해설 주체가 '사장님'이므로 빈칸에는 존경어가 들어가야 한다. 따라서 겸양어인 A)는 정답에서 제외되며, 문맥을 따져보면 「言う」의 존경어인 「おっしゃる 말씀하시다」가 답이 됨을 알 수 있다.
어휘 質問 질문　〜について 〜에 관해서　申し上げる 아뢰다(言う의 겸양어)　いらっしゃる 가시다, 오시다, 계시다(行く、来る、いる의 존경어)　ご覧になる 보시다(見る의 존경어)
해석 그 질문에 관해서 사장님은 뭐라고 말씀하셨습니까?

14 적절한 겸양어 찾기 ●●○○○
プレゼントにしたので商品は_____いませんが、とても喜んでいただけました。
해설 문맥상 '화자가 보다'라는 내용이 적절하므로, 겸양어인 D)를 정답으로 선택해야 한다. 주체를 잘못 파악해서 A)를 정답으로 고르지 말자.
어휘 商品 상품　喜ぶ 기뻐하다　ご覧になる 보시다(見る의 존경어)　お目にかかる 만나 뵙다(会う의 겸양어)　拝見する 보다(見る의 겸양어)
해석 선물로 했기 때문에 상품은 보지 않았습니다만, 매우 기뻐해 주셨습니다.

15 존경공식의 올바른 형태 ●●●●○
満席になりますと、ご乗車_____ので前もってご了承ください。
해설 승차하는 주체는 승객(상대방)이므로 존경표현을 써야 하며, 문맥상 '승차하시지 않다'가 아니라 '승차하실 수 없다'가 되어야 하므로, 가능형인 D)가 올바르다. 자칫 잘못하면 A)를 답으로 고르기 쉬운데 「ご乗車できません」은 겸양공식 「ご+한자어+する」의 가능형태로서, 겸양표현이다.
어휘 満席 만석　乗車 승차　前もって 미리, 사전에　ご了承ください 양해해 주세요
해석 만석이 되면, 승차하실 수 없으니까 미리 양해해 주세요.

16 문맥에 알맞은 가타카나 찾기 ●○○○○
この商品は_____がいいし、品質もいい。
해설 '상품'과 관련이 있고 '품질'과 대등하게 연결될 수 있는 가타카나는 B)의 「デザイン 디자인」이다.
어휘 商品 상품　品質 품질　サンプル 샘플　プライド 자존심　トレンド 트렌드, 경향
해석 이 상품은 디자인이 좋고, 품질도 좋다.

17 문맥에 알맞은 가타카나 찾기 ●●○○○
あの赤い_____の3階で働いています。
해설 문장 안의 '3층'이라는 말이 있으므로 C)의 「ビル 건물」이 정답이다. B)와 혼동하지 말 것!
어휘 働く 일하다　ヒール 힐, 뒤꿈치　ビール 맥주　ヒーロー 영웅, 남자주인공
해석 저 빨간 건물의 3층에서 일하고 있습니다.

 연습문제 정답 및 해설

18 문맥에 알맞은 가타카나 찾기 ●●●○○
いい_____がおありでしたら、何でもご提案ください。

해설 '제안'과 어울릴 수 있는 가타카나를 찾으면 된다. 정답은 B)의「アイディア 아이디어」이다.

어휘 提案 제안 インタビュー 인터뷰 アイテム 아이템 アイドル 아이돌

해석 좋은 아이디어가 있으시면, 뭐든지 제안해 주세요.

19 문맥에 알맞은 가타카나 찾기 ●●●●○
このサイトではいろんな記事が_____できます。

해설 문맥만 따져보면 쉽게 풀 수 있는 문제. 정답은 C)의「ダウンロード 다운로드」이다.

어휘 サイト 사이트 記事 기사 アップツーデート 최신의 ケット 담요 スクリプト 스크립트

해석 이 사이트에서는 여러 가지 기사를 다운로드 할 수 있습니다.

20 문맥에 알맞은 가타카나 찾기 ●●●●○
この商品は20代の独身女性を_____にして作られたものです。

해설 문맥의 흐름만 잘 파악하면 어렵지 않다. A)의「ターゲット 목표, 표적」이 정답.

어휘 商品 상품 独身女性 독신 여성 サンプル 샘플 カテゴリー 범주 ステータス 사회적 지위

해석 이 상품은 20대의 독신여성을 목표로 해서 만들어진 것입니다.

21 문맥에 알맞은 가타카나 찾기 ●●●○○
田中さんから2件の_____が届いている。

해설 빈칸 앞의「2件」과 어울릴 수 있는 가타카나를 찾으면 된다. 정답은 A)의「メッセージ 메시지」.

어휘 メリット 이점 テナント 임차인 タレント 탤런트

해석 다나카 씨로부터 2건의 메시지가 도착해 있습니다.

22 문맥에 알맞은 가타카나 찾기 ●●●●○
省_____を実現するため、新しいシステムを導入した。

해설 「省エネルギー 에너지 절약」이라는 표현을 묻고 있다. 줄여서「省エネ」라고도 한다. B)는「エンジンがかかる 엔진이 걸리다, 일이 궤도에 오르다」라는 형태로 사용된다.

어휘 実現 실현 新しい 새롭다 システム 시스템 導入 도입 アイドル 아이돌 アレルギー 알레르기

해석 에너지 절약을 실현하기 위해, 새로운 시스템을 도입했다.

23 문맥에 알맞은 가타카나 찾기 ●●●●○
彼と私の考え方には大きな_____がある。

해설 '사고방식'과 어울릴 수 있는 표현을 찾자. 4개의 보기 중, 정답이 될 수 있는 것은 B)의「ギャップ 갭, 차이」뿐이다.

어휘 考え方 사고방식 cf) 동사ます형+方 ~하는 방법, 방식 食べ方 먹는 법 作り方 제조법 シェア 시장 점유율 アレンジ 배열, 각색 リアリズム 사실주의

해석 그와 나의 사고방식에는 커다란 차이가 있다.

24 문맥에 알맞은 가타카나 찾기 ●●●●○
15年間システムを運用していた_____社員が退職したため、そのシステムをどう利用するか困っている。

해설 '15년간'에서 힌트를 얻을 수 있다. D)의「ベテラン 베테랑, 그 방면에 경험이 많고 노련한 사람」이 정답이다.

어휘 運用 운용 社員 사원 退職 퇴직 利用 이용 ユーモア 유머 ベスト 최고 スペシャリスト 전문가

해석 15년간 시스템을 운용하고 있었던 베테랑 사원이 퇴직했기 때문에, 그 시스템을 어떻게 이용할지 곤란해 하고 있다.

25 문맥에 알맞은 가타카나 찾기 ●●●○○
どんな圧力がかけられても、_____を真実を報道する義務がある。
해설 보기 중에 '진실을 보도할 의무'가 있는 것으로써 적절한 것은 무엇인가? A)의 「マスコミ 매스컴」뿐이다.
어휘 圧力 압력 真実 진실 報道 보도 義務 의무 リハビリ 사회복귀요법 アナウンス 방송 マスコット 마스코트
해석 어떤 압력이 가해져도, 매스컴은 진실을 보도할 의무가 있다.

26 적절한 겸양어 찾기 ●●●○○
通勤ラッシュの_____は過ぎたとはいえ、まだ車内は混雑している。
해설 빈칸에 B)의 「ピーク 절정」가 들어가야 자연스러운 문장이 된다.
어휘 通勤ラッシュ 통근 러시 過ぎる 지나다 車内 차 안 混雑 혼잡 ペア 페어, 쌍 クライアント 고객, 의뢰인 クライシス 위기
해석 통근 러시의 절정은 지났다고는 해도, 아직 차 안은 혼잡하다.

27 문맥에 알맞은 가타카나 찾기 ●●●●○
記事の趣旨と合わない_____については削除させていただきます。
해설 문맥의 흐름상 C)의 「コメント 논평」가 정답이다.
어휘 記事 기사 趣旨 취지 削除 삭제 メカニズム 메카니즘 リクエスト 요구, 요청 アンケート 앙케트

해석 기사의 취지와 맞지 않는 논평에 관해서는 삭제하겠습니다.

28 문맥에 알맞은 가타카나 찾기 ●●●○○
今のような時代に年功序列が通用するなんて_____だ。
해설 A)의 「エレガンス 우아함」, B)의 「リアリズム 사실주의」, C)의 「ナンセンス 난센스, 무의미함」, D)의 「アンバランス 부조화, 불균형」 중에서 빈칸에 들어갈 수 있는 보기는 C)밖에 없다.
어휘 年功序列 연공서열 通用する 통용되다
해석 지금 같은 시대에 연공서열이 통용되다니 난센스다.

29 문맥에 알맞은 가타카나 찾기 ●●●●○
社会の動向を直接把握し、_____な提案を行うことが重要だ。
해설 A)의 「リハーサル 리허설」, B)의 「ルーズ 느슨함, 칠칠치 못함」, C)의 「タイムリー 시의적절함」, D)의 「アプローチ 접근」 중, 빈칸 뒤의 '제안'과 어울릴 수 있는 것은 C)뿐이다.
어휘 動向 동향 直接 직접 把握 파악 提案 제안 重要だ 중요하다
해석 사회의 동향을 직접 파악하고, 시의적절한 제안을 하는 것이 중요하다.

30 문맥에 알맞은 가타카나 찾기 ●●●●○
近所のスーパーが_____して記念セールを行うようだ。
해설 '기념세일을 한다'는 것으로 보아 C)의 「リニューアル 개장」가 자연스럽다.
어휘 近所 근처 記念セール 기념세일 ディスプレー 전시 チューニング 튜닝 メンテナンス 보수, 유지
해석 근처의 슈퍼마켓이 개장해서, 기념세일을 하는 것 같다.

연습문제 정답 및 해설

12

1 D	2 B	3 B	4 B	5 C	6 B	7 B	8 C	9 C	10 B
11 A	12 A	13 C	14 C	15 D	16 D	17 B	18 A	19 A	20 C
21 B	22 A	23 A	24 A	25 D	26 B	27 A	28 D	29 D	30 C

1 사역형의 이해 ●●●○○

私は弟を買い物に_____が、弟は「嫌だ」と言った。

해설 화자가 동생에게 쇼핑을 갔다 오라고 시켰기 때문에 동생이 싫다고 말했을 것이다. 따라서 사역형인 D)가 정답.

어휘 買(か)い物(もの)に行(い)く 쇼핑하러 가다 弟(おとうと) 남동생 嫌(いや)だ 싫다

해석 나는 동생을 쇼핑하러 가게 하려고 했지만, 남동생은 「싫어」라고 말했다.

2 피해수동형의 이해 ●●●○○

雨に_____、カバンの中まで濡れてしまった。

해설 화자가 비를 맞음으로 인하여 가방까지 젖어버렸다는 피해의식을 느끼고 있으므로 피해수동형이 와야 올바르다. 「雨に降られる 비가 오다」, 「父に死なれる 아버지가 돌아가시다」, 「友達に来られる 친구가 오다」는 시험에서 자주 출제되는 피해수동이므로 반드시 숙지해 놓도록 하자.

어휘 濡(ぬ)れる 젖다 cf) 漏(も)れる 누설되다, 새다

해석 비가 와서 가방 안까지 젖어 버렸다.

3 수동형의 이해 ●●○○○

弟は時間を守らないので父によく_____。

해설 시간을 지키지 않으면 아버지에게 꾸지람을 듣기 쉬울 것이다. 따라서 수동형인 B)를 골라야 한다.

어휘 時間(じかん)を守(まも)る 시간을 지키다 怒(おこ)る 화내다, 꾸짖다

해석 남동생은 시간을 지키지 않아서 아버지에게 자주 꾸지람을 듣는다.

4 사역형의 이해 ●●●○○

仕事が忙しくて子供を_____からまた仕事をした。

해설 문맥상 빈칸에 '재우다'라는 내용이 와야 하므로, 사역형인 B)를 찾으면 된다.

어휘 忙(いそが)しい 바쁘다 寝(ね)る 자다

해석 일이 바빠서 아이를 재우고 나서 다시 일을 했다.

5 수동형의 이해 ●●●○○

泥棒に_____現金とカードを盗まれてしまった。

해설 '도둑이 들다'는 「泥棒(どろぼう)に入(はい)られる」라고 한다.

어휘 現金(げんきん) 현금 盗(ぬす)まれる 도둑맞다

해석 도둑이 들어서 현금과 카드를 도둑맞아 버렸다.

6 사역수동형의 이해 ●●●●○

車を修理に出したが、一ヶ月も_____文句を言った。

해설 자신의 의지와 상관없이 어떠한 행위를 당했을 때 쓰는 표현은 무엇인가? 문맥을 따져보면, 화자가 자신의 의지와 상관없이 차가 수리되기까지 한 달이나 기다리게 되었으므로 사역수동형을 쓴 B)가 정답이 된다.

어휘 修理(しゅうり)に出(だ)す 수리맡기다 文句(もんく)を言(い)う 불평을 하다

해석 차를 수리 맡겼지만, 한 달이나 기다리게 돼서 불평을 했다.

7 수동형의 이해 ●●●○○

本を書くなら、大勢の人に_____名作を作ってほしい。

해설 '많은 사람에게 사랑받는 책'이 자연스러우므로 수동형인 B)가 올바르다.

어휘 大勢(おおぜい) 여러 사람, 많이 名作(めいさく) 명작 ～てほしい ～해 주었으면 한다 愛(あい)する 사랑하다

해석 책을 쓴다면, 많은 사람에게 사랑받는 명작을 만들어 주었으면 한다.

8 피해수동형의 이해 ●●●●○

明日試験なのに友だちに_____、ちっとも勉強できませんでした。

해설 피해수동의 대표적인 표현 「雨に降(ふ)られる 비가 오다」, 「父に死(し)なれる 아버지가 돌아가시다」, 「友達(ともだち)に来(こ)られる 친구가 오다」를 잊지 말자.

어휘 試験(しけん) 시험 ちっとも～ない 전혀 ～않다

해석 내일이 시험인데 친구가 와서 전혀 공부할 수 없었습니다.

9 피해수동형의 이해 ●●●●○

小さい頃、母に_____人一倍の苦労をしてきました。

해설 8번 문제와 같은 유형이다. 어머니가 돌아가심으로 인하여 남보다 갑절의 고생을 했다는 화자의 피해의식이 엿보인다.

어휘 人一倍(ひといちばい) 남보다 갑절, 남보다 더 한층 苦労(くろう) 고생

해석 어렸을 때, 어머니가 돌아가셔서 남보다 갑절의 고생을 했습니다.

10 사역형의 이해 ●●●○○

学校から帰ってきた子供を庭で_____。

해설 사역형은 시킴을 당하는 대상 뒤에 조사 「を」가 붙는 것이 원칙이다. 「子供を」를 보는 순간 사역형을 떠올려야 한다.

어휘 学校(がっこう) 학교 庭(にわ) 정원 遊(あそ)ぶ 놀다

해석 학교에서 돌아온 아이를 정원에서 놀게 했다.

11 사역수동형의 이해 ●●●○○

嫌いな魚を_____、吐きそうな気がする。

해설 '화자가 생선을 먹기 싫었음에도 불구하고 어쩔 수 없이 먹게 되었다'는 의미이므로 사역수동형인 A)가 올바르다.

어휘 嫌(きら)いだ 싫다, 싫어하다 魚(さかな) 생선 吐(は)く 토하다 cf) 履(は)く (구두 등을) 신다 掃(は)く 쓸다

해석 싫어하는 생선을 어쩔 수 없이 먹게 되어서, 토할 것 같은 느낌이다.

12 사역형의 이해 ●●●○○

食べ物を_____捨てるということは、絶対しないように心がけている。

해설 '음식물을 썩게 해서 버리다'가 문맥이 자연스러우므로, 사역형인 A)가 올바르다. 나머지 보기들은 빈칸 앞에 있는 조사 「を」와 어울릴 수 없으므로 쉽게 답을 찾을 수 있다.

어휘 食(た)べ物(もの) 음식 捨(す)てる 버리다 絶対(ぜったい) 절대 心(こころ)掛(が)ける 명심하다 腐(くさ)る 썩다

해석 음식을 썩게 해서 버리는 것은, 절대로 하지 않도록 명심하고 있다.

13 수동형의 이해 ●●●○○

父に_____一人でいた弟を慰めたら、ぽろりとひと粒の涙をこぼした。

해설 빈칸 앞에 조사 「に」가 있으므로 수동형이 와야 한다. 해석을 해 보면 확실한데, 빈칸에 들어갈 내용이 '꾸지람을 듣다'가 되어야 하므로 C)가 정답이 된다.

어휘 慰(なぐさ)める 달래다 ぽろりと (눈물 따위가) 한 방울 떨어지는 모양 一粒(ひとつぶ) 한 방울 涙(なみだ)をこぼす 눈물을 흘리다

 연습문제 정답 및 해설

해석 아버지에게 꾸지람을 듣고 혼자 있던 남동생을 달랬더니, 한 방울의 눈물을 흘렸다.

14 사역수동형의 이해 ●●●●○

部屋だけでなくトイレ、窓ガラスなど2時間も無理矢理に_____腹が立った。

해설 화자가 하기 싫었음에도 불구하고 어쩔 수 없이 당했을 때 쓰는 표현이 사역수동형이다. 문맥을 살펴보면, 화자가 방청소 및 창문 청소를 하기 싫었는데 어쩔 수 없이 하게 되었다는 것을 알 수 있으므로 사역수동형인 C)를 정답으로 선택해야 한다. 문장 안에 「無理矢理に 강제로」가 있는 것도 하나의 힌트가 된다. 이 밖에 「いやいや 마지못해」, 「やむを得ず 어쩔 수 없이」, 「仕方なく 어쩔 수 없이」 등의 표현이 문장 안에 있으면 사역수동형이 오기 쉽다는 것을 알아두자.

어휘 窓ガラス 창문 腹が立つ 화가 나다 = 頭に来る 掃除 청소

해석 방 뿐만 아니라 화장실, 창문 등 2시간이나 강제로 청소하게 돼서 화가 났다.

15 사역형의 이해 ●●●●○

皆さん絶対に損は_____から、この本を買って読んでみてください。

해설 문맥상, 빈칸에는 '손해보게 하지 않다' 라는 사역형이 들어가야 한다.

어휘 絶対に 절대로 損 손해

해석 여러분, 절대로 손해 보게 하지 않을 테니까, 이 책을 사서 읽어봐 주세요.

16 적절한 수수표현 찾기 ●●○○○

久しぶりに猫に餌を_____。

해설 동식물에게 무언가를 줄 때 쓰는 표현은 「やる」이다.

어휘 久しぶりに 오랜만에 餌 먹이

해석 오랜만에 고양이에게 먹이를 주었습니다.

17 적절한 수수표현 찾기 ●●○○○

鈴木さんは私にマンガの本を_____。

해설 만화책을 준 주체는 스즈키 씨(상대방)이므로 「もらう」나 「くれる」가 답이 될 가능성이 있는데, 앞에 「鈴木さんは」가 있으므로 B)의 「くれる」가 정답이 된다. 애초에 「~は／が~くれる」「~に／から~もらう」 형태로 숙지해 놓으면 편하다.

해석 스즈키 씨는 내게 만화책을 주었습니다.

18 적절한 수수표현 찾기 ●●○○○

ご飯を作って_____から、ちょっと待っていて。

해설 밥을 만들어 주는 주체는 화자이므로 「あげる」를 써야 한다.

해석 밥을 만들어 줄 테니까, 잠깐 기다리고 있어.

19 적절한 수수표현 찾기 ●●○○○

ノートを買うお金がなくて、木村君に貸して_____。

해설 수수표현은 동작의 주체만 잘 파악하면 된다. 돈을 빌려준 주체가 기무라 군(상대방)이므로 빈칸에 들어갈 자격이 있는 것은 「くれる」나 「もらう」이며, 「木村君に」가 있으므로 「もらう」가 정답이 된다.

해석 노트를 살 돈이 없어서, 기무라 군이 빌려 줬다.

20 적절한 수수표현 찾기 ●●●○○

すみませんが、もう少しゆっくり言って_____。

해설 남에게 부탁을 할 때 쓰는 표현인 「~てもらえますか ~해 줄래요?」를 묻는 문제이다. A)를 고르지 않도록 주의할 것!

어휘 もう少し 조금 더 ゆっくり 느긋하게

해석 죄송한데요, 조금 더 천천히 말해 줄래요?

21 수수표현과 호응하는 조사 찾기 ●●●○○
鈴木さん____たくさんのドレスが入った箱を届けてくれました。
해설 문장 끝에「くれる」가 있으므로 빈칸에는「が」나「は」가 와야 한다. 정답은 B). 문장 끝에「もらう」가 왔다면「に」나「から」가 정답이 된다.
어휘 箱 상자　届ける 보내다
해석 스즈키 씨가 많은 드레스가 들어 있는 상자를 보내줬습니다.

22 적절한 수수표현 찾기 ●●●○○
先生に空港まで見送りに行って_____。
해설 문장 앞에「先生に」가 있으므로, A)의「いただく」가 정답이 된다. 만약「先生が」가 왔다면「くださる」형태인 B)가 정답이 된다.
어휘 空港 공항　見送りに行く 배웅가다　申し上げる 아뢰다(言う의 겸양어)
해석 선생님이 공항까지 배웅해 주셨습니다.

23 적절한 수수표현 찾기 ●●○○○
道に迷っている人を見つけて、駅までの道を教えて_____。
해설 길을 가르쳐준 주체가 화자이므로 A)의「あげる」가 정답이 된다. 이처럼 수수표현은 동작의 주체만 파악하면 쉽게 답을 찾을 수 있다.
어휘 迷う 헤매다　見つける 발견하다　教える 가르치다
해석 길을 헤매고 있는 사람을 발견해서 역까지의 길을 가르쳐 주었다.

24 수수표현과 호응하는 조사 찾기 ●●○○○
友達____ホームページを作ってもらいました。
해설 문장 뒤에「もらう」가 있으므로, 빈칸에는「に」나「から」가 들어가면 된다.
해석 친구가 홈페이지를 만들어 주었습니다.

25 적절한 수수표현 찾기 ●●○○○
吉田さんが機械の使い方を教えて_____。
해설 기계의 사용법을 가르쳐준 사람이 요시다 씨(상대방)이고,「吉田さんが」가 있으므로 빈칸에는「くれる」가 들어가야 한다.
어휘 機械 기계　使い方 사용법
해석 요시다 씨가 기계의 사용법을 가르쳐 주었습니다.

26 적절한 수수표현 찾기 ●●●○○
母は私の誕生日のプレゼントにネクタイを_____。
해설 어머니(상대방)가 화자(나)에게 넥타이를 사 준 것이므로 A)나 B)가 정답이 될 가능성이 있는데, 가족에게는 경어를 사용할 수 없으므로 A)는 답이 될 수 없다.
해석 어머니는 내 생일선물로 넥타이를 줬습니다.

27 적절한 수수표현 찾기 ●●●○○
友だちから本を貸して____のはいいが、なかなか読む時間がない。
해설 문장 앞에「友だちから」가 있으므로 정답은 A)나 C)중에 하나이며, 책을 빌려준 대상이 친구이므로 C)의「いただく」는 적절하지 못하다. 만약, 책을 빌려준 대상이 선생님 등의 화자보다 손윗사람이었다면「いただく」가 정답이다.
해석 친구가 책을 빌려준 것은 좋지만, 좀처럼 읽을 시간이 없다.

28 수수표현의 이해 ●●●●○
領収証が必要なのですが、製品と一緒に送って_____。
해설 남에게 부탁을 할 때는「〜てもらえる」나「〜て

연습문제 정답 및 해설

いただける」 등의 가능형태를 써야 한다. A)나 C)를 선택해서는 안 된다.

어휘 領収証 영수증 製品 제품 送る 보내다

해석 영수증이 필요합니다만, 제품과 함께 보내주시 겠습니까?

29 적절한 수수표현 찾기 ●●●●●

紹介して＿＿＿＿＿方々、本当にありがとうございます。

해설 「方々 분들」에서 쉽게 답을 찾을 수 있다. 「方」는 「人」의 공손한 말이므로 존경어를 쓴 D)가 정답이 된다.

해석 소개해 주신 분들, 정말로 감사합니다.

30 적절한 수수표현 찾기 ●●●●●

社長はトップの業績をあげた私の息子にボーナスを＿＿＿＿＿。

해설 아들은 나와 관련된 사람에 해당되고 문장 앞에 「社長は」가 있으므로 답이 될 수 있는 것은 C) 뿐이다.

어휘 トップ 최고 業績をあげる 업적을 거두다 息子 아들

해석 사장님은 최고의 업적을 거둔 제 아들에게, 보너스를 주셨습니다.

290_

PatternStudy 7

13

| 1 B | 2 D | 3 B | 4 B | 5 C | 6 D | 7 A | 8 D | 9 C | 10 C |
| 11 C | 12 D | 13 B | 14 A | 15 B |

1 「まだ」와 호응하는 표현 찾기 ●●○○○
そんな話はまだ_____。
해설 현재의 상태를 나타낼 때에는 「~ている형」을 쓴다. 「まだ」는 「~ている형」과 잘 호응한다는 것을 잊지 말자.
해석 그런 이야기는 아직 듣지 않았습니다.

2 문맥에 적절한 내용 찾기 ●●○○○
私は毎日_____に歯を磨きます。
해설 해석해보면 쉽게 풀 수 있는 문제이다. 문맥상 '자기 전에'가 가장 적절하다.
어휘 歯を磨く 이를 닦다 ~たまま ~한 채로
해석 나는 매일 자기 전에 이를 닦습니다.

3 문맥에 적절한 내용 찾기 ●●○○○
車で来たので酒が_____のが残念だ。
해설 술을 마실 수 없으니까 유감스러울 것이다. 정답은 B)이고, 나머지 보기들은 빈칸 앞에 있는 조사 「が」와 호응할 수 없다.
해석 차를 가지고 와서 술을 마실 수 없는 것이 유감스럽다.

4 문맥에 적절한 내용 찾기 ●●○○○
いくらダイエットが目的だとしても_____と体に良くない。
해설 '몸에 좋지 않다'는 것으로 보아 빈칸에 들어갈 수 있는 보기는 B)의 「走りすぎる 너무 많이 달리다」뿐이다.

어휘 ダイエット 다이어트 目的 목적 体 몸 走りぬく 완주하다 = 走りきる 走り込む 달려 들어가다
해석 아무리 다이어트가 목적이라고 해도, 너무 많이 달리면 몸에 좋지 않다.

5 적절한 의문사 찾기 ●●○○○
さっきから変な音がしますが、部屋の中に_____いますか。
해설 빈칸 뒤에 「いる」가 있으므로 사람을 받을 수 있는 의문사가 와야 한다.
어휘 さっき 조금 전 変だ 이상하다 音がする 소리가 나다
해석 조금 전부터 이상한 소리가 나는데, 방안에 누군가 있습니까?

6 조사 「に」와 「へ」의 구분 ●●●○○
父は生前に遺言書を作成したと話していたが、_____見当たらない。
해설 빈칸 뒤에 「見当たる 눈에 띄다, 발견되다」가 있으므로, '존재의 장소' 용법을 가지고 있는 조사 「に」가 필요하다. 따라서 정답은 D)가 된다.
어휘 生前 생전 遺言書 유언장 作成 작성
해석 아버지는 생전에 유언장을 작성했다고 말했었는데, 어디에서도 발견되지 않는다.

7 「~ないで」와 「~なくて」의 구분 ●●○○○
私は風呂場のドアをしっかり_____出てしまった。
해설 '욕실 문을 닫지 않고 나가 버렸'로 해석해야

정답 및 해설 _291

연습문제 정답 및 해설

문맥이 자연스럽다. 따라서 「~ないで」를 사용한 A)가 정답.

어휘 風呂場(ふろば) 욕실 しっかり 꼭, 확실히 閉(し)める 닫다

해석 나는 욕실 문을 꽉 닫지 않고 나가 버렸다.

8 「~ように」와 「~ために」의 구분 ●●●●●

男性は結婚する_____、ある程度の経済的な能力を必要とする。

해설 앞, 뒤 문장의 주어가 같고, 앞 문장에 「結婚(けっこん)する」라는 의지성 동사가 왔으므로 빈칸에는 「~ために ~하기 위해서」가 들어가야 한다. C)의 「~んがため」도 '~하기 위해서'라는 뜻이지만, 「동사부정형」에 접속 가능하므로 정답이 될 수 없다.

어휘 男性(だんせい) 남성 結婚(けっこん) 결혼 ある程度(ていど) 어느 정도 能力(のうりょく) 능력

해석 남성은 결혼하기 위해서 어느 정도의 경제적인 능력을 필요로 한다.

9 「~ように」의 기원 용법 ●●●●●

どうか、することなすことうまくいきます_____。

해설 「~ように ~하도록, ~하기를」는 문장 끝에 쓰여서 '기원'을 나타내는 용법이 있다. 나머지 보기 중에서 문장 끝에 쓰일 수 있는 것은 A)와 B)인데, 「~ものを ~할 것을」는 화자의 후회나 유감을 나타내며, 「~こと ~할 것」는 명령을 나타낸다.

어휘 することなすこと 하는 일 모두 うまくいく 잘 되다

해석 부디 하는 일 모두 잘 되기를.

10 「~ていく」와 「~てくる」의 구분 ●●●●●

モニターをずっと見ていたら、目が疲れて_____。

해설 눈이 피곤해진 것은 모니터를 보기 시작했을 때부터 지금까지 지속된 행위의 결과이다. 즉, 과거에서 현재까지의 행위의 지속을 뜻하므로 「~てくる ~해 오다」가 정답이 된다.

어휘 モニター 모니터 ずっと 줄곧, 훨씬 疲(つか)れる 피곤하다

해석 모니터를 줄곧 보고 있었더니, 눈이 피곤해졌다.

11 추측의 「~そうだ」의 부정형태 ●●●●●

今年の天候からすると、米の収穫はあまり期待_____。

해설 문맥상 빈칸에는 '가능할 것 같지 않다'가 들어가야 한다. 따라서 추측의 「そうだ」의 부정형태가 들어가야 하는데, 「できる」는 동사이므로 「できそうにない、できそうもない、できそうにもない」 중에 하나가 정답이 된다. 참고로 형용사에 접속할 경우, 형태가 달라지는데, 「安(やす)い」를 예로 들면 「安(やす)くなさそうだ」나 「安(やす)そうではない」가 된다. B)를 답으로 골라서는 안 된다.

어휘 天候(てんこう) 일기, 날씨 米(こめ) 쌀 収穫(しゅうかく) 수확

해석 올해의 날씨로부터 보면, 벼의 수확은 그다지 기대할 수 있을 것 같지 않다.

12 품사를 전환시키는 「~げ」 ●●●●●

娘がお嫁に行く日、父親はどこか_____だった。

해설 「~げ ~인 것 같다」는 「イ형용사의 어간」이나 「동사ます형」에 접속하여 「ナ형용사」로 품사를 전환시켜 버리는 기능이 있다. 문맥상 '쓸쓸한 것 같았다'가 적절하므로 D)가 정답이다. 함정 보기인 B)를 선택하지 말도록!

어휘 娘(むすめ) 딸 嫁(よめ)にいく 시집가다

해석 딸이 시집가는 날, 아버지는 어딘가 쓸쓸한 것 같았다.

13 「~だす」와 「~はじめる」의 구분 ●●●●●

友達は新聞を見ていたら、急に笑い_____。

해설 문맥의 흐름으로 보아 빈칸에는 '~하기 시작하

다'라는 의미가 들어가야 하므로 정답을 A)와 B)로 압축할 수 있다. 「~始める」는 「食べる」, 「読む」 등의 동작동사에 접속하고 「~出す」는 「泣く」, 「笑う」 등의 감정·생리를 나타내는 동사나 「鳴る」 따위의 소리의 발생을 나타내는 동사에 접속하므로 정답은 B)가 된다. 또, 「急(きゅう)に」를 보고도 정답을 찾을 수 있는데, 「~出す」는 '돌발성'을 강조하는 표현이므로, 「急に」와 호응이 가능하다.

해석 친구는 신문을 보고 있더니 갑자기 웃기 시작했다.

14 「わざわざ」와 「わざと」의 구분 ●●●●●

忙(いそが)しい中(なか)_____こちらまで足(あし)を運(はこ)んでくださり、心(こころ)から感謝(かんしゃ)致しております。

해설 문맥상 어떤 일을 위하여 '일부러 ~해 주다'라는 좋은 뉘앙스를 띠는 표현이 필요하다. 정답은 A).

어휘 忙(いそが)しい 바쁘다 足(あし)を運(はこ)ぶ 발길을 옮기다 心(こころ)から 진심으로 感謝(かんしゃ)する 고맙다, 감사하다

해석 바쁘신 중에, 일부러 여기까지 발길을 옮겨 주셔서 진심으로 감사하게 생각하고 있습니다.

15 호응하는 표현 찾기 ●●●●●

子供たちが帰ったあとは、とても散らかっていて_____台風が来たかのようだ。

해설 문장 끝에 있는 「~かのようだ·인 듯하다」와 호응할 수 있는 표현을 찾으면 된다. 「まるで 마치」나 「あたかも 마치」가 가능하므로 정답은 B)가 된다.

어휘 帰(かえ)る 돌아가다 散(ち)らかる 흩어지다, 어질러지다 台風(たいふう) 태풍 またもや 또다시 もはや 이미, 벌써 強(あなが)ち (부정과 호응하여) 반드시 ~않다

해석 아이들이 돌아간 후는, 매우 어질러져 있어서 마치 태풍이 온 것 같다.

실전모의고사 정답 및 해설

1회

1	A	2	C	3	D	4	B	5	A
6	B	7	C	8	C	9	B	10	C
11	B	12	A	13	B	14	C	15	A
16	C	17	B	18	C	19	C	20	D
21	D	22	D	23	B	24	A	25	A
26	D	27	D	28	C	29	D	30	D

1 적절한 수수표현 찾기 ●●●●●

私の誕生日に母がマフラーを買って_____。

해설 목도리를 사 준 주체가 어머니이고「母が」가 있으므로「くれる」나「くださる」가 정답이 될 수 있는데, 자기 가족에게는 경어를 사용하지 않으므로 정답은 A)가 된다. 우리식으로 생각하여 D)를 답으로 골라서는 안 된다.

어휘 誕生日(たんじょうび) 생일　マフラー 목도리

해석 내 생일에 어머니가 목도리를 사 줬다.

2 ナ형용사의 명사 수식 형태 ●●●●●

田中さんは非常に_____人です。

해설 4개의 보기가 모두「親切(しんせつ)だ 친절하다」라는 ナ형용사에서 파생된 형태라는 것을 알 수 있다. 빈칸 뒤에 있는 명사(人)를 수식하는 형태이므로 어미「だ」가「な」로 바뀐 C)가 정답이다.

어휘 非常(ひじょう)に 매우

해석 다나카 씨는 매우 친절한 사람입니다.

3 イ형용사의「なる」접속 형태 ●●●●●

昨日はちょうど9時に来ましたが、今日は1時間ほど_____なりました。

해설 イ형용사가「なる」에 접속하는 형태를 묻고 있다. 어미「い」가「く」로 바뀐 D)가 정답이다.

어휘 ちょうど 정각, 딱　遅(おそ)い 늦다

해석 어제는 정각 9시에 왔습니다만, 오늘은 1시간 정도 늦었습니다.

4 사역・수동・사역수동형의 구분 ●●●●●

一般的にトウガラシはダイエットに効果があると_____いる。

해설 문장 앞에「一般的(いっぱんてき)に 일반적으로」가 있는 것으로 보아 수동 형태인 B)가 적절하다.

어휘 唐辛子(とうがらし) 고춧가루　ダイエット 다이어트　効果(こうか) 효과

해석 일반적으로 고춧가루는 다이어트에 효과가 있다고 일컬어진다.

5 문맥에 알맞은 명사 찾기 ●●●●●

母からもらった万年筆は_____に入れておきました。

해설 '만년필'과 같은 사무용품을 보관할 수 있는 장소를 찾으면 되고,「入れておく」라고 했으므로 A)의「引(ひ)き出(だ)し 서랍」이 정답이다.

어휘 万年筆(まんねんひつ) 만년필　〜ておく 〜해 놓다,〜해 두다　本棚(ほんだな) 서가　タンス 장롱　冷蔵庫(れいぞうこ) 냉장고

해석 어머니에게 받은 만년필은 서랍에 넣어 두었습니다.

6 문맥에 적절한 조사 찾기 ●●●●●

数学のことなら何_____ご質問ください。

해설 문맥상 '무엇이든지 질문해 주세요.' 가 적절하므로, 의문사에 접속하여 '전면긍정' 을 나타낼 수 있는「でも」를 정답으로 선택해야 한다. A)가「なりと」였다면 정답이 될 수 있다.

어휘 数学(すうがく) 수학　質問(しつもん) 질문　何(なん)なりと 무엇이든지

해석 수학에 관한 것이라면 무엇이든지 질문해주세요.

7 문형의 올바른 접속형태 ●●○○○

子供の頃、ヨーロッパに_____ことがあります。

해설 문맥의 흐름상 '경험'을 나타내는 「～たことがある ～한 적이 있다」가 와야 올바르다.

어휘 ヨーロッパ 유럽 ～に住む 에서 살다

해석 아이 시절, 유럽에서 살았던 적이 있습니다.

8 문맥에 적절한 동사 찾기 ●●○○○

雨が_____ので、試合は続けられた。

해설 '(눈, 비가) 그치다'는 「止む」라는 동사를 사용한다. 아무 생각없이 A)를 정답으로 고르는 일이 없도록 하자.

어휘 試合 시합 終わる 끝나다 止まる 멈추다 消える 사라지다

해석 비가 그쳤기 때문에, 시합은 계속되었다.

9 문형의 올바른 형태 ●●○○○

できるか_____分かりませんが、最善を尽くしてやってみます。

해설 「～かどうか ～일지 아닐지」라는 문형을 묻는 문제이다. 빈칸 앞의 「か」를 보는 순간 바로 답을 찾아 낼 수 있어야 한다. 「～かどうだったか」라는 형태는 존재하지 않으므로 D)는 답이 될 수 없다.

어휘 最善を尽くす 최선을 다하다 = ベストを尽くす

해석 할 수 있을지 없을지 모르겠습니다만, 최선을 다해서 해 보겠습니다.

10 문맥에 적절한 접속사 찾기 ●●●○○

昨夜からお腹がちくちくしている。_____病院へ行って医師に診てもらった。

해설 접속사 문제는 빈칸 앞뒤의 문장을 정확히 해석하는 것이 생명이다. 문맥상 빈칸에는 '그래서' 정도의 뜻이 들어가야 하므로 「それで」나 「そこで」가 답이 될 수 있다.

어휘 昨夜 어젯밤 ちくちく 바늘이나 가시에 찔린 듯이 아픈 모양, 따끔따끔 診る 진찰하다 それから 그리고, 그리고 나서 それなら 그렇다면 その上 게다가

해석 어젯밤부터 배가 따끔거리고 있다. 그래서 병원에 가서 의사에게 진찰받았다.

11 문맥에 적절한 イ형용사 찾기 ●●○○○

彼は皆から_____信頼を受けている。

해설 빈칸 뒤에 있는 '신뢰'와 어울릴 수 있는 イ형용사는 B)의 「厚い 두텁다」밖에 없다.

어휘 信頼を受ける 신뢰를 받고 있다 太い 굵다 分厚い 두껍다 鈍い 무디다, 둔하다

해석 그는 모두로부터 두터운 신뢰를 받고 있다.

12 적절한 문형 찾기 ●●●○○

この薬は8時間_____飲んでください。

해설 「～おきに ～걸러서」라는 문형을 묻는 문제. 보기에 「～ごとに ～마다」가 있다면 역시 정답이 될 수 있다. 「～おきに」와 「～ごとに」의 의미 차이를 확실히 숙지해 둘 필요가 있는데, 예를 들어 「1時間おきに」는 '1시간 걸러서'라는 뜻으로 '2시간 마다'와 같은 뜻이 된다. 즉, 「2時間ごとに」와 같은 뜻.

어휘 薬 약 ～間 ～동안 ～ことに ～하게도 ～目 ～째

해석 이 약은 8시간 걸러서 먹어 주세요.

13 부정을 수반하는 부사 ●●●○○

先生から説明を聞いても_____分かりません。

해설 부정을 수반하는 부사를 찾는 문제이다. 「めったに～ない 좀처럼~않다」, 「さっぱり～ない 전혀~않다」, 「ろくに～ない 제대로~않다」, 「あまり～ない 그다지~않다」 중에서 문맥에 적절한 부사는 「さっぱり」이다.

실전모의고사 정답 및 해설

어휘 説明 설명
해석 선생님에게 설명을 들어도 전혀 모르겠습니다.

14 사역·수동·사역수동형의 구분 ●●●○○
詳細につきましては後ほど説明＿＿＿＿＿いただきます。
해설 '설명'을 하는 주체가 화자이므로 겸양어를 써야 한다. 대표적인 겸양표현인「〜(さ)せていただく」를 묻는 문제.
어휘 詳細 상세, 상세한 것 〜につきまして 에 관해서 (〜についての 정중한 표현) 後程 나중에 説明 설명
해석 상세한 내용에 관해서는 나중에 설명하겠습니다.

15 문맥에 적절한 동사 찾기 ●●●○○
明日は全国的に強い寒気が入るため、＿＿＿見込みです。
해설 문맥의 흐름으로 보아 빈칸에는 날씨와 관련되는 동사가 들어가야 함을 알 수 있다. A)의「冷え込む 추위지다」가 정답이다.
어휘 全国的に 전국적으로 強い 세다, 강하다 寒気 한기 見込み 예상, 전망 冷やす 식히다 付け込む 헛점을 이용하다 寒気立つ 한기가 들다, 소름이 끼치다
해석 내일은 전국적으로 강한 한기가 들어오기 때문에, 추워질 전망입니다.

16 문형의 알맞은 접속형태 ●●●○○
店を＿＿＿＿とたんお客さんが入ってきた。
해설「〜たとたん 〜하자마자」라는 문형을 묻는 문제이다. 빈칸 뒤의「とたん」을 보자마자 과거형을 찾을 수 있어야 한다.
해석 가게를 열자마자 손님이 들어왔다.

17 관용표현의 명사 찾기 ●●●○○
出発時間まで余裕があったので、買い物をして＿＿＿＿＿＿＿＿を潰した。
해설 빈칸 뒤에 있는「潰す」와 호응할 수 있는 것을 찾으면 된다.「暇を潰す 시간을 때우다」라는 관용표현을 알고 있으면 쉽게 풀 수 있고,「暇」대신「時間」으로 바꾸어 써도 이상이 없다.
어휘 出発時間 출발시간 余裕 여유 隙 틈, 짬 間 사이, 틈 穴 구멍
해석 출발시간까지 여유가 있어서 쇼핑을 하면서 시간을 때웠다.

18 관용표현의 동사 찾기 ●●●○○
彼の発言は非常識極まりないと周囲のひんしゅくを＿＿＿＿＿＿。
해설 관용표현「顰蹙を買う 빈축을 사다」를 묻는 문제이다. 직역해서 A)나 B)를 고를 우려가 있다.
어휘 発言 발언 非常識 비상식 〜極まりない 〜하기 짝이 없다 周囲 주위 もたらす 초래하다
해석 그의 발언은 비상식이기 짝이 없다고 주위의 빈축을 샀다.

19 문형의 알맞은 접속형태 ●●●●○
日本の野球部員数は15万人を超え、20年前に調査を＿＿＿＿＿以来最も多いそうだ。
해설「〜て以来 〜한 이래」라는 문형을 묻고 있다.「以来」를 보는 순간「〜て형」을 떠올릴 수 있어야 한다.
어휘 野球部員数 야구부원 수 超える 넘다 調査 조사
해석 일본의 야구부원 수는 15만 명을 넘어, 20년 전에 조사를 시작한 이래 가장 많다고 한다.

20 문맥에 적절한 2자 한자 찾기 ●●●○○

この計画は自然保護＿＿＿＿から、改めて検討する必要があると思う。

해설 빈칸에 D)의「見地 견지, 관점」이 들어가야 문맥이 자연스럽다.

어휘 計画(けいかく) 계획　自然保護(しぜんほご) 자연보호　改(あらた)めて 다시, 새삼스럽게　検討(けんとう) 검토　主題(しゅだい) 주제　展開(てんかい) 전개　展望(てんぼう) 전망

해석 이 계획은 자연보호의 관점에서, 다시 검토할 필요가 있다고 생각한다.

21 문맥의 적절한 가타카나 찾기 ●●●○○

これは＿＿＿＿であり、実在の患者さんとは全く関係ありません。

해설 '실재의 환자와는 관계없다'라는 내용으로 보아 빈칸에는 D)의「フィクション 허구」이 들어가야 한다.

어휘 実在(じっざい) 실재　患者(かんじゃ) 환자　全(まった)く～ない 전혀 ~않다　ストライキ 파업　サイエンス 과학　イミテーション 모방

해석 이것은 허구이고, 실재의 환자와는 전혀 관계없습니다.

22 관용표현의 동사 찾기 ●●●●○

決勝戦は最後まで手に汗を＿＿＿＿試合だった。

해설「手(て)に汗(あせ)を握(にぎ)る 손에 땀을 쥐다」라는 관용표현을 알고 있으면 3초 안에 풀 수 있는 문제이다.

어휘 決勝戦(けっしょうせん) 결승전　最後(さいご) 마지막　試合(しあい) 시합　絞(しぼ)る 짜다, 압축하다　掴(つか)む 붙잡다　取(と)る 잡다, 취하다

해석 결승전은 마지막까지 손에 땀을 쥐는 시합이었다.

23 관용표현의 명사 찾기 ●●●○○

秋葉原には家電製品やカメラの販売店が＿＿＿＿を連ねている。

해설「軒(のき)を連(つら)ねる 줄지어 늘어서다」라는 관용표현을 묻고 있다. 빈칸에 D)가 들어가면「肩(かた)を並(なら)べる 어깨를 나란히 하다, 필적하다」라는 의미가 된다.

어휘 家電製品(かでんせいひん) 가전제품　販売店(はんばいてん) 판매점　柱(はしら) 기둥　列(れつ) 줄, 열

해석 아키하바라에는 가전제품이나 카메라 판매점이 줄지어 늘어서 있다.

24 문맥에 적절한 복합동사 찾기 ●●●●○

父に真実を言おうとしたが、思い直して言葉を＿＿＿＿。

해설 복합동사를 묻는 문제는 난이도가 높다. 빈칸에는 '삼키다, 꾹 참다'라는 의미인 A)의「飲(の)み込(こ)む」가 들어가야 한다.

어휘 真実(しんじつ) 진실　思(おも)い直(なお)す 다시 생각하다　のめり込(こ)む 빠져들다　吹(ふ)き込(こ)む 녹음하다　振(ふ)り込(こ)む 납입하다

해석 아버지에게 진실을 말하려고 했지만, 다시 생각해서 꾹 참았다.

25 문맥에 적절한 명사 찾기 ●●●●○

いくら議論しても結論が出ないので、この問題は＿＿＿＿にします。

해설 문맥상 빈칸에는 A)의「棚上(たなあ)げ 보류」가 들어가야 한다. 나머지 보기인「切(き)り上(あ)げ 일단락지음」,「打(う)ち上(あ)げ 쏘아올림」,「取(と)り上(あ)げ 받아들임, 문제 삼음」도 숙지해 놓자.

어휘 議論(ぎろん) 의론, 토론　結論(けつろん) 결론

해석 아무리 토론해도 결론이 나지 않으니까, 이 문제는 보류하겠습니다.

26 문맥에 적절한 부사 찾기 ●●●●○

不況の影響で売り上げが＿＿＿＿落ちた。

해설「がくんと」는 '급격히 감소하거나 쇠퇴하는 모양'을 의미한다.「がくんと落(お)ちる 뚝 떨어지다」

실전모의고사 정답 및 해설

형태로 숙지해 놓자.
어휘 不況 불황　影響 영향　売り上げ 매상　きっちり 빈틈없이 딱 들어맞는 모양, 딱, 꼭　てっきり 틀림없이　始終 항상
해석 불황의 영향으로 매상이 뚝 떨어졌다.

27 적절한 문형 찾기 ●●●●

ベルが鳴る_____生徒たちはさっさと外に飛び出した。

해설 빈칸 앞에 「동사기본형」이 와 있으므로 기본형에 접속 가능한 문형을 찾으면 된다. A)는 「〜たとたん」형태로 '〜하자마자', C)는 「〜たが最後」형태로 '일단 〜했다하면'이라는 뜻. B)와 D)가 「동사기본형」에 접속이 가능한데, 정답은 D)의 「〜やいなや 〜하자마자」가 된다. B)의 「〜そばから 〜하자마자」는 행위의 반복성에 초점이 맞춰져 있으며 마이너스 뉘앙스를 띤다는 특징이 있다. 질문의 내용은 반복성을 띤다고 보기 어려우며 마이너스 뉘앙스 역시 띠고 있지 않다. 뉘앙스의 차이를 모르면 고민하게 되는 문제이다.
어휘 鳴る 울리다　生徒 학생　飛び出す 뛰어나가다
해석 벨이 울리자마자 학생들은 재빨리 밖으로 뛰어나갔다.

28 문맥에 적절한 의태어 찾기 ●●●●

葉の縁は_____になっていて、その先端は尖っている。

해설 '잎'의 모양을 묘사하며 '뾰족하다'와 어울릴 수 있는 의태어를 찾으면 된다. 정답은 C)의 「ぎざぎざ 톱날처럼 깔쭉깔쭉함」이다.
어휘 葉 잎　縁 둘레　先端 선단, 끝　尖る 뾰족하다　あべこべ 거꾸로임　でこぼこ 울퉁불퉁　ごくごく 액체를 세차게 들어키는 모양, 벌컥벌컥

해석 잎의 둘레는 톱날처럼 깔쭉깔쭉하고 그 끝은 뾰족하다.

29 관용표현의 명사 찾기 ●●●●

スタッフを増やしたいと思っていても人件費を考えると、_____を踏んでしまいます。

해설 빈칸 뒤의「踏む」와 어울릴 수 있는 보기를 찾으면 된다. 정답은 D)로「二の足を踏む 주저하다, 망설이다」라는 관용표현을 묻고 있다. A)는「二足の草鞋を履く 두 가지 일을 겸하다」라는 표현으로 사용되며, B), C)는 각각「二の舞を演じる 전철을 밟다」, 「二の句が継げない 기가 막혀서 다음 말이 안 나오다」형태로 사용된다.
어휘 スタッフ 스태프　増やす 늘리다　人件費 인건비
해석 스태프를 늘리고 싶다고 생각하고 있어도 인건비를 생각하면, 주저해 버립니다.

30 문맥에 적절한 2자 한자 찾기 ●●●●●

アルプス山脈の美しい風景が_____に焼き付いている。

해설 「焼き付く 강한 인상을 남기다」와 호응할 수 있는 보기를 찾아야 한다. 「脳裏に焼き付く 뇌리에 새겨지다」를 통째로 암기해 놓자.
어휘 眼下 눈 아래 cf) 眼下に見える 업신여기다, 깔보다　胸中 흉중, 속마음 cf) 胸中を打ち明ける 속마음을 털어 놓다　心底 마음속
해석 알프스 산맥의 아름다운 풍경이 뇌리에 새겨져 있다.

PatternStudy 7

2회

1 C	2 C	3 D	4 C	5 B
6 A	7 A	8 D	9 B	10 C
11 B	12 B	13 D	14 A	15 B
16 C	17 C	18 D	19 B	20 C
21 B	22 A	23 C	24 D	25 A
26 B	27 D	28 A	29 C	30 D

1 문맥에 적절한 イ형용사 찾기 ●●○○○

駅前にできた＿＿＿＿建物はきれいで、広かった。

해설 '생겼다', '깨끗하고 넓었다'라는 내용으로 보아 빈칸에는 C)의「新しい 새롭다」가 들어가야 한다.

어휘 駅前 역 앞 できる 할 수 있다, 생기다 建物 건물 広い 넓다 古い 오래되다 太い 굵다 細かい 자세하다

해석 역 앞에 생긴 새로운 건물은 깨끗하고 넓었다.

2 부정과 호응하는 조사 ●●○○○

不可能なことを可能にする人は彼＿＿＿＿いません。

해설 문장 끝에「ない」가 있으므로 부정과 호응하는 조사를 찾아야 한다.「～しか～ない ～밖에 ～않다」는 기초적이지만 자주 출제되는 표현이다. A)의「だけ」는 부정과 호응하지 못한다.

어휘 不可能 불가능 可能 가능

해석 불가능한 일을 가능하게 하는 사람은 그 밖에 없습니다.

3 문맥에 적절힌 부사 찾기 ●●○○○

これは高いですね。＿＿＿＿少し安いものはありませんか。

해설「もう少し 조금 더」라는 표현을 묻고 있다. 자칫 잘못하면 A)나 B)를 고르기 쉽다.

어휘 やっと 겨우

해석 이건 비싸네요. 조금 더 싼 것은 없습니까?

4 문맥에 적절한 명사 찾기 ●●○○○

休日には家族といっしょに＿＿＿＿に登ります。

해설「登る 오르다」와 어울릴 수 있는 명사는 C)의「山 산」밖에 없다.

어휘 休日 휴일 家族 가족 川 강 海 바다 森 숲

해석 휴일에는 가족과 함께 산에 오릅니다.

5 문형의 올바른 접속형태 ●●○○○

ノートの字が＿＿＿＿すぎて読みづらいです。

해설「～すぎる 너무～하다」의 접속 형태를 묻고 있다. 동사는「ます형」에, 형용사는「어간」에 접속하므로 B)가 정답이다. 참고로 ナ형용사의 어간은「だ」를 뺀 앞부분을 말하며, イ형용사의 어간은「い」를 뺀 앞부분을 말한다.

어휘 字 글씨 ～づらい ～하기 힘들다 小さい 작다

해석 노트의 글씨가 너무 작아서 읽기 힘듭니다.

6 부정과 호응하는 조사 ●●○○○

新しく発売されたビールは、既存のビール＿＿＿＿苦くありません。

해설「～ほど」는「ない」와 호응하여, '～만큼 ～않다'라는 비교의 용법을 가진다. 질문에서는 새롭게 발매된 맥주와 기존의 맥주를 비교하고 있다.

어휘 発売 발매 既存 기존 苦い 쓰다

해석 새롭게 발매된 맥주는, 기존의 맥주만큼 쓰지 않습니다.

7 문맥에 적절한 イ형용사 찾기 ●●●○○

A : ご注文は何になさいますか。
B : ＿＿＿＿ビール2杯とジュース1杯ください。

해설 해석을 해보면 쉽게 풀 수 있다. A)의「とりあえず 일단, 우선」가 정답.

어휘 注文 주문 なさる 하시다(する의 존경어) とにかく 어쨌든 なるべく 가급적 まもなく 곧, 머지않아

실전모의고사 정답 및 해설

해석 A : 주문은 무엇으로 하시겠습니까?
B : 우선 맥주 2잔과 주스 한잔 주세요.

8 문형의 정확한 형태 ●●○○○
店の規模を縮小してでも運営は_____と思っています。
해설 「～(よ)うと思う ～하려고 생각하다」라는 문형에 맞추어 D)를 선택하면 된다.
어휘 店 가게 規模 규모 縮小 축소 運営 운영 続く 계속되다 続ける 계속하다
해석 가게의 규모를 축소해서라도 운영은 계속하려고 생각하고 있습니다.

9 문형의 정확한 형태 ●●●○○
情報化のおかげで自宅にパソコン_____あれば商売ができる。
해설 「～さえ～ば ～만 ～하면」라는 문형을 묻고 있다. 빈칸 뒤의 「あれば」를 보자마자 답을 찾을 수 있어야 한다.
어휘 情報化 정보화 自宅 자택 商売 장사 ～すら ～조차 ～だに ～조차 ～やら ～인가, ～인지
해석 정보화의 덕택으로 자택에 컴퓨터만 있으면 장사를 할 수 있다.

10 문맥에 적절한 イ형용사 찾기 ●●○○○
この服はちょっと_____です。すこし大きなサイズをお願いします。
해설 '큰 사이즈를 부탁 한다'는 내용으로 보아 빈칸에는 '옷이 끼다'라는 의미의 イ형용사가 들어가야 한다. C)의「きつい 꽉 끼다」가 정답.
어휘 服 옷 大きな 커다란 少ない 적다 汚い 더럽다 弱い 약하다
해석 이 옷은 조금 낍니다. 조금 큰 사이즈를 부탁합니다.

11 적절한 문형 찾기 ●●●○○
今回頼まれたことは荷が重くて1人で絶対なし_____。
해설 문맥의 흐름으로 보아 빈칸에는 B)의「～えない ～할 수 없다」가 들어가야 한다. C)는 '다 ～할 수 있다', D)는 '～하기 쉽다'라는 뜻.
어휘 頼む 부탁하다 荷が重い 부담이 크다 絶対に 절대로
해석 이번에 부탁받은 일은 부담이 커서 혼자서 절대로 할 수 없습니다.

12 문맥에 적절한 접속사 찾기 ●●○○○
会社までバスに乗って行きますか。_____電車に乗って行きますか。
해설 교통수단이 '버스'인지 '전철'인지를 묻고 있다. 따라서 빈칸에는 선택접속사「それとも 그렇지 않으면」가 들어가야 한다.
어휘 それなら 그렇다면 それから 그리고, 그리고 나서 それゆえ 그러므로
해석 회사까지 버스를 타고 갑니까? 그렇지 않으면 전철을 타고 갑니까?

13 사역·수동·사역수동형의 구분 ●●●○○
高校の同窓会の二次会で、無理矢理歌を_____記憶がある。
해설 「無理矢理 억지로」라는 단어가 있는 것으로 보아 '화자가 하기 싫었음에도 불구하고 어쩔 수 없이 당했다'라는 의미인 사역수동형이 와야 함을 알 수 있다.
어휘 同窓会 동창회 二次会 2차 歌う 노래를 부르다 記憶 기억
해석 고등학교 동창회의 2차에서 억지로 노래를 부르게 되었던 기억이 있다.

14 존경어와 겸양어의 구분 ●●●○○
みなさんは毎日何回くらいお茶を_____。
해설 주체가 '여러분'이라는 상대방이므로 존경어를

써야 하는데, 4개의 보기 중 존경어는 A)의 「召し上がる 드시다」뿐이다. 「召し上がる」를 「食べる」의 존경어로만 생각하고 있는 사람이 많은데, 「食べる、飲む」둘 다의 존경어라는 것을 잊지 말자.

어휘 頂戴する 받다, 먹다, 마시다(もらう、食べる、飲む의 겸양어) = 頂く お目にかける 보여드리다 (見せる의 겸양어)

해석 여러분은 매일 몇 번 정도 차를 드십니까?

15 문맥에 적절한 2음절 한자 찾기 ●●●○

環境汚染は社会に_____な悪影響を及ぼしつつある。

해설 「悪影響 악영향」과 어울릴 수 있는 보기를 찾아보자. 정답은 B)의 「深刻 심각」뿐이다.

어휘 環境汚染 환경오염 及ぼす 미치다 ~つつある ~하고 있는 중이다 不安 불안 有害 유해 不利 불리

해석 환경오염은 사회에 심각한 악영향을 끼치고 있는 중이다.

16 문맥에 적절한 부사 찾기 ●●●○

遅刻常習犯の彼のことだから、今日も遅刻するだろうと思っていたが、_____ 遅刻した。

해설 빈칸 전후의 문맥을 살펴보면, '지각할 것이라고 생각했다'와 '지각했다'로 화자가 예상한 결과가 나왔음을 알 수 있다. 따라서 C)의 「案の定 예상했던 대로, 아니나 다를까」를 선택하면 된다.

어휘 遅刻常習犯 지각상습범 ~ことだから ~이니까 案外 의외로 くれぐれも 아무쪼록 以ての外 의외, 당치도 않음

해석 지각상습범인 그이니까, 오늘도 지각할 것이라고 생각하고 있었는데, 아니나 다를까 지각했다.

17 문맥에 적절한 2자 한자 찾기 ●●●●

怖い小川先生の前だと、_____してしまってろくに話せない。

해설 '무섭다', '제대로 말 할 수 없다'라는 내용으로 보아 B)의 「萎縮 위축」이 정답으로 적절하다.

어휘 恐い 무섭다 評判 평판 ろくに~ない 제대로 ~않다 恐縮 죄송하게 여김 収縮 수축 圧縮 압축

해석 무서운 오가와 선생님의 앞이라면, 위축되어 버려서 제대로 말 할 수 없다.

18 문맥에 적절한 동사 찾기 ●●●○

学校の規則を_____しまい、学校を辞めざるをえなくなった。

해설 「規則を破る 규칙을 어기다」라는 표현을 묻고 있다. 반대표현인 「規則を守る 규칙을 지키다」도 함께 알아두자.

어휘 ~ざるを得ない ~하지 않을 수 없다 砕ける 부서지다, 깨지다 裂ける 찢어지다 脅かす 협박하다, 위협하다

해석 학교의 규칙을 어겨버려서, 학교를 그만두지 않을 수 없게 되었다.

19 문맥에 적절한 명사 찾기 ●●●●

少年時代からの_____な努力が実り、弁護士になれた。

해설 문맥의 흐름상, 빈칸에 「前向き 적극적이고 긍정적인 생각이나 태도」가 들어가야 한다. 「上向き 시세의 오름세, 일이 잘 되어가는 경향」, 「仰向き 위를 향함」, 「直向き 한결같음」는 모두 출제빈도가 높은 표현이니 반드시 숙지해 놓아야 한다.

어휘 少年時代 소년시절 努力 노력 実る 결실을 맺다 弁護士 변호사

실전모의고사 정답 및 해설

해석 소년시절부터의 적극적인 노력이 결실을 맺어, 변호사가 될 수 있었다.

20 문맥에 적절한 명사 찾기 ●●●○

足に怪我をしましたが、歩くのに_____はありません。

해설 빈칸 전후의 내용으로 보아 C)의 「差し障り 지장」가 정답으로 적절하다. 비슷한 표현인 「差し支え」도 함께 알아두자.

어휘 足 다리 怪我をする 부상을 당하다 歩く 걷다 差し入れ 위문으로 보내는 음식물 差し押さえ 압류 差し止め 금지

해석 다리에 부상을 당했습니다만, 걷는데 지장은 없습니다.

21 적절한 문형 찾기 ●●○○

参考書がほしいと言ってくれたら貸してあげた_____、何も言わないから、全然分からなかった。

해설 「~ものを ~할 것을, ~할텐데」는 화자의 후회나 유감을 나타내는 문형이다. 참고서가 필요하다고 말해주지 않은 것에 대한 화자의 유감스러움을 엿볼 수 있다.

어휘 参考書 참고서 貸す 빌려주다 全然~ない 전혀 ~않다 ~ことに ~하게도 ~ところを ~하는 상황을 ~たばかりに ~한 탓에 cf) ~とばかりに ~라는 듯이

해설 참고서가 필요하다고 말해줬다면 빌려줬을 텐데. 아무것도 말하지 않으니까, 전혀 몰랐어.

22 호응하는 표현 찾기 ●●●○

彼の勝手な主張はまったく理解に_____。

해설 「理解に苦しむ 이해하기 어렵다」를 숙어처럼 외워 놓자.

어휘 勝手だ 제멋대로다 主張 주장 全く 참으로 cf) 全く~ない 전혀 ~않다 苦しい 괴롭다 辛い 괴롭다 cf) 辛い 맵다 苦い 쓰다

해석 그의 제멋대로인 주장은 참으로 이해하기 어렵다.

23 관용표현의 정확한 형태 ●●●●

重い荷物を持っている老人の姿を_____見かねて助けてあげた。

해설 관용표현 「見るに見かねる 차마 볼 수 없다」를 숙지해 놓지 않았다면, 맞추기 까다롭다.

어휘 重い 무겁다 荷物 짐 老人 노인 姿 모습 助ける 돕다 見るからに 보기만 해도

해석 무거운 짐을 들고 있는 노인의 모습을 차마 볼 수 없어서 도와 줬다.

24 문맥에 적절한 2자 한자 찾기 ●●●●

この製品は人とは_____違うおしゃれを楽しみたい方にぴったりです。

해설 빈칸 뒤의 「違う」와 어울릴 수 있는 보기를 찾으면 된다. 정답은 D)의 「一味違う 어딘가 다르다」이고, A)는 「一目置く 고수로 인정하다」, B)는 「一風変わっている 약간 특이하다」의 형태로 출제된 적이 있다.

어휘 化粧品 화장품 お洒落 멋 楽しむ 즐기다 ぴったり 잘 어울리는 모양, 딱 맞음 一段と 한층, 훨씬

해석 이 제품은 다른 사람과는 어딘가 다른 멋을 즐기고 싶어하는 분에게 딱입니다.

25 문맥에 적절한 의태어 찾기 ●●●●

式場には同級生が_____押し寄せてきた。

해설 문맥상 빈칸에는 '많은 사람이 한꺼번에 몰려오는 모양'을 뜻하는 의태어가 필요하다. A)의 「どさどさ 우르르」가 정답. 비슷한 의미의 「どっと」도 함께 알아두자. 오답인 「くどくど 같은 말을 지겹도록 되풀이하는 모양, 장황하게」, 「めきめき 두드러지게 성장하는 모양, 부쩍부쩍」, 「わいわい 여럿이 큰 소리로 떠들어대는 모양,

와자지껄」도 잘 정리해 놓자.
어휘 式場 식장 同級生 동급생 押し寄せる 몰려오다
해석 식장에는 동급생이 우르르 몰려왔다.

26 적절한 문형 찾기 ●●●●
会社では地位の高い人だが、家庭では一人の父親で_____。
해설 「~でしかない ~に過ぎない」라는 문형을 묻는 문제이다. 성급하게 C)를 정답으로 골라서는 안 된다. C)는 「~にすぎない」형태로 써서 '~에 지나지 않는다' 라는 뜻인데, 빈칸 앞에 조사 「で」가 있기 때문이다. A)는 「~にほかならない」형태로 써서 '바로 ~이다', D)는 「~てやまない」형태로 써서 '~해 마지 않는다' 라는 뜻.
어휘 地位 지위 家庭 가정 父親 아버지
해석 회사에서는 지위가 높은 사람이지만, 가정에서는 한사람의 아버지에 지나지 않는다.

27 관용표현의 동사 찾기 ●●●●●
野次を_____観客を殴りに選手がスタンドに乗り込んだ事件があった。
해설 관용표현 「野次を飛ばす 큰 소리로 야유하다」를 숙지하자. 직역해서 A)를 고를 우려가 있으니 주의를 요한다.
어휘 観客 관객 殴る 때리다 スタンド 관람석 事件 사건 送る 보내다 なぶる 조롱하다
해석 큰소리로 야유힌 관객을 때리러 선수가 관람석에 올라간 사건이 있었다.

28 문맥에 적절한 2자 한자 찾기 ●●●●
死亡事件をなかったことにした代価として_____をもらった記者は首になった。
해설 기자가 뭔가를 받아서 해고당했다. 해고의 원인이 될 수 있는 것은 A)의 「賄賂 뇌물」뿐이다.

어휘 死亡事件 사망사건 代価 대가 記者 기자 首になる 해고되다 表芸 기예 裏手 배후 物腰 태도, 언동
해석 사망사건을 없었던 것으로 하는 대가로 뇌물을 받은 기자는 해고당했다.

29 적절한 문형 찾기 ●●●●
身体の障害を_____、頑張っている彼の姿を見ているとやる気が出る。
해설 A)는「~を基にして」형태로 '~를 근거로 하여', B)는「~をはじめ」형태로 '~를 비롯하여', C)는「~をものともせず」형태로 '~을 아랑곳하지 않고', D)는「~を問わず」형태로 '~을 불문하고' 라는 뜻이므로 문맥에 적절한 C)가 정답이다.
어휘 身体 신체 障害 장애 頑張る 노력하다 姿 모습 やる気が出る 의욕이 나다
해석 신체 장애를 아랑곳하지 않고 노력하고 있는 그의 모습을 보고 있으면 의욕이 난다.

30 관용표현의 명사 찾기 ●●●●●
とにかくここまで来た以上は、_____がつかない。
해설 관용표현「引っ込みがつかない 물러나기 어렵다」를 묻고 있다.「引っ込み思案 매사에 소극적임」이라는 표현도 함께 알아두자.
어휘 とにかく 어쨌든 ~以上は ~한 이상은 突っ込み 철저하게 파고듦 駆け込み 뛰어듦 押し込み (무리하게) 집어 넣음
해석 어쨌든 여기까지 온 이상은, 물러나기 어렵다.

저자
윤준호

고려대학교 졸업
전시사일본어학원 신촌캠퍼스 JPT 전임강사
저서 「JPT Pattern Study 청해 PART 1·2」
　　 「JPT Pattern Study 청해 PART 3·4」
　　 「JPT Pattern Study 독해 PART 5」
　　 「JPT Pattern Study 청해적중 종합문제집」
　　 「JPT Pattern Study 독해 PART 6」

JPT Pattern Study 독해 PART 7

초판발행_ 2006년 10월 16일
1판5쇄_ 2014년 9월 30일
저자_ 윤준호
펴낸이_ 엄호열
펴낸곳_ (주)시사일본어사
등록일자_ 1977년 12월 24일
등록번호_ 제300-1977-31호
주소_ 서울시 종로구 자하문로 300 시사빌딩
전화_ 1588-1582(교재구입문의) / 02)764-1582(교재내용문의)
팩스_ 02)3671-0500
홈페이지_ book.japansisa.com
이메일_ sisa_book@naver.com
ISBN 978-89-402-0606-5 13703
　　　 978-89-402-0607-2 18703 [set]

* 이 교재의 내용을 사전 허가없이 전재하거나 복제할 경우 법적인 제재를 받게 됨을 알려 드립니다.

* 잘못된 책은 구입하신 서점이나 본사에서 교환해 드립니다.

* 정가는 표지에 표시되어 있습니다